国 际 儿 童 阅 读 研 究 丛 书

INTERNATIONAL RESEARCH ON
CHILDREN'S READING

II

儿童阅读的世界

早 期 阅 读 的 生 理 机 制 研 究

THE WORLD OF

CHILDREN'S READING

Studies of
Psychophysiology in Early
Reading

张厚粲 / 名誉主编

李文玲　舒 华 / 主编

北京师范大学出版集团
BEIJING NORMAL UNIVERSITY PUBLISHING GROUP
北京师范大学出版社

李文玲
教授，美国传腾国际大学教育学院

美国传腾国际大学教育学院教授、博士生导师。1992年赴美国伊利诺伊大学香槟分校心理系做博士后研究，随后作为高级研究科学家在美国伊利诺伊大学儿童阅读研究中心从事儿童阅读方面的研究。曾担任中美跨国阅读比较研究项目（Spencer 基金资助）负责人，是美国教育研究学会（AERA）、美国国家儿童教育学会（NAEYC）、美国外语教学委员会（ACTFL）会员。研究方向包括：儿童阅读跨文化研究、双语研究、儿童语言能力测评、阅读分级、审辩和创造性思维等。

舒 华
教授，北京师范大学认知神经科学与学习国家重点实验室

北京师范大学认知神经科学与学习国家重点实验室教授、博士生导师。《心理学报》副主编，曾担任中国心理学会常务理事、中国心理学会普通心理学和实验心理学专业委员会副主任、教育部高等学校理科心理学教学委员会副主任。研究兴趣包括：言语知觉加工的脑机制、儿童语言和阅读发展轨迹及遗传和环境的影响，以及阅读障碍的认知神经机制和早期预测指标。

推荐序

　　很高兴，《国际儿童阅读研究》丛书在经历了 2 年时间后，终于与大家见面了。

　　说起这本书，确实和我本人有着太多的渊源。2014年夏初，北京师范大学出版社的学术编辑关雪菁找到我，希望我可以在汉语阅读方面继续发光发热，为中国心理学提供智慧支持。考虑到近些年我所从事的多是非研究性的工作，因此论及最新成果，我倒是乐意推荐年轻学者们发出自己的声音。关编辑富有引进版图书的编辑与策划经验，她对作者的国际学术背景也十分关注。于是我便引荐了我的学生李文玲，她那里一定有值得与中国心理学人分享的学术成就。李文玲是我十分喜爱的学生，在我门下学习时，便显现出卓越的治学智慧与谨慎认真的做事风格。她长期从事儿童阅读领域研究，并于1992年进入美国伊利诺伊大学做博士后研究，随后作为高级研究员在伊利诺伊大学阅读研究中心与理查德·安德森（Richard C. Anderson）教授——儿童教育的学术权威——一起从事儿童阅读的跨文化研究。他们获得了多项美国研究基金的资助，发表了大量的学术专著和文章，为儿童阅读研究开启了新的篇章。同时他们在中国的合作者正是我的另一位学生——舒华。近20年，我的这两位学生各自在中国和美国的学术界建立了自己的学术成就，这次又再次联袂组织编写了这套《国际儿童阅读研究丛书》，汇集了全世界的知名学者和最有影响力的研究成果，可以算得上是近年来少见的、既有学术含量又能兼收东西方文化的学术佳作。为此，我非常愿意推荐给每一位深耕于早期阅读事业的研究者和实践工作者阅读，并指导实践。

张厚粲
于北京师范大学心理学院
2016 年 5 月 17 日

推荐序

　　30 年前，出版这套《国际儿童阅读研究丛书》几乎是不可能实现的。当时无论在中国还是在西方国家，从事中文阅读前沿研究的学者都非常少。直到 20 世纪 90 年代至 21 世纪初，大量来自中国内地的留学生进入美国、加拿大、英国等国家高校，开始从事阅读领域研究，也正是因为这个原因，有关中文阅读的研究越来越丰富了。

　　我对于中文阅读的研究兴趣源自 20 世纪 80 年代初期，当时作为中美两国教育部联合资助的代表团成员之一，我第一次到访中国内地。对于一个成长于美国中西部的乡下男孩来说，中国的一切都是那么的与众不同。所有人都穿着中山装，马路上满是自行车和行人，偶尔还会有驴车。呼呼冒烟的公交车和老旧的出租车穿行其间，而我看到的唯一一辆小汽车是有专门司机的苏制豪华轿车，里面坐的应该是一位重要人物。

　　在学校里，孩子们坐下时要背着手，回答老师提问时要起立，老师说"坐下"才能坐，看起来特别有纪律。即使在幼儿园也同样如此，哪怕我们这群外国人走进课堂、拍照、窃窃私语，孩子们也依然专注地面向老师。对于我们这些美国访问者来说，那些用于理解和反复的中文语调实在太难了。汉字博大精深，但是对于我们来说却很陌生，一个初学者要想记住并书写哪怕一个简单的汉字，都很难。

让越来越多的研究者加入中文阅读研究的最大问题在于，中文阅读的加工过程是中文独有的，还是和其他文字一样，是普遍适用的？《国际儿童阅读研究丛书》共四卷，其中很多章节都在强调这一问题。这里我想说的是，这一问题的答案依赖于语言的抽象水平。当抽象水平足够高时，阅读加工过程基本可视为通用的。即书写系统如何表征语音与语义，对这一问题的深刻理解是熟练阅读任何一种语言的关键。当抽象水平处于初级语言加工时，语言间必然存在差异。看看汉字书写和英文书写的差异，就能体会到这一点。举个例子，大量研究都试图证明，阅读不同语言涉及的加工成分在一些儿童中很容易找到，而对于另一些儿童则是种挑战。

除初级加工外，文化、教育学传统以及语言的结构特征都可能导致语言使用的差异。一些学者指出，由于"象形性"或者缺少某种音—形关联，导致中文很难被理解； 一些学者认为，华人和其他东亚人倾向于一种"不直接"或"非线性"的行文方式，这对"美式表达者"是一种挑战； 还有一些学者则坚持认为，由于悠久的历史和尊师的传统，中文终生使用者常会出现"话语错配"（discourse mismatch），这使得中文学生在和其他语言使用者交流时很难"平等交换"。然而，上述学者们的观点很显然都是有失偏颇的。事实上，只要情境需要，中国学生总是可以顺利地与其他语言者展开热烈的讨论和沟通。

《国际儿童阅读研究丛书》完全覆盖了当代阅读研究的核心主题，也让中国读者得以深入了解这一研究领域。我有理由相信，这套丛书有助于全面提升中国的阅读教育、课程设计以及特殊需求儿童服务的品质。

理查德·安德森

（Richard C. Anderson）

美国伊利诺伊大学阅读研究中心

Preface

A generation ago *The World of Children's Reading* would not have been possible. A few intrepid scholars had undertaken pioneering studies of Chinese reading. Beginning in the 1990s and 2000s increasing numbers of Chinese students streamed to the United States, Canada, Great Britain and elsewhere to study reading with scholars who for one reason or another had become interested in Chinese reading.

My own interest in Chinese reading began in the early 1980s during a trip to China as a member of a delegation jointly sponsored by the United States Department of Education and the Chinese Ministry of Education. To a provincial boy like me who had grown up in the Midwest of the United States, everything was amazingly different. Men and women alike wore a simple variant of the Zhongshan suit. Streets were flooded with bicycles, people walking, occasional donkeys pulling carts, buses belching fumes and rattle trap taxis threading through the teaming mass. The only cars we saw were black chauffeur-driven Russian-made limousines carrying important people.

In the schools, children sat with hands clasped behind their backs, stood to recite their lessons, sat back down when the teacher said, "Be seated". The discipline seemed perfect. Even in kindergarten, children steadfastly focused on the teacher despite foreigners filling into the room, snapping pictures, whispering with their interpreters. Tones made understanding and repeating simple Chinese phrases difficult for us American visitors. Chinese characters were fascinating, but so strange to us that we could not remember and write even simple characters from the first grade primer.

The big question that motivated the expanding group of Chinese reading researchers was: Are the processes in reading Chinese unique to Chinese or are reading processes universal? Many of the chapters in the four volumes of *The World of Children's Reading* address this question. All I will say here is that the answer depends upon level of abstraction. At a high enough level of abstraction, reading processes will be seen to be universal. Skillful reading of any language depends upon an intimate understanding of how the writing system represents speech and meaning. At the level of elemental language processes there are certain to be differences among languages. A look at a Chinese word written in characters and an English word written in Roman letters will tell you that much. Productive research works within these boundaries trying to identify, for instance, which components of the processes involved in reading different languages are easy for children and which are challenging, at least for some children.

Beyond elemental processes in reading, culture, traditions of pedagogy, and, perhaps, structural features of language may lead to differences in receptive and productive uses of various languages. Some have claimed that

Chinese people and other East Asian people are disposed to an "indirect" or "nonlinear" form for essays, in which the thesis is left unstated or stated at the end, which may interfere with composing an American-style essay in which the thesis is stated directly at the beginning. This claim does not seem to be true, either. Still others have maintained that life-long participation in dialogue founded on the values of harmony and respect for teachers and other elders would cause a "discourse mismatch", making it difficult for Chinese students to challenge others in vigorous give and take. But in fact Chinese students readily argue with others, when the situation requires or affords this stance.

The World of Children's Reading incorporates the full range of issues investigated in contemporary reading research and makes the research on these issues accessible in Chinese to a wide audience. There is every reason to believe that wide dissemination of the series books will lead to improvement the qualities of the teaching of reading, curriculum design, and services for children with special needs in China.

Richard C. Anderson
Center for the Study of Reading
University of Illinois

参编者 Contributors

查尔斯·佩尔菲迪 博士 | **Charles A. Perfetti**

美国匹兹堡大学心理学系教授,于1962年获得美国伊利诺伊大学心理学学士学位,1967年获得密歇根大学心理学博士学位,自1967年在匹兹堡大学任职任教至今,担任匹斯堡大学心理学系学习研究与发展中心主任。其主要研究兴趣是结合行为、ERP 和 fMRI 技术探讨语言和阅读加工的认知机制,包括字词到篇章的阅读和理解以及跨语言的学习。

赵微 博士 | **Wei Zhao**

2004年博士毕业于华东师范大学学前与特殊教育学院。多次在英国、加拿大、美国、新加坡、中国香港等地从事合作研究。目前主要从事本科生与研究生学前儿童语言发展、学习困难儿童认知发展与教育、教育心理学、学校心理学方面的教学与科研工作。主要科研领域为汉语及第二语言学习障碍认知过程及教育干预研究。主持省部级以上研究课题12项;主要参加国际、国内合作研究10余项。在《心理科学》等刊物发表论文40余篇;主编、参编、参译教材、著作10余部。中国学前教育研究会教师专业发展委员会委员、OMEP 中国委员,2010—2012年香港中文大学学前教育硕士专业外审专家,*Language Learning* 以及《中国学前教育研究》特约审稿专家,中国心理学会学校心理学专业委员会委员,陕西省心理学会学校心理学专业委员会主任,陕西师范大学特殊儿童认知与行为研究中心主任,陕西师范大学学特殊教育专业、前教育专业学科带头人。

冯刚 博士 | **Gary Feng**

美国教育考试服务中心 (ETS) 研发部认知与学习科学组研究员,1986年本科毕业于北京师范大学心理系,2001年取得美国伊利诺伊州立大学发展心理学博士学位。曾任教于美国杜克大学心理系。主要研究领域包括儿童及成人阅读的认知和教育研究、跨语言跨文化认知发展、眼动技术及应用、认知过程的模拟和统计模型、教育测量技术等。

郭佳 博士 | Jia Guo

美国 Barnes & Noble 出版社研究员，2011年取得美国杜克大学心理学博士学位，主要研究领域包括学前儿童与成人的分享阅读和共同注意，以及语言和文化对儿童的阅读和社会认知发展的影响。

乌尔斯·毛雷尔 博士 | Urs Maurer

香港中文大学心理学系副教授，曾任瑞士苏黎世大学研究教授，纽约康奈尔大学威尔医学院博士后。他采用神经影像技术，如脑电图技术和功能磁共振技术，探查阅读获得、读写障碍、外语学习的机制，并进行跨语言的比较。

李甦 博士 | Su Li

中国科学院心理研究所副研究员，美国密歇根大学和印第安纳大学访问学者。研究领域为儿童阅读及认知发展。目前，她关注汉字加工专家化的早期发展及其行为和脑电活动预测指标。

刘丽 博士 | Li Liu

北京师范大学认知神经科学与学习国家重点实验室副教授，2007—2009年留学美国西北大学语言与交流障碍系，2009年获北京师范大学认知神经科学与学习研究所基础心理学博士学位。主要研究领域为汉语认知加工与儿童语言发展的脑机制，特别关注汉语儿童阅读障碍的神经基础及其干预问题。2013年入选北京市高校青年英才计划。

张林军 博士 | Linjun Zhang

北京语言大学副教授，2006于北京师范大学获基础心理学博士学位，在国内外重要学术期刊发表论文30多篇，其中作为第一作者或主要参与者在 SCI/SSCI 收录期刊发表英文论文10篇。主持并参与了多项国家、教育部和北京市的自然科学基金与社会科学基金项目，2013年入选教育部新世纪优秀人才支持计划。

潘敬儿 博士 | Jinger Pan

德国波茨坦大学心理学系博士后，研究兴趣包括：汉语儿童阅读能力发展和阅读障碍的早期预测、汉语儿童阅读时的眼动特征以及朗读和阅读的眼动特征比较。

姜薇 博士 | **Wei Jiang**

民航医学研究中心副研究员，北京师范大学心理学院博士，研究兴趣包括认知语言发展、特殊人群认知语言能力开发。

张玉平 博士 | **Yuping Zhang**

2012年毕业于北京师范大学脑与认知科学研究院，获博士学位，现就职于成都医学院。主持多项科研研究课题，包括国家自然科学基金项目、四川省教育厅基金项目、四川省哲学与社会科学基金项目等。研究兴趣为儿童阅读发展的认知神经和遗传机制。

张亚静 博士 | **Yajing Zhang**

河北师范大学教育学院讲师，2010年在北京师范大学获基础心理学博士学位。目前主要从事儿童语言与阅读发展的相关研究，尤其是汉语阅读障碍儿童的早期诊断与干预。主持并参加多项国家自然科学基金和社会科学基金项目，并在SCI以及国内中文核心期刊上发表多篇论文。

方小萍 | **Xiaoping Fang**

美国匹兹堡大学心理学博士生，主要研究兴趣包括：利用fMRI和ERPs等脑成像以及行为技术探讨语言加工的脑机制，尤其是字词学习与语言理解。

祁婷 | **Ting Qi**

现为北京师范大学脑与认知科学研究院硕士研究生，主要研究方向为汉语阅读障碍儿童大脑结构网络的异常。

高悦 | **Yue Gao**

北京师范大学认知神经科学与学习国家重点实验室硕士研究生。主要研究方向：双语加工神经网络的相互作用，以及汉语儿童阅读障碍的脑机制等。

王妮妮 | **Nini Wang**

讲师。2012年毕业硕士于陕西师范大学学前教育专业。师从赵微教授。现任职于洛阳师范学院学前教育学院。研究方向：学前儿童心理发展、学前儿童语言教育、幼儿园课程等。主持课题2项，参与河南省政府重大招标课题2项、省级课题2项。发表论文数十篇，被《学前教育研究》《幼儿教育》等期刊收录。

第二部分 阅读脑加工的实验研究

第一部分

阅读脑加工研究的理论模型

PART 01

[第 1 章]

阅读汉字时，大脑在做什么
——中文和拼音文字阅读的脑机制

Reading Networks for Chinese and Alphabetic
Languages

[美国] 方小萍（Xiaoping Fang）[1]
[美国] 查尔斯·佩尔菲迪（Charles A. Perfetti）[1]

1　美国匹兹堡大学 (Trident University of Pittsburgh)

人们在大量的阅读经验中逐渐形成支持阅读的脑网络。由于不同语言和文字的差异性或者阅读经验的不同，支持不同文字的阅读的脑网络也存在差异。中文与拼音文字在字形和形音对应方面的差异导致了参与中文与拼音文字阅读的脑机制的不同：相比英文，中文由于在字形加工方面需要更多的视觉空间信息分析，相应地，中文的阅读网络往往额外卷入右侧梭状回和双侧枕中回；英文的语音加工是与字形分析同时进行的组装式的加工，与左侧颞上回后部和左侧额下回的激活有关，而汉字的语音则需要字形分析到一定阶段后才会激活，是一种阈限式的加工，加上中文存在大量同音字的现象，左侧额中回在整合语音和字形并确定最终目标字词方面具有重要作用。尽管不同文字的阅读脑机制存在差异，左侧梭状回在字形分析中的重要性以及左侧顶下小叶在形音匹配中的重要性，在中文和英文阅读中具有普遍性。这些观点得到了来自成人和儿童的母语者以及双语者的脑成像（ERPs, fMRI, PET 等）研究的支持。

焦点阅读

- 参与中文与英文阅读的脑网络有什么异同？
- 儿童和第二语言学习者是如何在学习经验中逐渐形成相应的阅读脑网络的？

关键词

中文，英文，跨语言比较，阅读脑网络

引　言

　　人类很早就通过听与说进行沟通，相比之下，读与写是历史比较短（大约5400年）的交流方式。根据神经回收假说（neural recycling hypothesis），由于阅读的历史短暂性，人类不足以在这么短的时间内进化出特异于阅读的脑结构与脑网络，而是在大量的阅读活动中，大脑通过重组已有的负责视觉和听觉等基本加工的脑网络，形成支持阅读的脑网络（Dehaene & Cohen，2007）。在其中一项支持该假说的研究中，研究者通过对比文盲学习阅读前后大脑对文字加工的变化，发现在学习阅读前，以前对面孔敏感而对文字不敏感的脑区（下文会提到的字形加工区）经过阅读训练变得对文字敏感了（Dehaene et al.，2010）。根据该假说，由于不同语言和文字的差异性，长期的阅读经验将塑造出不同的阅读网络，使得不同文字的阅读达到最优化。在本章节中，我们将侧重于对比中文和拼音文字（尤其是英文）的阅读网络。我们首先回顾中文和拼音文字的主要区别，然后分别从母语者（成人与儿童）和双语者（具有长期和短期学习经验）的角度探讨阅读网络的异同。

中文与拼音文字的差异：字形和形音对应

阅读始于字形这样的视觉信息的分析，并且在通达语义的过程中语音信息自动激活，尽管激活的时间进程在中文和拼音文字的阅读中是不同的（Perfetti, Liu, & Tan, 2005; Perfetti, Zhang, & Berent, 1992）。而导致中文和拼音文字阅读的不同主要是来自不同语言在这两方面的差异：①字形的视觉特征；②形音对应规则，即字形与语音的对应。

在字形方面，中文与大部分拼音文字的主要差异在于汉字是由多个部件组成的方形结构，并且这些部件存在一定的空间关系，如从上到下、从左到由、由外到内、由内到外等。即使组成的部件完全一样，通过不同的空间组合也可以组成不同的汉字。例如，"口"与"木"，可以组成语音和语义完全无关的汉字："呆""杏""困"（"口"与"木"本身也是独体字）。一些汉字甚至由更多部件通过更加复杂的空间组合而得到，例如，"冀"由"北""田""共"三个部件从上到下组合而成。同时，组成汉字的每个部件本身是由不同笔画，通过一定的组合而形成的。因此，在汉字阅读中，除了识别具体笔画和部件，还需识别部件之间的空间关系。这种对整体空间结构的加工过程与面孔识别中对脸部各个组成部分（鼻子、眼睛、嘴巴等）的整体加工（Young, Hellawell, & Hay, 1987）是相似的。这种表征组成汉字的多个部件之间的空间关系的信息，与表征部件本身的信息是不同的。后者主要由高频视觉信息表征，而前者主要由低频视觉信息表征。每种语言中的任何一个字或词都包含一定频率范围的视觉信息，但汉字由于具有非线性的空间结构的特征而含有更多低频信息。在汉字中，低频信息对区别像"呆"与"杏"这样的汉字具有重要的意义，而高频信息对区别像"午"与"牛"这样在具体笔画上的差异尤其重要。在英语中，"bat"和"bit"也主要在表征字母特征的高频信息上存在差异。因此，与英文相比，长期的汉字阅读经验会塑造字形加工的脑网络，从而使得低频视觉信息的加工更为有效。

中文与拼音文字的另一个主要差别在于形音对应。在拼音文字中，组成单词的各个字母往往对应着各个音素（"bit"中的"b"对应 /b/ ），即在音素水平上存在对应关系，而组成汉字的各个部件并不对应组成该汉字发音的任何音素，而是每个汉字对应该汉字的整字发音（"马"与 /mǎ/ ），即在音节水平上存在对应关系。尽管在很多复合字中，声旁会提供关于汉字发音的线索，如"妈"中的"马"，但在这里声旁并不对应整个音节的声母（"m"）或者韵母（"a"），因此与拼音文字中形音在音素水平上的对应是不一样的。由此可见，汉语中形音对应是在一个比较大的单元（汉字与音节）上，而拼音文字则是在比较小的单元（字母与音素）上。这种特征使得在不同文字的阅读中，语音激活的时间进程不一样。在拼音文字中，由于每个字母对应组成整词发音的音素，因此对每个字母（"b"）进行视觉字形分析的同时，其对应的音素（/b/ ）也得到激活，而在汉语中，汉字的语音信息需要等字形分析进行到一定程度后才得以激活。前者被称为瀑布式的加工（cascade-style processing），即语音激活可在字形加工开始的同时就逐渐展开，而后者被称为阈限式的加工（threshold-style processing），即语音的激活需要以字形分析进行到一定程度为前提（Perfetti et al., 1992）。尽管在拼音文字中，相对芬兰语等语言，英语属于形音对应不规则或者不透明的语言，然而汉语中存在大量同音字的特征使得汉语中形音对应规则远比英语更加模糊。例如，当不考虑声调的差异时，"shi"有69个同音字（"是""时""事""式""市""使"等），而这些同音字的写法和意思非常不一样。基于汉字的这些特点，具有成熟的字形表征对区分不同的汉字显得尤其重要。

由阅读经验塑造的阅读脑网络

　　在探讨阅读加工脑机制的研究中，已有的研究主要采用这样几种技术探讨人们在阅读时大脑的活动情况：功能核磁共振成像（functional magnetic resonance imaging，fMRI）、事件相关电位（event-related potentials，ERPs）、正电子发射计算机断层扫描（positron emission tomography，PET）（Aine，1995；Rugg & Coles，1995）。其中，fMRI 和 PET 具有较高的空间分辨率（取决于具体设备和所用序列，一般可精确到 2mm 甚至更低），但时间分辨率较低，因此研究者可以根据在阅读中各个脑区的激活推测其在阅读中可能的功能，甚至探讨不同脑区如何相互合作共同完成阅读这一复杂的任务。相反地，ERPs 具有较高的时间分辨率（通常可精确到毫秒），但空间分辨率很低，因此研究者更多地利用该技术探讨阅读加工的时间进程相关问题。但随着溯源技术（根据脑电波追溯信号源的技术）的发展，一些研究者根据脑电波成分的信号定位来回答关于脑功能定位的问题。由于对大部分人而言，阅读是一个非常快速的、自动化的加工过程，ERPs 技术的应用使得在毫秒级别的时间分辨率上探讨语言加工的即时性成为可能。

　　在具体的技术原理上，fMRI 通过记录大脑血管中的血流变化来推测脑区新陈代谢的变化以及该脑区在特定任务下的参与程度，PET 则通过追踪示踪原子的轨迹来推测大脑的新陈代谢和参与特定任务的情况（Aine，1995）。对于特定的一个脑区，当血流变化与任务或刺激的呈现存在高相关时，则该脑区的激活越高，其越有可能参与任务所需要的某种加工。由于血流变化是一个缓慢的过程，fMRI 和 PET 并不能反映即时的认知加工过程，并且无法直接等同于认知加工过程。ERPs 则通过记录头皮脑电波的变化来推测可能的认知加工（Rugg & Coles，1995）。

由于电流传递的迅速性，记录到的脑电波信号能够较好地反应即时的大脑活动，但由于头本身是导体，头皮上特定位置记录到的脑电波可能源自大脑任何位置。

来自成人母语者的证据

参与阅读的脑网络在长期的阅读经验中逐渐优化，相应地，具有长期阅读经验的成人最有可能最有效地进行阅读，阅读脑网络也最有可能是优化的。基于此，一些研究者对已有的以汉语和拼音文字为母语的成人被试的脑成像研究进行元分析，来探讨中文和拼音文字阅读的脑网络的异同（Bolger, Perfetti, & Schneider, 2005；Tan, Laird, Li, & Fox, 2005；Zhu, Nie, Chang, Gao, & Niu, 2014）。

在拼音文字阅读中，多个研究发现一系列脑区参与阅读。阅读始于对字形这一视觉信息的分析，这一加工过程被发现与左侧梭状回（left fusiform gyrus, left FG）有关。该脑区位于左侧枕颞（left occipital-temporal gyrus, left OT）后部，在多个研究中发现与字形加工有关，因此被称作视觉词形区（visual word form area, VWFA）。前文提到的文盲学习阅读后变得对文字敏感的就是该脑区（Dehaene et al., 2010）。与位于枕叶的负责视觉加工的脑区相比，左侧梭状回负责是的抽象的字形的加工，该脑区的激活不会受到字体和字号的调节（McCandliss, Cohen, & Dehaene, 2003）。尽管阅读是由字形通达语义的过程，研究者依然在与语音无关的任务（对词对进行语义相关与否的判断）下，在不同语言的文字阅读中观测到了语音的激活（Perfetti et al., 1992）。一些探讨语音加工脑机制的研究给被试视觉呈现一些假词，如"dote"，并且将假词的加工与其他无法发音的视觉刺激的加工进行对比。语音的加工往往与左侧颞上回（left superior temporal gyrus, left STG）后部和左侧额下回（left inferior frontal gyrus，left IFG）有关（Poldrack et al.，1999；Pugh et al.，1996）。其中，左侧颞上回主要负责将小的语素组成大的语音单位的过程，如将 /b/，/i/ 和 /t/ 组成 /bit/，这种加工方式被称为组装式的加工（assembling processing）（Pugh et al.，1996）；左侧额下回则主要负责字词发音的表征与存储（MacSweeney，Brammer，Waters，& Goswami，2009；Poldrack et al.，1999）。

为了探讨形音匹配的加工机制，布思（Booth）及其合作者以视觉或者听觉通道，呈现给英语母语者由三个词语组成的词列，要求被试判断最后一个词语在韵脚的拼写（字形判断）或者押韵（语音判断）上与前两个词语中的哪个词语是一样的，因此，刺激呈现通道与要求判断的内容的通道有时是一样的（视觉呈现与字形判断，听觉呈现与押韵判断），有时是不一样的（视觉呈现与押韵判断，听觉呈现与字形判断）。他们的研究发现，当刺激呈现的通道与要求判断的内容的通道不一致而卷入更多形音匹配的加工时，左侧顶下小叶（left inferior parietal lobe，left IPL）的激活更高（Booth et al.，2002，2004），并且该脑区的激活与被试在通道不一致的任务下的正确率存在正相关（Booth et al.，2003），说明了该脑区在整合多通道信息中的重要性。在随后的多个研究中，布思及其合作者则侧重对比判断的难易程度来探讨形音匹配的加工。他们操作了词语中形音匹配的一致性：有些词语韵脚的拼写一样但不押韵（pint-mint），有些词语则押韵但韵脚的拼写不一样（jazz-has），另外有些词语押韵和拼写均一样（seat-heat）或者均不一样（myth-home）（Bitan et al.，2007；Brennan，Cao，Pedroarena-Leal，McNorgan，& Booth，2013；Cao，Bitan，Chou，Burman，& Booth，2006）。前两种类型的词语由于语音和字形之间存在冲突或者不一致而卷入更多形音匹配的加工，具有较高的任务难度，而后两种类型的词对由于形音一致，因此比较容易判断。将难度高的词对与难度低的词对相比，同样可以观测到左侧顶下小叶更高的激活，尽管直接证据主要来自儿童的研究（Bitan et al., 2007；Cao et al., 2006）。

与拼音文字的阅读相似，左侧梭状回同样参与中文阅读时字形的分析，但元分析发现，中文阅读除了与左侧梭状回的激活有关，还常常发现右侧梭状回的激活（Tan et al., 2005）。此外，与基本视觉加工有关的脑区尤其是双侧枕中回（bilateral middle occipital gyri），也被多个研究发现与汉字加工有关。一项 ERPs 研究发现，大脑右侧的视觉区可能与汉字中低频视觉信息的加工有关（Liu & Perfetti, 2003）。在该项研究中，研究者记录了汉语母语者阅读汉字的脑电波，发现了与字形加工有关的负波从左侧枕叶（汉字呈现后 150 ms 左右）转移到右侧枕叶（200 ms 后）。这种转移可能反映了在汉字加工中，从大脑左侧对表征具体笔画和部件的高频视觉信息的加工到右侧对表征部件之间空间关系的低频信息的加工的转移。

与拼音文字不同的是，阅读中文时，语音信息并不通过形音对应的方式激活相应语素进而组合成一个单词的发音（包含一个或多个音节），而更多的是直接提取整字的发音（一个音节）。相应地，中文阅读中较少发现左侧颞上回后部的激活，而是比较一致地发现左侧额中回（left middle frontal gyrus, left MFG）的激活（Tan et al., 2005；Tan et al., 2003）。该脑区一开始被认为与汉字的视觉空间信息加工有关（Tan et al., 2001）或者与整字语音的提取有关（Tan et al., 2005），后来研究者发现该脑区更有可能与词汇选择（lexical selection）或者词汇整合（lexical integration）有关，即通过整合语音和字形甚至语义从而确定最终目标汉字（Perfetti, Cao, & Booth, 2013）。汉语中形音的对应比较模糊并且存在很多同音字，因此对词汇选择和整合的需求也更高。该假说也能解释在拼音文字中，形音对应不规则词（"pint"）与规则词（"mint"）相比左侧额中回激活更高（Bolger，Hornickel，Cone，Burman，& Booth，2008）。然而关于该脑区在汉字加工中的功能还需要更多的研究，如对比同音字多的和同音字少的汉字。

在形音匹配上，曹及其合作者（Cao et al.，2010）以视觉通道呈现给被试由两个汉字词语组成的词对，要求被试判断第二个字是否押韵（语音判断）或者声旁是否相似（字形判断），同样操作了词语形音的一致性：有些词语押韵但声旁不一样（"钞票"—"医疗"），而有些词语声旁一样但不押韵（"皮鞋"—"泥娃"），另外有些词语声旁不一样并且不押韵（"压缩"—"傍晚"）或者声旁一样并且押韵（"围绕"—"发烧"）。这个研究同样发现当形音不一致时，在成人母语者中看到左侧顶下小叶的激活更高（Cao et al.，2010）。

来自儿童母语者的证据

尽管来自成人母语者的研究显示不同文字的阅读脑机制存在不同之处，但这些研究并不能很好地回答这些差异是如何形成的。相比之下，来自阅读脑网络还处在发展阶段的儿童的证据以及儿童与成人的对比研究，能够揭示阅读脑网络是如何在阅读经验中形成的。

曹等人（Cao et al.，2010）的研究对比了儿童及成人汉语母语者的阅读脑机制，发现在阅读中文时双侧枕中回和顶上小叶以及梭状回的激活随着年龄增长而增强，表明字形加工越来越成熟。在英语母语者中同样可以观测到左侧梭状回的激活随着年龄增长而增强，并且阅读障碍儿童在该脑区的激活要低于控制组（Cao et al.，2006）。与此同时，还有研究发现英语母语者右侧梭状回的激活反而随着年龄增长而减弱（Turkeltaub，Gareau，Flowers，Zeffiro，& Eden，2003）。这些结果支持了在成人母语者研究中观测到的字形加工方面的跨语言差异。

在语音加工方面，一项研究对比了母语分别是汉语和英语的儿童（8～12岁）的语音网络的发展，发现母语是英语的儿童在完成押韵判断这一任务时左侧颞上回后部的激活随着年龄增长而增加，并且该脑区的激活与他们的阅读水平呈正相关，而在母语是汉语的儿童中该脑区的激活与年龄和阅读水平均不相关（Brennan et al., 2013）。而另一项研究通过对比母语是汉语的9岁、11岁的儿童以及成人，发现左侧颞上回后部随着年龄增长而激活下降（Cao et al., 2010）。这两项研究共同表明了左侧颞上回后部由于能够支持组装式的语音加工而在拼音文字阅读中尤为重要，而由于中文语音加工的不同，该脑区比较少或者不直接参与中文的阅读。此外，一项研究探讨了6～22岁的英语母语者的阅读网络的发展，发现左侧额下回的激活随着年龄增长而增强并且与语音意识测验的得分正相关（Turkeltaub et al., 2003）。

左侧顶下小叶在不同语言中均被认为与形音匹配有关。在汉语母语者中，成人在阅读中文时左侧顶下小叶的激活高于儿童（Cao et al., 2010）。在英语母语者中，成人与儿童在该脑区的激活也存在类似的差异（Booth et al., 2004；Brennan et al., 2013），并且有研究发现阅读障碍儿童在该脑区的激活低于控制组儿童（Cao et al., 2006）。

而关于左侧额中回，来自汉语母语者的研究发现，阅读障碍儿童相比控制组在阅读中文时左侧额中回的激活不足，并且该脑区的灰质体积比普通儿童小，说明了这种大脑功能的不足存在结构基础（Siok, Niu, Jin, Perfetti, & Tan, 2008）。

来自双语者的证据

来自母语者的证据表明，中文和拼音文字阅读的脑网络确实存在一些差异，并且这些差异与文字的特征是相关的。当双语者在阅读两种截然不同的文字时，这种跨语言的差异是否依然可以用观测到呢？或者，当双语者阅读第二语言的文字时，他们是更多地应用第一语言的阅读网络还是第二语言的呢？关于这个问题，佩尔费蒂等人（Perfetti et al.，2007）主要基于中英和英中两种双语者的研究，提出了适应与同化假说（accommodation and assimilation hypothesis）。适应与同化假说发现，双语者在阅读第二语言的文字时究竟更多地使用第一语言的还是第二语言的阅读脑网络取决于具体语言：在阅读第二语言的文字时，中英双语者阅读英文时的脑激活与阅读中文时更接近，或者表现出更多的同化（assimilation），而英中双语者阅读中文时的脑激活也与中文母语者阅读中文时更接近，或者表现出更多的适应（accommodation）。

纳尔逊及其合作者（Nelson, Liu, Fiez, & Perfetti, 2009）对比中英和英中双语者阅读汉字和英文单词时的大脑激活，尤其是双侧梭状回的激活。他们的研究发现，两组双语者在阅读第一语言的文字和第二语言的文字时，左侧梭状回均激活并且在阅读两种语言时该脑区激活强度没有差异。而在右侧梭状回上，英中双语者只有在阅读汉字时激活，而在阅读英文时则没有激活；中英双语者无论阅读第一语言的文字还是第二语言的文字该脑区均激活（Nelson, Liu, Fiez, & Perfetti, 2009）。该研究在字形加工方面支持了同化与适应假说。对于英中双语者，右侧脑区的参与对加工表征组成汉字的各个部件的空间关系的低频信息是必需的；英文单词在视觉上更多的是由高频信息表征的，已经拥有大量中文阅读经验的中英双语者能够利用其左侧脑区对包含高频视觉信息的英文进行加工。

有研究通过对比处于不同学习阶段的英中双语者，来探讨英中双语者何时发展出适应中文阅读的机制。前面已经提到中文阅读时语音信息的激活与英文不同，中文语音的激活需要在字形分析进行到一定程度后才能进行（阈限式加工），而英文语音在识别字母后即可激活，无须等到整个单词字形分析结束（瀑布式加工）。一项行为研究采用启动范式，来探讨学习中文的英语母语者在第一个和第二个学期末的汉字识别情况，他们固定了启动词与目标词的时间间隔（500ms），并且操作了启动词与目标词在字形、语音和语义上的相关性（Liu, Wang, & Perfetti, 2007）。该研究发现，第一个学期结束时仅观测到字形促进效应，而第二个学期结束时则观测不到字形促进效应，而是观测到语音和语义的启动效应，说明英中双语者与汉语母语者一样，在汉字识别中语音的激活是阈限式的。还有一项研究同样对比了学习汉语的英语母语者在前两个学期末的汉字和英文加工，但采用 ERPs 技术并且侧重探讨字形加工的变化（Liu, Perfetti, & Wang, 2006）。该研究关心的脑电波成分之一N200，是一个刺激呈现后200ms 左右达到峰值并且主要分布在枕叶的负波，该成分与字形加工有关（Posner & McCandliss, 1999）。该研究发现，在第一个学期末，英中双语者加工汉字时 N200 的波幅高于英文，而到了第二个学期末，汉字和英文单词的差异消失了。综合这两个研究，可见英中双语者能够比较迅速地发展出适应汉字字形特征的加工方式，而语音和语义加工则需要更多的时间。

还有研究同样发现，中英双语者在阅读英文单词时大脑活动与阅读汉字时非常相似，均激活包括左侧额中回和顶下小叶在内的脑区，而在英语母语者中观测到的左侧额下回和颞上回后部并没有激活（Tan et al., 2003）。最近的一项研究甚至发现，中英双语者第二语言的水平与他们在加工英文单词时中文阅读脑网络的激活是相关的：英语水平越高，被试阅读英文时左侧额中回和右侧顶叶多个脑区的激活越高，而左侧额下回的激活越低（Cao, Tao et al., 2013）。这些研究共同说明同化是中英双语者在阅读英文时的主要现象。然而这并不代表中英双语者完全以加工汉字的方式来加工英文。一项研究发现，中英双语者在加工英文单词时右侧枕中回的激活比阅读中文时低（Cao，Tao，Liu，Perfetti，& Booth，2013），说明中英双语者与英中双语者类似，参与字形分析的脑网络也受到所阅读文字的调节，表现出一定的适应。

在阅读英文单词时，属于英语阅读网络的脑区在中英双语者阅读英文时是否就是没有任何作用的呢？一项研究通过分析脑区之间的功能连接，发现即使中英双语者在阅读英文与中文时左侧颞上回后部的激活强度没有差异，该脑区与右侧枕中回的连接强度在阅读英文时比阅读中文时更强，并且两个脑区功能连接越强的双语者完成押韵判断任务的反应时越短，说明该脑区在中英双语者阅读英文时通过促进字形分析与语音加工的连接，使得英文加工更为有效（Cao，Kim，Liu，& Liu，2014）。由此可见，将来的研究有必要更多地从不同脑区如何通过信息交流完成阅读这一复杂的任务来进行。

值得注意的是，在这些关于双语者的研究中，中英双语者往往已经具有8年以上的英语学习历史，而英中双语者往往是初学者，其中文水平相比中英双语者的英文水平要低。尽管如此，我们依然观测到中英双语者表现出更多的同化，而英中双语者表现出更多的适应。可见语言的方向（从中文到英文以及从英文到中文）是影响同化与适应的重要因素。然而，关于中文水平较高的英中双语者以及英文和中文水平相当的双语者的研究对进一步检验该假说是很重要的。

对中文学习的启示

基于中文字形复杂并且形音对应比较模糊的特点，具有良好的字形表征对中文阅读尤为重要。实际上在汉字教学中，小学生尤其是低年级学生通常会把大量的时间花在汉字抄写上。最近的一项 ERPs 研究探讨了汉字字形的强化学习在英语母语者学习汉字中的作用：在学习阶段，有些被试需要尝试写出呈现过的汉字时（书写组），有些只需被动地看所呈现的汉字（阅读组）（Cao, Rickles et al., 2013）。经过六天学习，被试进行一项关于汉字的意思的判断任务（判断每个汉字的意思是不是随后呈现的英文单词），并且研究者记录了被试在加工汉字时的脑电波。该研究发现，书写组在汉字呈现后 100 ms 左右出现的正波（P1）的波幅比阅读组更大，而该成分与视觉注意有关，说明书写组的被试对字形分配了更多的注意资源。此外，P1 的波幅与 3 个月后被试对所学汉字的记忆存在正相关。还有一项 fMRI 研究将汉字书写与拼音书写进行对比。在学习阶段，被试会看到汉字及其对应的拼音，接着听到该汉字的发音，最后是汉字的意思（对应的英文翻译），当这些信息呈现结束后，其中一组被试需要写出汉字本身（书写组），另一组需要写出拼音（拼音组）（Cao, Vu et al., 2013）。因此，书写组将侧重字形的学习，而拼音组将侧重于语音的学习。在学习阶段结束后，被试在 MRI 扫描仪内进行两项任务：词汇判断以及内隐书写任务（想象屏幕上呈现的汉字如何书写）。研究结果发现，与拼音组相比，书写组与汉字字形分析有关的双侧顶上小叶在两个任务下的激活均更高，更接近汉语母语者在汉字阅读中的激活。此外，书写组在位于中央前回的双侧感知—运动区的激活比阅读组更高，说明书写增强了关于汉字字形的感知信息与运动信息（如何书写）的整合，从而促进汉字字形表征的形成。这种字形的强化学习发现有利于汉字的语义学习（Guan, Liu, Chan, Ye, & Perfetti, 2011）。除了被试手动书写，一些研究还探讨了观看如何逐笔画书写汉字的动画是否也能促进字形表征的形成（Chang, Stafura, Rickles, Chen, & Perfetti, 2015）。该研究采用 ERPs 技术实时记录了英语母语者学习汉字的过程，其中有一些汉字配有关于其书写的动画，而另一些汉字没有。与没有动画的汉字相比，有动画的汉字引起与记忆更新有关的 P300 成分（汉字呈现后 300 ms 左右达到峰值的正波）的幅值更高，并且 P300 的波幅与被试学习表现相关。这些结果说明关于书写的动画同样有利于关于字形的表征的建立。这些研究一致说明了字形是词汇表征的重要内容之一，书写或者观看有关汉字书写的动画等对字形的强化学习，有利于其他词汇信息的学习，如语义和语音。

结　论

中文与拼音文字在字形以及形音对应方面存在着差异，相应地，长期的阅读经验将塑造出不同的脑网络来支持不同文字的有效阅读。由于中文在字形方面的复杂性，中文阅读除了激活同样参与英文阅读的左侧梭状回外，还往往激活右侧梭状回以及双侧的顶上小叶以及枕中回进行字形分析。此外，由于形音对应方面的差异，英文阅读时语音加工将随着字形加工而展开，这种瀑布式式的加工与左侧颞上回后部的激活有关，而中文的语音加工则需要字形分析进行到一定程度才开始，是一种阈限式的加工，加上中文存在大量同音字的现象，左侧额中回在整合语音和字形并确定最终目标字词方面具有重要作用。尽管不同文字的阅读脑机制存在差异，左侧梭状回在字形分析中的重要性以及左侧顶下小叶在形音匹配中的重要性在不同文字的阅读中具有普遍性。在阅读第二语言的文字时，英中双语者更多地发展出适应中文特征的阅读网络，而中英双语者则表现出更多的同化。

摘要 Abstract

Reading network is shaped by reading experience. Given the differences across languages and writings, different reading networks are developed for the reading of different languages. For Chinese and Alphabetic languages (especially English), the differences in visual orthography and orthography-phonology mapping lead to divergence in reading networks: compared to English, the reading of Chinese requires more visual orthography analysis, accordingly, involves right fusiform gyrus and bilateral middle occipital gyri additionally. In English reading, the phonological processing and orthographical processing occur simultaneously, and such cascade-style processing is related to activation in left posterior superior temporal gyrus. The processing of phonology in Chinese is threshold-style, and there are a large amount of homophones, the engagement of left middle frontal gyrus in finalizing the target characters through lexical integration and selection is especially important. However, some brain regions play a universal role across languages, such as left fusiform gyrus in visual word form analysis and left inferior parietal lobe in orthography-phonology mapping. Evidence from native speakers and bilinguals support these arguments.

Keywords
Chinese, English, cross-language comparison, reading network

参考文献 Reference

Aine, C. J. (1995). A conceptual overview and critique of functional neuroimaging techniques in humans: I. MRI/fMRI and PET. Crit Rev Neurobiol, 9(2-3): 229-309.

Bitan, T., Burman, D. D., Chou, T. L., Lu, D., Cone, N. E., Cao, F., . . . Booth, J. R. (2007). The interaction between orthographic and phonological information in children: An fMRI study. Human Brain Mapping, 28(9):880-891.

Bolger, D. J., Hornickel, J., Cone, N. E., Burman, D. D., & Booth, J. R. (2008). Neural correlates of orthographic and phonological consistency effects in children. Human Brain Mapping, 29(12) :1416-1429.

Bolger, D. J., Perfetti, C. A., & Schneider, W. (2005). Cross-cultural effect on the brain revisited: Universal structures plus writing system variation. Human Brain Mapping, 25(1): 92-104.

Booth, J. R., Burman, D. D., Meyer, J. R., Gitelman, D. R., Parrish, T. B., & Mesulam, M. (2003). Relation between brain activation and lexical performance. Human Brain Mapping, 19(3):155-169.

Booth, J. R., Burman, D. D., Meyer, J. R., Gitelman, D. R., Parrish, T. B., & Mesulam, M. M. (2002). Functional anatomy of intra- and cross-modal lexical tasks. Neuroimage, 16(1):7-22.

Booth, J. R., Burman, D. D., Meyer, J. R., Gitelman, D. R., Parrish, T. B., & Mesulam, M. M. (2004). Development of brain mechanisms for processing orthographic and phonologic representations. J Cogn Neurosci, 16(7):1234-1249.

Brennan, C., Cao, F., Pedroarena-Leal, N., McNorgan, C., & Booth, J.R. (2013). Reading acquisition reorganizes the phonological awareness network only in alphabetic writing systems. Human Brain Mapping, 34(12):3354-3368.

Cao, F., Bitan, T., Chou, T. L., Burman, D. D., & Booth, J. R. (2006). Deficient orthographic and phonological representations in children with dyslexia revealed by brain activation patterns. J Child Psychol Psychiatry, 47(10):1041-1050.

Cao, F., Lee, R., Shu, H., Yang, Y. H., Xu, G. Q., Li, K. C., & Booth, J. R. (2010). Cultural constraints on brain development: Evidence from a developmental study of visual word processing in Mandarin Chinese. Cerebral Cortex, 20(5):1223-1233.

Cao, F., Rickles, B., Vu, M., Zhu, Z. H., Chan, D. H. L., Harris, L. N., . . . Perfetti, C. A. (2013). Early stage visual-orthographic processes predict long-term retention of word form and meaning: A visual encoding training study. Journal of Neurolinguistics, 26(4):440-461.

Cao, F., Tao, R., Liu, L., Perfetti, C. A., & Booth, J. R. (2013). High proficiency in a second language is characterized by greater involvement of the first language network: Evidence from Chinese learners of English. Journal of Cognitive Neuroscience, 25(10):1649-1663.

Cao, F., Vu, M., Chan, D. H., Lawrence, J. M., Harris, L. N., Guan, Q., . . . Perfetti, C. A. (2013). Writing affects the brain network of reading in Chinese: A functional magnetic resonance imaging study. Human Brain Mapping, 34(7):1670-1684.

Cao, F., Kim, S. Y., Liu, Y., & Liu, L. (2014). Similarities and differences in brain activation and functional connectivity in first and second language reading: Evidence from Chinese learners of English. Neuropsychologia, 63:275-284.

Chang, L. Y., Stafura, J. Z., Rickles, B., Chen, H. C., & Perfetti, C. A. (2015). Incremental learning of Chinese orthography: ERP indicators of animated and static stroke displays on character form and meaning acquisition. Journal of Neurolinguistics, 33(11):78-95.

Dehaene, S., & Cohen, L. (2007). Cultural recycling of cortical maps. Neuron, 56(2): 384-398.

Dehaene, S., Pegado, F., Braga, L. W., Ventura, P., Nunes, G., Jobert, A., . . . Cohen, L. (2010). How learning to read changes the cortical networks for vision and language. Science, 330(6009):1359-1364.

Guan, C. Q., Liu, Y., Chan, D.H.L., Ye, F. F., & Perfetti, C. A. (2011). Writing strengthens orthography and alphabetic-coding strengthens phonology in learning to read Chinese. Journal of Educational Psychology, 103(3):509-522.

Liu, Y., & Perfetti, C. A. (2003). The time course of brain activity in reading English and Chinese: An ERP study of Chinese bilinguals. Human Brain Mapping, 18(3):167-175.

Liu, Y., Perfetti, C. A., & Wang, M. (2006). Visual analysis and lexical access of Chinese characters by Chinese as second language readers. Linguistics and Language, 7(3):21.

Liu, Y., Wang, M., & Perfetti, C. A. (2007). Threshold-style processing of Chinese characters for adult second-language learners. Mem Cognit, 35(3):471-480.

MacSweeney, M., Brammer, M. J., Waters, D., & Goswami, U. (2009). Enhanced activation of the left inferior frontal gyrus in deaf and dyslexic adults during rhyming. Brain, 132(Pt 7):1928-1940.

McCandliss, B. D., Cohen, L., & Dehaene, S. (2003). The visual word form area: Expertise for reading in the fusiform gyrus. Trends Cogn Sci, 7(7):293-299.

Nelson, J.R., Liu, Y., Fiez, J., & Perfetti, C.A. (2009). Assimilation and accommodation patterns in ventral occipitotemporal cortex in learning a second writing system. Human Brain Mapping, 30(3):810-820.

Perfetti, C., Cao, F., & Booth, J. (2013). Specialization and universals in the development of reading skill: How Chinese research informs a universal science of reading. Sci Stud Read, 17(1):5-21.

Perfetti, C. A., Liu, Y., Fiez, J., Nelson, J., Bolger, D. J., & Tan, L. H. (2007). Reading in two writing systems: Accommodation and assimilation of the brain's reading network. Bilingualism-Language and Cognition, 10(2):131-146.

Perfetti, C. A., Liu, Y., & Tan, L. H. (2005). The lexical constituency model: Some implications of research on Chinese for general theories of reading. Psychological Review, 112(1):43-59.

Perfetti, C. A., Zhang, S., & Berent, I. (1992). Reading in English and Chinese: Evidence for a "universal" phonological principle. Advances in Psychology, 94:227-248.

Poldrack, R. A., Wagner, A. D., Prull, M. W., Desmond, J. E., Glover, G. H., & Gabrieli, J. D. (1999). Functional specialization for semantic and phonological processing in the left inferior prefrontal cortex. Neuroimage, 10(1):15-35.

Posner, M. I., & McCandliss, B. D. (1999). Brain circuitry during reading. In: Raymond M.Klein & Patricia A.McMullen(Eds.),Converging methods for understanding reading and dyslexia. Cambridge, MA: MIT Press.

Pugh, K. R., Shaywitz, B. A., Shaywitz, S. E., Constable, R. T., Skudlarski, P., Fulbright, R. K., . . . Gore, J.C. (1996). Cerebral organization of component processes in reading. Brain, 119 (Pt 4):1221-1238.

Rugg, M. D., & Coles, M. G. (1995). Electrophysiology of mind: Event-related brain potentials and cognition. Oxford:Oxford University Press.

Siok, W. T., Niu, Z., Jin, Z., Perfetti, C. A., & Tan, L. H. (2008). A structural-functional basis for dyslexia in the cortex of Chinese readers. Proc Natl Acad Sci USA, 105(14):5561-5566.

Tan, L. H., Laird, A. R., Li, K., & Fox, P. T. (2005). Neuroanatomical correlates of phonological processing of Chinese characters and alphabetic words: A meta-analysis. Human Brain Mapping, 25(1):83-91.

Tan, L. H., Liu, H. L., Perfetti, C. A., Spinks, J. A., Fox, P. T., & Gao, J. H. (2001). The neural system underlying Chinese logograph reading. Neuroimage, 13(5):836-846.

Tan, L. H., Spinks, J. A., Feng, C. M., Siok, W. T., Perfetti, C. A., Xiong, J., . . . Gao, J. H. (2003). Neural systems of second language reading are shaped by native language. Human Brain Mapping, 18(3):158-166.

Turkeltaub, P. E., Gareau, L., Flowers, D. L., Zeffiro, T. A., & Eden, G. F. (2003). Development of neural mechanisms for reading. Nat Neurosci, 6(7):767-773.

Young, A. W., Hellawell, D., & Hay, D. C. (1987). Configurational information in face perception. Perception, 16(6):747-759.

Zhu, L. L., Nie, Y. X., Chang, C. Q., Gao, J. H., & Niu, Z. D. (2014). Different patterns and development characteristics of processing written logographic characters and alphabetic words: An ale meta-analysis. Human Brain Mapping, 35(6):2607-2618.

[第 2 章]

阅读的神经活动
——文字快速加工与神经活动敏感性

Rapid Neural Sensitivity for Print in Reading and Dyslexia

[中国香港] 乌尔斯·毛雷尔（Urs Maurer）[1]
[中国] 李甦（Su Li）[2]

1 香港中文大学心理学系
2 中国科学院心理研究所

事件相关电位具有高时间分辨率，能够捕获由神经激活而产生的头皮电场毫秒级的变化。事件相关电位的 N1 成分发生在刺激呈现后的 150~200 ms，它已被证明对视觉词汇的正字法属性很敏感。本文综述了发生在成年成熟阅读者身上的文字的粗略及精细神经调制及其在学习阅读的儿童身上的发展以及在阅读障碍群体中的损伤。我们还进一步讨论了这些结果如何用正字法加工的神经模型来解释，以及如何将拼音文字的发现与阅读中文联系起来。

焦点阅读

· 视觉—正字法加工作为阅读和学习阅读的第一步是非常重要的。那么正字法加工的神经机制是什么？视觉—正字法加工时间进程如何？不同阅读经验儿童视觉—正字法快速加工的神经活动是否表现出不同的特点？视觉—正字法快速加工的神经活动是否会受到不同文字系统的影响？本章基于近期文字加工神经机制的研究，特别是儿童脑电研究，对上述问题做出回答。

关键词

视觉—正字法加工，粗略神经调制，精细神经调制，脑电图，阅读障碍，发展

引　言

　　成年人的阅读活动是由大脑不同脑区之间形成的一个网络的协同激活来支持的。这一网络中的一些脑区也会参与口语加工的过程。因此，当儿童学习阅读时，他们已经发展出了处理口语中发音信息（语音）和意义信息（语义）的脑区之间的网络。儿童学习阅读的任务就是发展出加工视觉形式词汇的视觉专家化（visual expertise）技能，并将视觉信息与已经存在的口语加工网络联系起来。因此，视觉—正字法加工作为阅读和学习阅读的第一步是非常特殊的。由此也就产生了一个核心研究问题：视觉—正字法加工这一最初的加工过程在多大程度上会受到来自更高水平的语言网络，即语音及语义信息的影响。

　　本章的开始部分将简要介绍有关正字法加工神经机制的两个最有影响力的模型。这两个模型提出了两种不同的观点（Dehaene et al., 2005；Price & Devlin，2011）。由于这两个模型的提出主要是基于脑功能成像的研究，所以本章还将梳理一些采用时间敏感性比较好的事件相关脑电技术进行的研究。这些研究将会为读者提供更多对视觉—正字法加工时间进程的认识。本章介绍的视觉—正字法加工的不同方面或许都可以用两个模型进行不同程度的解释。这些视觉—正字法加工的不同方面包括对文字的粗略神经调制（coarse neural tuning）、对文字的精细神经调制（fine neural tuning）以及词汇熟悉性（lexical familiarity）对神经调制的影响。本章对粗略神经调制的综述会更详细一些，因为大量研究已经表明，这一方面的视觉—正字法加工在学习阅读的早期阶段以及阅读障碍的发展中都具有重要作用。综述首先集中在拼音文字的研究上。拼音文字和中文在视觉—正字法加工不同方面的相似性及差异性将在本章的后面部分进行讨论。

正字法加工的神经模型

功能磁共振成像研究一致发现，加工书面文字会激活大脑左侧的枕颞区（e.g., Martin et al., 2015）。正是由于这一区域对书面文字的敏感性，此区域已被命名为视觉词形成系统（visual word form system, VWFS），而梭状回中部的中心则被称为视觉词形区（visual word from area, VWFA）（Cohen et al., 2000），这一区域不仅仅在阅读时被激活，在其他类型的加工如物体加工中也会被激活。因此，另外一些研究者更倾向于称其为左腹侧枕颞区（left ventral occipito-temporal cortex region, left VOT）（Price & Devlin, 2011）。这种名称上的差异其实也反映出了两个最有影响力的正字法加工神经机制模型之间的差异。VWFA 这一术语是由斯坦尼斯拉斯·迪昂（Stanislas Dehaene）及其同事在局部组合探测器模型（local combination detector model）中使用的（Dehaene et al., 2005）。很早就有研究发现，视觉系统基本加工区内的细胞都拥有各自的感受野，这使它们对一些基本的视觉特征（如一个长条的方向）很敏感（Hubel & Wiesel, 1967）。迪昂及其同事认为，这些已经建立好的感受野机制在支持视觉文字加工时是按照层级来组织的，通过"回收"由进化发展来的物体加工机制来支持由文化所发明的阅读技能的获得（Dehaene et al.，2005，Dehaene & Cohen，2007）。从这个意义上说，视觉系统中探测器的局部组合会对越来越复杂的视觉模式变得越来越敏感。最初是对点、条及组成字母不同部分的线条敏感，逐渐会对完整的字母、两个字母的组合敏感，甚至是对更多的字母组合以及完整的词形敏感（Dehaene et al.，2005）。这种层级系统的调制属性被定位在大脑腹侧的枕颞皮层（Vinckier et al.，2007），是通过阅读技能获得过程中的知觉学习来建立的（Dehaene et al.，2005）。从这个意义上说，正字法加工是一个自下而上的过程，由视觉词汇的视觉属性所驱动，而加工这些视觉属性的神经元也已变得适合加工这些视觉特征。在这种由自下而上的属性所驱动的加工之上，VWFA 的活动可能还会卷入由实验任务所引起的自上而下的效应（Dehaene & Cohen，2011）。这种文字加工大脑功能专门化的观点与另一个模型的观点形成了对照。另一个正字法加工神经机制模型是由凯茜·普赖斯（Cathy Price）和约瑟夫·德夫林（Joseph Devlin）在2011年提出的，被称为阅读过程腹侧枕颞区功能交互作用说（interactive account of VOT function in reading）。根据这一模型的观点，腹侧枕颞区是由存在于以物体为中心的参照框架之中，具有多重维度调制功能的神经元组成的。也就是说，这些神经元对由基本形状所构成的特定组合很敏感。不管这些组合的位置怎样，也不会受到构成组合的字母或者单词的约束。例如，一个神经元可能会对"J"这个形状敏感而在阅读时被激活，但是在加工大象鼻子或者雨伞手柄这些具有类似形状的物体时，它也会被激活（Price & Devlin，2011）。而且，腹侧枕颞区的激活被看成一个具有预测性的编码框架（predictive coding framework）。在这个框架之中，来自高水平区域的反向连接会自动预测来自于低水平的前馈输入。在阅读领域中，来自高水平语言领域的语音和语义预期被认为会调控腹侧枕颞区的加工。根据这个模型，学习阅读首先需要将视觉输入与自上而下的预期建立联系，随后通过改善预期来使预期的错误降到最少（Price & Devlin，2011）。这个模型当中很重要的一点是，在阅读过程中，自下而上的加工在很早的阶段就与自动化的、来自语言网络的自上而下的加工发生交互作用。这一点与之前提出的模型的不同在于，迪昂等人强调的是自下而上的刺激的加工。除了自动化的（非策略性的）自上而下的影响，普赖斯等人的模型还假定有另外的来自任务的效应，也会对腹侧枕颞区激活进行调控，这被称为策略性的自上而下的影响（strategic top-down influence）。

因此，两个模型都预测不同的任务会在正字法加工中影响腹侧枕颞区的激活。但是，它们对非任务依赖的早期正字法加工的机制有着不同的假设。由于任务效应在刺激加工的晚期阶段会更加明显，采用时间敏感度高的技术，如脑电图（electroencephalogram，EEG）技术和脑磁图（magnetoencephalography，MEG）技术，可以为我们提供深入探讨这个问题的可能。因为采用这种技术可以使研究者更加关注视觉词汇加工中很重要的早期阶段。考虑到有些读者可能不很熟悉脑电研究中事件相关电位的研究方法，而又有很多研究都采用这种方法，所以下面将介绍这一种技术。

事件相关脑电位

脑自发电位（EEG）是指随时间而变动的电位差异。电位的差异可以通过将两个电极安放在头皮表面来测量。两个电极中的一个作为参考电极，可以人为地将其值设置为0（Nunez & Srinivasan，2006）。现代的脑电系统采用更多的电极（128个或者256个电极），所有的电极都通过与相同的参考电极进行比较而得以测量，并在高时间采样率（500 Hz或者1000 Hz）的条件下进行数字化。因此，EEG可以提供毫秒级的对大脑活动的测量。

大脑的激活包括两种不同类型的电活动：动作电位与突触后电位。只有后者被认为是对EEG有贡献的。为了能在头皮表面安放电极来记录大脑的电活动，由一组神经元产生的电位需要足够大才能穿过大脑组织、大脑内部的液体、大脑膜皮、头骨以及头皮。电位的获得需要将具有一定长度形式的、平行排列且同步激活的大量神经元之间的活动叠加在一起。在满足以上这些条件的情况下，我们才能在头皮表面记录到电位活动（Brandeis et al.，2009）。

在头皮测量到的EEG包括了任何满足这些条件的，在任何时刻所发生的大脑活动。这就意味着EEG测量的是来自于不同源的正在进行的大脑活动。事实上，EEG中的信号与研究者感兴趣的特定刺激有关，如呈现在屏幕上的一个单词。但是，这种信号的强度通常比正在进行的大脑背景活动要弱得多（Luck，2005）。为了测量特异于刺激的反应，同类型的刺激通常需要呈现许多次。通过将不同试次的反应进行平均，刺激呈现时引起随机的背景信号的变动就会减小，而与刺激相关的信号就会保持不变。这种平均就被称为事件相关电位（event-related potential，ERP）。当呈现一个电极的波形时，可以看到事件相关电位是由一系列的波峰和波谷组成的。波峰被称为成分（component），用字母P（正向）或N（负向）来表示。字母后面的数字代表成分的顺序（N1：第一个正成分）或者波峰出现的时间（N170：负波，在170 ms时出现波峰）。

由于容积传导的原因，大脑中一个源所产生的电位是通过所有头皮电极来获得的。因此，我们不能得出一个信号测量时的电极位置就是其附近脑活动的源的结论。这就是 EEG 被认为空间分辨率很低的原因。由于头皮电场的地形分布依赖于激活的源，所以有研究者尝试用一些数学程序去估计特定 ERP 成分的源（Pascual-Marqui et al., 2009）。尽管这一领域有一定的优势，但是分析的结果是源于数学模型的。这些数学模型所带有的假设可能是对的也可能是错的。因此，源定位可以提供额外的有趣信息，但是应慎重对待。

除了经典的 ERP 波幅分析，研究也证明 ERP 的地形图分析是很有用的。鉴于 EEG 的时空结构，ERPs 既可以呈现出各个电极上的波形，也可以呈现出一系列随时间变化的大脑地形图（topographic map）（Koenig & Gianotti, 2009）。因为地形图的分布依赖于大脑的神经元发生器，地形图信息就可以进一步用来提取脑活动中的信息。同样地，地形图分析可以用来检验两种分布是相同的还是不同的。不同的分布可以解释为大脑中产生的源是不同的（Michel et al., 2004）。这种信息是很重要的，即使源的准确定位并不清楚，但如果两种分布是相同的，那么它们可能就是由相同的源导致的。而且，ERP 波幅的差异也可以解释为是激活强度的差异。

文字的粗略神经调制

正如眼动研究所揭示的结果，熟练阅读者可以非常快速地阅读书面文本（Rayner, 1998）。熟练阅读者注视一个单词的平均时间为 200～250 ms（Dimigen et al., 2011）。这一段很短的时间代表着一个单词最核心的信息得到加工，且眼睛已开始移到下一个单词的最长时间。这种高速的阅读需要大脑快速的活动，从而保证阅读者能够识别单词。

使用 ERP 技术进行研究发现，N1 成分对文字很敏感。通常，与视觉特征匹配的控制刺激如符号串（symbol string）相比，视觉词汇引起的 N1 要更大（Bentin et al., 1999；Maurer et al., 2005b）。在这些 ERP 研究中，研究者请被试注视文字及符号串等刺激，在看到前后呈现的两个刺激是一样的时就按键做出反应。在这种任务条件下，视觉词汇诱发的 N1 比符号串诱发的 N1 更大（Brem et al., 2005；Maurer et al., 2005a；Maurer et al., 2005b；Brem et al., 2006；Eberhard-Moscicka et al., 2014）。在成人被试中，这类刺激所诱发的 N1 成分发生在枕颞部电极，在刺激呈现后的 130～230 ms 出现，并在 150～180 ms 时达到高峰（Maurer et al., 2005b；Maurer et al., 2008b；Eberhard-Moscicka et al., submitted）。在一些研究中，N1 成分也被称为 N170，因为 N1 成分的波幅在刺激呈现后的 170 ms 达到最高。但是，这种形式的命名在发展研究中是有问题的。一项研究选取了 101 名一年级末期（7.5 岁）的儿童，测查了儿童在重复探测任务中的文字粗略调制效应及词汇效应。研究发现，由于成熟的影响，儿童 N1 峰值的潜伏期是比较长的（图 2-1）。N1 的地形图分布不仅包括枕颞部电极所表现出的负波，还包括前部中线电极所表现出的相应的正波（Maurer et al., 2005b）。N1 对文字（与符号串相比）的敏感性主要反映了对文字的粗略调制（Maurer et al., 2005b），正如当伪词与符号相比也能观察到同样的 N1 敏感性一样。同样，真词与伪词所诱发的 N1 的差异是很小的。而且在内隐阅读任务中，真词与伪词的 N1 差异是非常不稳定的。进一步说，如果视觉控制刺激与真词的匹配程度非常接近，如用线条或者笔画组成字母或汉字，那么真词与伪词的 N1 差异就变得很小了

（Schendan et al., 1998；Xue et al., 2008）。最近一项研究采用与文字匹配很好的非字符号（false-font）作为控制条件，发现在 N1 成分的早期就可以探测到非常强的文字调制效应（文字大于非字符号），而在 N1 成分的后期，非字符号的反应要强于文字（Eberhard-Moscicka et al., submitted）。与成人不同的是，儿童的文字调制效应非常清晰，看起来并不那么依赖于视觉控制条件的选择（图 2-1）。

　　来自跨文化的不同文字系统的研究表明，文字 N1 与控制刺激 N1 之间的差异反映的是阅读经验带来的影响，而不仅仅是不同刺激的属性所导致的。正是如此，与伪字 / 词相比，中英双语被试对于熟悉的英文词和汉字表现出更强的 N1，而英语单语被试只对英文表现出更强的 N1，而不熟悉的汉字及伪词刺激的 N1 则减弱（Wong et al., 2005）。类似地，与母语为英语的单语被试相比，日语—英语的双语被试对于熟悉的日文字母和日文汉字表现出更强的左侧化 N1（Maurer et al., 2008b）。这些结果可以用物体及面孔加工领域发展出的视觉专家化的理论框架来解释。

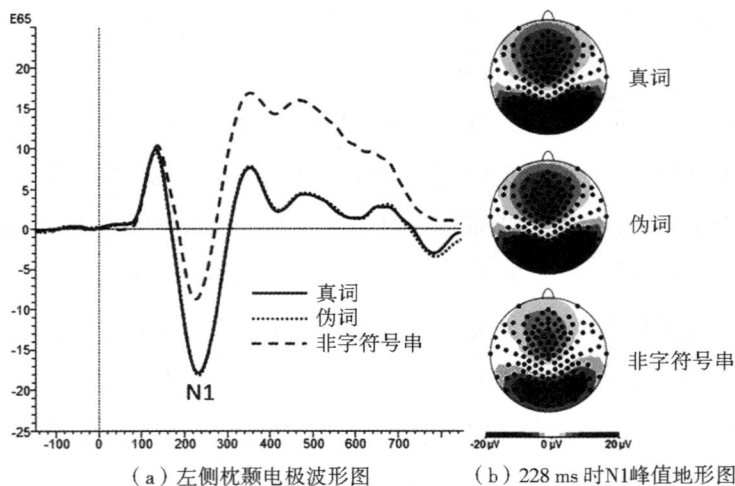

（a）左侧枕颞电极波形图　　　（b）228 ms 时 N1 峰值地形图

图 2-1　儿童在重复探测任务中的文字粗略调制效应及词汇效应

　　研究也表明，N1 成分对面孔及熟悉的物体也有类似的敏感性。与打乱的面孔刺激相比，真实面孔的 N1 更强（Bentin et al.，1996）。与此类似，研究鸟类的专家在注视鸟类及狗类的图片刺激时，鸟类图片引发的 N1 会大于狗类图片引发的 N1，而研究狗的专家则表现出相反的模式（Tanaka & Curran，2001）。这些效应都被解释为视觉专家化效应，即通过学习，视觉系统会与特定的视觉信息协调起来（Tanaka & Curran，2001）。在这个意义上说，阅读可以看成儿童在学习阅读过程中获得的视觉专家化的一种形式（McCandliss et al.，2003）。

　　但很重要的一点是，对面孔和物体的典型 N1 反应是右侧化的，而对于视觉文字的 N1 反应通常是左侧化的（Rossion et al.，2003；Maurer et al.，2008a）。研究者提出两种假设来解释阅读早期视觉加工的左侧化现象。根据语音匹配假设（phonological mapping hypothesis），视觉词汇加工的左侧化是由在学习过程中来自高水平的、左侧化的、参与语音加工的语言区的自上而下的影响来驱动的（Maurer & McCandliss，2007）。另外一种假设认为，偏侧化的差异可能是对应于文字与面孔刺激视觉属性上表现出的差异（Mercure et al.，2008；Hsiao & Lam，2013）。文字包含大量的高空间频率的视觉信息，这些信息可能偏向于在大脑的左半球得到加工。相反，面孔包含了一些可能偏向于在右半球加工的低空间分辨率信息。目前，视觉词汇 N1 左侧化的原因仍然是不清楚的，对这一问题的回答可能会与上文提到的正字法加工的模型有关。

　　由于脑电图技术低空间分辨率的局限，我们还很难知道文字 N1 敏感性的确切脑定位，但是已有一些证据表明 N1 成分与 VWFA 的激活存在着对应关系。这样的结果也得到了 MEG 研究的证实。脑磁图研究具有像脑电研究一样的高时间分辨率，同时由于其减少了信号远距离源的扭曲，就允许有更可靠的脑定位估计（Banaschewski & Brandeis，2007； Babiloni et al., 2009）。研究已表明，在200ms内对文字粗略调制的 MEG 源同样位于枕颞区的下部（Tarkiainen et al., 1999）。另外一些证据来自于安放颅内电极的神经生理学研究。正常人类被试的脑电只能在头皮表面得到记录，但在患有不能矫治的癫痫病人手术前（这种情况很少有），是可以从其颅内皮层记录到脑电活动的。在这样的病人身上，文字敏感性的神经激活发生在大约200ms时的腹侧枕颞皮层（Allison et al., 1994）。另外一些来自于脑电数据的溯源分析以及脑电与功能成像联合研究的数据也发现了一致的证据。这些研究中对事件相关电位的源估计发现，N1的源位于大脑后部及枕颞区下部（Maurer et al., 2005b；Brem et al., 2006；Brem et al., 2009），这一区域与相同被试 fMRI 的激活位置是对应的（Brem et al., 2006；Brem et al., 2009）。

文字粗略神经调制的发展

既然成熟阅读者表现出了与特定文字经验相关的文字粗略神经调制，那么很自然就会产生一个问题：这种神经活动敏感性在学习阅读的儿童群体身上是如何发展的？这种发展是非常快的，还是比较慢的？是以一种增量的方式向前发展的吗？针对儿童的发展研究为回答这些问题提供了答案。

在一项纵向追踪瑞士苏黎世儿童学习阅读的研究中，幼儿园的儿童在学习阅读前进行第一次测试，1.8年之后对这些进入小学二年级中期的儿童进行第二次测试（Maurer et al., 2005b）。在瑞士，儿童从小学才开始学习阅读，幼儿园儿童是不学习阅读的，而且这项研究也排除了那些早期已经会读的儿童。在记录儿童的脑电活动时，他们要完成重复探测任务。实验材料是词和符号串。儿童只要看到前后呈现的两个刺激是一样的（不论是词还是符号串），就要马上按键做出反应。结果表明，幼儿园儿童在 N1 成分上还没有表现出文字的调制效应（Maurer et al.，2005b）。但是，在这些孩子到了二年级的时候，他们已经发展出非常强的文字 N1 调制效应（Maurer et al.，2006）。正如图 2-1 所示，近期的一项研究结果表明，文字 N1 的调制效应在一年级末期（在学校中进行了一年的阅读训练）就已经很明显了。来自这项纵向研究的结果还发现，即使随年龄增长文字 N1 的波幅在减小，但与成人相比，儿童文字 N1 的调制效应更大（Maurer et al.，2006）。这说明，文字粗略神经调制的发展呈现出倒 U 形的趋势。

　　这种倒 U 形的趋势可以在视觉专家化的框架中进行解释。初学阅读者表现出非常泛化的调制感受野，而专家则具有更精细的调制感受野（Palmeri & Gauthier，2004）。但是，粗略神经调制倒 U 形的趋势与正字法加工交互作用模型的解释也是一致的。在初学阅读时，预测错误会很多——引起了更强的激活，随着学习不断加深，预测错误减少——激活就减弱（Price & Devlin，2011）。

　　上述纵向研究的结果发现，儿童在小学学习一年半之后（较长的一段时间）会出现更强的文字敏感性，而训练研究则发现，N1 的调制效应能够在很短的时间内出现。在布雷姆等人（Brem et al.，2010）的一项研究中，研究者请儿童玩一个叫"GraphoGame"的电脑游戏。通过玩这个游戏两个月，儿童来学习字母—发音的匹配。这项研究再一次发现，训练前儿童的文字 N1 敏感性没有出现，但是通过形音匹配训练，文字 N1 敏感性发展了，而控制条件的数字训练则没有导致这样的效应

（Brem et al., 2010）。

在成人学习人工文字正字法的研究中，我们也可以在单一时段中观察到大范围的 N1 的增强活动（Maurer et al., 2010）。与成人表现出典型的左侧化 N1 不同，训练研究中的成人表现出非常强的人工文字的右侧化 N1。这一结果预示着，在学习过程中可能存在 N1 从右侧化向左侧化的过渡（Maurer et al., 2010）。

上述结果与发展研究中的发现是一致的。尽管在上文提到的幼儿园儿童的纵向研究中，从整组来看并没有发现 N1 文字敏感性，但是具有高字母知识的儿童在学习阅读之前却表现出了右侧化的文字 N1，这可能是出现文字敏感性的一个预兆（Maurer et al., 2005b）。一些处于阅读障碍高危状态的幼儿园儿童也表现出更明显的右侧化的 N1，这与布雷姆等人的观点一致。右侧化的文字 N1 反映的是阅读获得过程中的一个不成熟的阶段（Brem et al., 2013）。

在一年半的在校阅读训练之后，儿童发展出明显的文字 N1 效应，并表现出双侧分布的特征（Maurer et al., 2006）。这种双侧化的分布经过小学直到成年期，会逐渐发展成为更加左侧化的分布（Maurer et al., 2006；Eberhard-Moscicka et al., submitted）。

整体来看，文字快速加工的神经活动敏感性经历了非常大的变化，可能是从最初的萌发状态到后期随着阅读经验增长而逐渐精细化的过程。文字 N1 敏感性遵循着倒 U 形的发展趋势。最初的增长幅度很大，增长的速度也很快。随后，速度会在漫长的发展过程中逐渐变慢，增长的幅度也降低。N1 敏感性在发展的最早期还不很成熟的时候是右侧化的，随后变成双侧化并达到 N1 的高峰，在随后的几年中变得更加左侧化。除了这两点变化之外，N1 在时间窗口上也是有变化的。如果以与文字非常相似的非字符号作为控制条件，小学一年级和三年级儿童的

N1 涵盖了 N1 的整个时间窗口，只有在成人被试中才能探测到 N1 的早期成分（Eberhard-Moscicka et al., submitted）。

阅读障碍群体的文字粗略神经调制降低

文字的粗略神经调制不仅在阅读获得的最初阶段就开始发展，而且在学习有困难的儿童身上表现出了降低的特点。

在苏黎世儿童的纵向研究中，与阅读正常的儿童相比，那些在小学二年级时成为阅读障碍的儿童表现出调制效应降低的特点（Maurer et al., 2007）。有趣的是，与正常儿童相比，阅读障碍儿童降低的调制效应不仅表现为文字 N1 的降低，而且还表现出符号串的 N1 更强的特点。这与视觉专家化的理论是一致的。神经活动的专家化不仅使大脑对优势刺激类别的激活增强，也会使其对非优势类别刺激的激活减弱（Cantlon et al., 2011）。因此，调制模型和正字法加工交互作用模型都能解释阅读障碍儿童为什么会表现出较弱的文字 N1 反应。阅读障碍儿童对非优势刺激的激活更强可能用调制模式来解释比较好，因为来自高水平加工语言区的预测作用在视觉控制条件下是不应存在的。但是，我们仍然不能排除符号串诱发了阅读障碍儿童更多来自高水平加工语言区的预测，这则是与交互作用模型相一致的解释。

当苏黎世纵向研究中的儿童在入学三年之后再次进行测查时，阅读障碍儿童的文字神经调制障碍已经减少了，只是和五年级的状态有边缘显著的差异（Maurer et al., 2011）。这可能意味着，文字神经调制在阅读障碍儿童最初学习阅读的头几年是特别重要的。但是，另外一些研究也报告年龄更大一些的青春前期的阅读障碍儿童（Araujo et al., 2012）及有阅读障碍的成人（Helenius et al., 1999；Mahe et al., 2012；Araujo et al., 2015）的文字调制效应也是有损伤的。这就说明文字调制的神经损伤会持续影响到更大的年龄，造成阅读困难。另外，对于更大年龄人群文字调制效应损伤的探测也会受到阅读障碍的程度以及任务熟悉性的影响。

　　阅读障碍儿童在阅读技能获得几年之后，视觉—正字法加工的持续损伤也得到了 fMRI 研究的支持。因为语音加工困难被认为是阅读障碍的核心缺陷，一些功能成像研究使用语音任务，揭示出这种缺陷的神经基础是在颞—顶区（Temple et al., 2001；Hoeft et al., 2006）。但是，对采用视觉字母或单词作为实验材料的阅读障碍研究的元分析表明，阅读障碍最稳定的缺陷出现在 VWFA 附近的枕—颞区下部（Maisog et al., 2008；Richlan et al., 2009）。VWFA 的调制损伤的重要性得到了一项100多人的多中心 fMRI 研究的证实。阅读能力较低的被试的文字调制效应减少最强的区域就是 VWFA（Maurer et al., submitted）。有趣的是，阅读流畅性和文字调制效应之间的联系不是由文字条件驱动的，而是由符号条件驱动的。这一结果又与视觉专家化的解释一致。视觉专家化不仅表现出对优势视觉类别激活的增强，也表现出对非优势类别激活的减弱（Cantlon et al., 2011）。但是，正如前所述，这一结果也与阅读障碍被试对非优势刺激不适宜的预测是一致的。

文字的精细神经调制

　　文字与符号之间的对比反映的是文字视觉调制的一种粗略形式。除此之外，还存在一种更为精细的调制形式。精细文字调制反映的是对字母串中字母组合模式规则的敏感性（Posner & McCandliss，2000；Maurer et al.，2006；Zhao et al.，2014）。所以，真词比伪词或者辅音字母串更规则，伪词比辅音字母串更规则。伪词与辅音字母串的对比可以更好地代表精细调制效应，因为真词与伪词的对比也会受到字母熟悉性差异带来的影响（Zhao et al.，2014）。

　　一些研究已经报道，辅音字母串的 N1 比真词的 N1 更强（Compton et al.，1991；McCandliss et al.，1997；Bentin et al.，1999）。但是，这一效应在不同的任务下存在差异。这种效应只在被动任务或者视觉搜索任务下才会出现，但仅在一项英文的词汇判断任务中出现（Compton et al.，1991）。与此完全相反的是，在一项法语研究中，这一效应仅在词汇判断和语义任务中出现，而在视觉大小探测和语音任务中却没有出现（Bentin et al.，1999）。因此，虽然看起来在这个效应的方向上表现出了共同的模式，但这一效应是否以及如何受到实验任务的调控仍然是不清楚的。

　　词形中双字母组（bigram）的频率差异也可以反映文字的精细调制。一项研究比较了典型与非典型正字法词形［用双字母组的位置及三字母组（trigram）的频率来定义］的词汇，发现典型词汇的 N1 比非典型词汇的 N1 要强，但这一效应对伪词来说则是反转的（Hauk et al.，2006b）。

　　因此，有关视觉文字加工精细调制效应的结果是非常不一致的。这可能是不同研究采用的实验任务及实验参数的差异造成的。这种实验任务的影响说明，字母串的加工会受到自上而下效应的影响。这与调制模型及正字法加工交互作用模型的观点是一致的。但是，任务效应的存在使得我们很难去找到支持或反对任一模型的证据，因为两个模型会预测出非任务依赖的不同效应。调制模型预测更规则的字母串会诱发更大的

N1，因为感受野的敏感性在增强；而交互作用模型则预测越不规则的字母串会诱发越高的 N1，因为预期的错误增加了。

在初学阅读的儿童身上也是有可能发现对文字的精细调制效应的。近期的一项研究发现，阅读水平高的儿童的真词 N1 比辅音字母串 N1 更强，而阅读水平低的儿童则没有表现出这样的差异（Zhao et al.，2014）。研究者在这一研究中还发现，低阅读水平儿童和高阅读水平儿童的文字粗略调制效应是没有差异的。这说明，文字的精细调制效应可能对初学阅读的正常群体儿童的阅读能力差异更敏感。

词汇熟悉性的影响

将真词与伪词进行对比，也是可以发现文字的精细调制效应的。因为真词比伪词具有更规则的字母串。但是，这种精细的文字调制效应会受到由词汇熟悉性差异所带来的混淆，特别是实验采用外显语言任务时更是如此。这也反映在 N1 有关词汇差异的结果模式上。

在一些成人研究中，真词的 N1 比伪词的 N1 更强（Maurer et al.，2005a；Eberhard-Moscicka et al.，submitted）。但是，这一结果并不总是一致的（Maurer et al.，2005b），一些研究甚至发现了相反的效应，即伪词的 N1 比真词的 N1 更强（Hauk et al.，2006a；Hauk et al.，2006b）。

这些不一致的结果可能是由于不同研究采用的任务不同。在只需要内隐阅读的任务条件下，如 one-back 重复探测任务，主要发现真词的 N1 成分比伪词的更大（Maurer et al.，2005a；Eberhard-Moscicka et al.，submitted）。而在外显阅读任务下，如词汇判断的条件，伪词的

N1 比真词的更大（Hauk et al., 2006a；Hauk et al., 2006b；Simon et al., 2007）。

伪词的 N1 成分比真词的大这一结果与在词汇判断任务（Sereno et al., 1998；Hauk & Pulvermuller, 2004）或词汇探测任务（Assadollahi & Pulvermuller, 2003）中所报告的低频词 N1 强于高频词 N1 也是一致的。但是，N1 的词频效应看起来也是依赖于任务的。因为在声音探测任务中是没有发现这种效应的（Proverbio et al., 2004），而且在词汇判断任务（研究者通过大量重复呈现词汇从而可能改变了词汇判断任务的性质）中甚至表现出了相反的模式（Simon et al., 2007）。这种非常强的由任务要求带来的对词汇效应的调控，既可以由局部探测器联合模型来解释，也可以由正字法加工交互作用模型来解释（Price & Devlin, 2011），因为两个模型都承认存在自上而下的任务效应。任务效应的存在表明，它们是与自下而上或自动化的交互作用效应相重叠的，从而使研究者很难找到支持或反对两个模型的证据。

而且，由词汇熟悉性引起的差别化加工与文字的粗略调制可能具有不同的时间进程。近期的一项研究表明，词汇效应发生在 N1 成分的晚期，而文字的粗略调制效应主要发生在 N1 成分的早期（Eberhard-Moscicka et al., submitted）。但是，这种序列式的加工可能也依赖于实验的任务。另外一项研究表明，实验任务可以进一步加速词汇的加工，正如任务对词频效应的调控一样（Strijkers et al., 2015）。

从整个发展进程来看，实验任务的要求对词汇 N1 效应的影响在增加。这一结果来自使用内隐或外显语言任务的发展研究。使用重复探测任务的研究发现，平均来看，真词的 N1 都大于伪词的 N1，但是这种差异只是边缘显著（Maurer et al., 2006；Eberhard-Moscicka et al., 2014）或者仅仅在某一个能力组的儿童中达到显著（Zhao et al.,

2014）。与此类似，在一项使用词汇判断任务的研究中，伪词的 N1 大于真词的 N1，但仅仅是在与阅读障碍组进行对比时的交互作用上达到显著水平（Kast et al.，2010）。将这些研究结果与非常稳定的文字粗略调制效应的结果整合在一起，我们就会发现，在初学阅读时，视觉词汇的加工是由自下而上的刺激属性的加工所主导的，同时发展出适宜的调制敏感性或者自动化的交互作用。而这些过程中以任务为中介的自上而下调控的灵活性还很弱，需要通过今后的阅读实践来继续发展。

对中文的快速视觉—正字法加工

本章的前面部分是从拼音文字的角度来讨论视觉—正字法加工的。第一个主题包括文字的粗略神经调制、其发展以及其在阅读障碍中的损伤。第二个主题包括文字的精细神经调制（更为精细细致的不同类型字母串之间的差异）及词汇熟悉性效应。在这一部分中，我们将在中文的背景下讨论这些主题，以此来强调中文对于拼音文字来说的共同点及差异。

fMRI 研究已经为揭示阅读中文及拼音文字表现出的共同点及差异提供了很多证据。两项功能磁共振研究的元分析文章揭示出中文与拼音文字在整体上相同的阅读网络，包括枕颞区下部、颞顶区以及额区（Bolger et al.，2005；Tan et al.，2005）。尽管这些元分析没有在文字系统之间进行直接的统计比较，但各种文字系统内部的分化模式预示着一些不同：阅读中文看上去很少激活左半球颞叶区的上部，但会更多激活左侧额中区以及右侧枕颞区。在本章所关注的视觉—正字法加工这一问题的背景下，与拼音文字相比，中文在枕颞区出现的差异显得格外有趣。这就引发了一个问题：与拼音文字所诱发的典型的左侧化 N1 相比，我们是否能发现右侧化的，至少是双侧化的汉字 N1 反应。由于汉字的基本形状、构成及元素数量与拼音文字不同，我们可能会预期汉字的视觉专家化与拼音文字的专家化会有所不同。

已有一些研究探查了汉字的粗略神经调制。研究发现，汉字的 N1 要强于控制刺激的 N1（Wong et al., 2005；Xue et al., 2008；Cao et al., 2011；Lin et al., 2011；Zhao et al., 2012）。但如果用和汉字相同的、带有一些笔画元素和笔画结构的韩文作为控制条件，调制效应就不是很稳定，会更容易受到实验参数的影响，如刺激呈现时间和字符长度（Xue et al., 2008）。与功能磁共振研究的元分析结果不同，汉字的粗略调制反应也是左侧化的（Wong et al., 2005；Cao et al., 2011；Lin et al., 2011；Zhao et al., 2012）。这种与神经成像研究结果的不一致是显著的，说明 fMRI 研究中右半球枕颞皮层的额外激活可能反映的是发生在 N1 成分之后的折返性激活（Dale et al., 2000）。

对汉字的粗略调制不仅在偏侧化上与拼音文字是相同的，其在儿童群体中的发展也表现出拼音文字研究所发现的倒 U 形的时间进程。对汉字的粗略调制效应在小学一年级的儿童身上表现非常强，随后开始减弱（Cao et al., 2011）。

因此，这些研究结果表明，汉字粗略神经调制的出现、偏侧化以及发展与拼音文字是非常相似的。但是，以往的研究中都没有包括学习拼音文字的被试，没有直接进行跨语言的比较。所以，不同文字系统的神经调制可能还是可以探测到细微差异的。

对文字的粗略调制被认为是书面文字与视觉控制刺激之间的对比，对文字的精细调制代表了对书写系统（字母、部件）组合成更大单元（单词、汉字）的规则的调制。既然中文与拼音文字在结构上是存在差异的，那么对汉字的精细调制就不能在与拼音文字相同的条件下进行研究。但是，还有一些条件是可以用来进行对比的。

在拼音文字的研究中，研究者使用真词、伪词、辅音字母串及非字符号串作为实验材料。一项对汉字的研究采用类似的方式，使用真字、伪字、非字及笔画随机组合作为 ERP 实验材料（Lin et al.，2011）。伪字由位置正确的部件构成，非字由位置不正确的部件构成。研究者采用浅层语言加工任务（颜色探测），发现与非字和笔画组合的 N1 相比，真字与伪字的 N1 更强（Lin et al.，2011）。这一结果与同样采用浅层语言加工任务，对拼音文字精细调制效应进行的研究的结果是一致的。尽管文字精细调制的任务依赖性并不总是一致的（Compton et al.，1991），但拼音文字的研究也发现了更有规则的字母串的 N1 反应会更强（Zhao et al.，2014），而在外显任务中，越不规则的字母串的 N1 越大（Bentin et al.，1999）。

在拼音文字中，词汇效应是通过比较真词与伪词（可以发音的字母串但不是词）来研究的。在中文中，创造出等价的伪字是不可能的。由处在正确位置的声旁和形旁构成的伪字貌似真字，但却是不能发音的。因此，在中文中探查词汇效应更具可比性的方法是将高频字和低频字进行对比。

一项中文研究在延迟命名任务中操控了汉字的频率，发现在刺激呈现后的 250 ms 左右低频字引发了更大的负波（Liu & Perfetti，2003）。但在这项研究中，中英双语被试在加工英语时，在相同的时间窗口中表现出相反的频率效应。这说明词频效应在双语学习者身上的表现是不同的。而且，中文中的词频效应在中文被试中可能被限制在 N1 成分的晚期。一些研究者已经证明了这一点，他们的研究没有在 N1 成分的早期发现词频效应（Hsu et al.，2011；Zhang et al.，2012）。

既然汉字的声旁与整字的发音不是完全匹配的（Yang et al.，

2009），那么文字与发音的一致性在中文阅读中就起着更重要的作用。如此，与发音一致性高的汉字相比，发音一致性低的汉字会引发大脑后部更强的 N1 负波（Lee et al., 2007）及更强的前部的正波（Lee et al., 2007；Hsu et al., 2011）。这些效应的大体方向与拼音文字中的频率效应是相同的，但是这些效应并不总能在汉字研究中被探测到（Hsu et al., 2011）。

　　总之，与拼音文字类似，与文字粗略神经调制相关的效应在汉字中也是非常一致的。其他与更为精细调制有关的效应则由于受到更强的任务要求及加工目标的影响而不是很一致。因此，与拼音文字一样，任务效应的出现使得研究者很难在汉字研究中去发现非任务依赖的效应，从而很难对正字法加工的两个模型做出评价。

总结与展望

　　快速的视觉—正字法加工对于流畅阅读是很重要的，而且可能受到两种不同的机制（调制机制与任务效应调控）的影响。

　　这两种机制似乎遵循着不同的发展轨迹。对文字的粗略调制在初学阅读时非常凸显，其发生在内隐的阅读任务中，而且真词和伪词都会有类似的反应。粗略调制的这种发展模式可以推广到其他的文字系统中，正如在中文研究中所发现的结果。文字粗略调制的发展模式可以用两种不同的模型来解释。一种是局部特征探测器所引起的自下而上的加工，一种是通过自动化的自上而下的预期所引发的交互式加工。但是，两个模型对于文字的精细调制有着不同的预测。局部探测器模型预测越规则的字母串的激活越强，而交互作用说预测越不规则的字母串的激活越强。但是，对结果的解释因实验任务效应的存在而变得复杂起来。尽管 ERP 具有很高的时间分辨率，可以允许研究者去探查视觉—正字法加工的早期阶段，但是有研究发现 ERP 的早期阶段就已存在任务效应。任务效应与文字精细调制效应的重叠使得解释支持或反对两个模型的结果变得很困难。未来的研究需要找到更好的方式来控制实验任务带来的效应。

如果不考虑在正字法加工神经模型的背景下去解释那些效应，ERP 测量已被证明是捕获正常及阅读障碍人群初学阅读时的重要神经活动的有用工具。本章介绍的这些成果正是未来研究的出发点。未来研究需要继续探索正字法加工的神经机制以及这些加工机制在儿童学习阅读过程中的发展模式。

摘要 Abstract

Event-related potentials (ERPs) of the EEG have a high temporal resolution and are able to capture millisecond-to-millisecond changes of the electric fields on the scalp that are generated by neural activation. The N1 component of the ERP that occurs between about 150 and 200 ms after stimulus presentation has been shown to be sensitive to orthographic properties of visual words. Here we review how coarse and fine tuning for print occurs in adult skilled readers, how it develops in children who learn to read, and how it is impaired in dyslexia. We further discuss how these findings can be interpreted in neural models of orthographic processing, and how the findings from alphabetic languages relate to reading in Chinese.

Keywords
visual-orthographic processing, coarse neural tuning, fine neural tuning, electroencephalogram, dyslexia, development

参考文献 Reference

Allison, T. , McCarthy, G., Nobre, A. Puce, A. & Belger, A. (1994). Human extrastriate visual cortex and the perception of faces, words, numbers, and colors. Cereb Cortex, 4(5):544-554.

Araujo, S., Bramao, I., Faisca, L., Petersson, K. M., & Reis, A. (2012). Electrophysiological correlates of impaired reading in dyslexic pre-adolescent children. Brain & Cognition, 79:79-88.

Araujo, S., Faisca, L., Bramao, I., Reis, A., & Petersson, K. M. (2015). Lexical and sublexical orthographic processing: An ERP study with skilled and dyslexic adult readers. Brain and Language, 141:16-27.

Assadollahi, R., & Pulvermuller, F. (2003). Early influences of word length and frequency: A group study using MEG. Neuroreport, 14:1183-1187.

Babiloni, C., Pizzella, V., Gratta, C. D., Ferretti, A., & Romani, G.L. (2009). Fundamentals of electroencefalography, magnetoencefalography, and functional magnetic resonance imaging. Int Rev Neurobiol, 86:67-80.

Banaschewski, T., & Brandeis, D. (2007). Annotation: What electrical brain activity tells us about brain function that other techniques cannot tell us—a child psychiatric perspective. Journal of Child Psychology and Psychiatry, and Allied Disciplines, 48:415-435.

Bentin, S., Allison, T., Puce, A., & Perez, E. (1996). Electrophysiological studies of face perception in humans. J Cogn Neurosci, 8:551-565.

Bentin, S., Mouchetant-Rostaing, Y., Giard, M. H., Echallier, J. F., & Pernier, J. (1999). ERP manifestations of processing printed words at different psycholinguistic levels: Time course and scalp distribution. J Cogn Neurosci, 11:235-260.

Bolger, D.J., Perfetti, C. A., & Schneider, W. (2005). Cross-cultural effect on the brain revisited: Universal structures plus writing system variation. Human Brain Mapping, 25:92-104.

Brandeis, D., Michel, C. M., & Amzica, F. (2009). From neuronal activity to scalp potential fields. In: Christoph M. Michel, Thomas Koenig, Daniel Brandeis, Lorena R. R. Gianotti, & Jiří Wackermann(Eds.), Electrical Neuroimaging. Cambridge: Cambridge University Press.

Brem, S., Bach, S., Kucian, K., Guttorm, T. K., Martin, E., Lyytinen, H., Brandeis, D., & Richardson, U. (2010). Brain sensitivity to print emerges when children learn letter-speech sound correspondences. Proc Natl Acad Sci USA, 107:7939-7944.

Brem, S., Bach, S., Kujala, J. V., Maurer, U., Lyytinen, H., Richardson, U., & Brandeis, D. (2013). An electrophysiological study of print processing in kindergarten: The contribution of the visual n1 as a predictor of reading outcome. Developmental Neuropsychology, 38:567-594.

Brem, S., Bucher, K., Halder, P., Summers, P., Dietrich, T., Martin, E., & Brandeis, D. (2006). Evidence for developmental changes in the visual word processing network beyond adolescence. Neuroimage, 29:822-837.

Brem, S., Halder, P., Bucher, K., Summers, P., Martin, E., & Brandeis, D. (2009). Tuning of the visual word processing system: Distinct developmental ERP and fMRI effects. Human Brain Mapping, 30:1833-1844.

Brem, S., Lang-Dullenkopf, A., Maurer, U., Halder, P., Bucher, K., & Brandeis, D. (2005). Neurophysiological signs of rapidly emerging visual expertise for symbol strings. Neuroreport, 16:45-48.

Cantlon, J. F., Pinel, P., Dehaene, S., & Pelphrey, K. A. (2011). Cortical representations of symbols, objects, and faces are pruned back during early childhood. Cerebral Cortex, 21:191-199.

Cao, X., Li, S., Zhao, J., Lin, S., & Weng, X. (2011). Left-lateralized early neurophysiological response for Chinese characters in young primary school children. Neurosci Lett, 492:165-169.

Cohen, L., Dehaene, S., Naccache, L., Lehericy, S., Dehaene-Lambertz, G., Henaff, M. A., & Michel, F. (2000). The visual word form area: Spatial and temporal characterization of an initial stage of reading in normal subjects and posterior split-brain patients. Brain, 123:291-307.

Compton, P. E., Grossenbacher, P., Posner, M. I., & Tucker, D. M. (1991). A cognitive-anatomical approach to attention in lexical access. J Cogn Neurosci, 3:304-312.

Dale, A. M., Liu, A. K., Fischl, B. R., Buckner, R. L., Belliveau, J. W., Lewine, J. D., & Halgren, E. (2000). Dynamic statistical parametric mapping: Combining fMRI and MEG for high-resolution imaging of cortical activity. Neuron, 26:55-67.

Dehaene, S., & Cohen, L. (2007). Cultural recycling of cortical maps. Neuron 56:384-398.

Dehaene, S., & Cohen, L. (2011). The unique role of the visual word form area in reading. Trends in Cognitive Sciences, 15:254-262.

Dehaene, S., Cohen, L., Sigman, M., & Vinckier, F. (2005). The neural code for written words: A proposal. Trends Cogn Sci, 9:335-341.

Dimigen, O., Sommer, W., Hohlfeld, A., Jacobs, A. M., & Kliegl, R. (2011). Coregistration of eye movements and EEG in natural reading: analyses and review. J Exp Psychol Gen, 140:552-572.

Eberhard-Moscicka, A. K., Jost, L. B., Fehlbaum, L. V., Pfenninger, S. E., & Maurer, U. (submitted). Development of temporal dynamics of early visual word processing: From bottom-up tuning to interactive top-down modulation.

Eberhard-Moscicka, A. K., Jost, L.B., Raith, M., & Maurer, U. (2014). Neurocognitive mechanisms of learning to read: Print tuning in beginning readers related to word-reading fluency and semantics but not phonology. Dev Sci, 18(1):106-118.

Hauk, O., Davis, M. H., Ford, M., Pulvermuller, F., & Marslen-Wilson, W. D. (2006a). The time course of visual word recognition as revealed by linear regression analysis of ERP data. Neuroimage, 30(4):1383-1400.

Hauk, O., Patterson, K., Woollams, A., Watling, L., Pulvermuller, F., & Rogers, T.T. (2006b). [Q] When would you prefer a SOSSAGE to a SAUSAGE? [A] At about 100 msec. ERP correlates of orthographic typicality and lexicality in written word recognition. J Cogn Neurosci, 18:818-832.

Hauk, O., & Pulvermuller, F. (2004). Effects of word length and frequency on the human event-related potential. Clin Neurophysiol, 115:1090-1103.

Helenius, P., Tarkiainen, A., Cornelissen, P., Hansen, P. C., & Salmelin, R. (1999). Dissociation of normal feature analysis and deficient processing of letter-strings in dyslexic adults. Cereb Cortex, 9:476-483.

Hoeft, F., Hernandez, A., McMillon, G., Taylor-Hill, H., Martindale, J. L., Meyler, A., Keller, T. A., Siok, W.T., Deutsch, G. K., Just, M. A., Whitfield-Gabrieli, S., & Gabrieli, J. D. (2006). Neural basis of dyslexia: A comparison between dyslexic and nondyslexic children equated for reading ability. J Neurosci, 26:10700-10708.

Hsiao, J. H., & Lam, S. M. (2013). The modulation of visual and task characteristics of a writing system on hemispheric lateralization in visual word recognition—a computational exploration. Cogn Sci, 37:861-890.

Hsu, C. H., Lee, C. Y., & Marantz, A. (2011). Effects of visual complexity and sublexical information in the occipitotemporal cortex in the reading of Chinese phonograms: A single-trial analysis with MEG. Brain and Language, 117:1-11.

Hubel, D. H., & Wiesel, T. N. (1967). Cortical and callosal connections concerned with the vertical meridian of visual fields in the cat. Journal of Neurophysiology, 30:1561-1573.

Kast, M., Elmer, S., Jancke, L., & Meyer, M. (2010). ERP differences of pre-lexical processing between dyslexic and non-dyslexic children. Int J Psychophysiol, 77:59-69.

Koenig, T., & Gianotti, L. R. R. (2009). Scalp field maps and their characterization. In: Christoph M. Michel, Thomas Koenig, Daniel Brandeis, Lorena R. R. Gianotti, & Jiří Wackermann(Eds.), Electrical Neuroimaging. Cambridge: University Press, 145-169.

Lee, C. Y., Tsai, J. L., Chan, W. H., Hsu, C. H., Hung, D. L., & Tzeng, O. J. (2007). Temporal dynamics of the consistency effect in reading Chinese: An event-related potentials study. Neuroreport, 18:147-151.

Lin, S. E., Chen, H. C., Zhao, J., Li, S., He, S., & Weng, X. C. (2011). Left-lateralized N170 response to unpronounceable pseudo but not false Chinese characters-the key role of orthography. Neuroscience, 190:200-206.

Liu, Y., & Perfetti, C. A. (2003). The time course of brain activity in reading English and Chinese: An ERP study of Chinese bilinguals. Human Brain Mapping, 18:167-175.

Luck, S. J. (2005). An introduction to the event-related potential technique. Cambridge: MIT Press.

Mahe, G., Bonnefond, A., Gavens, N., Dufour, A., & Doignon-Camus, N. (2012). Impaired visual expertise for print in French adults with dyslexia as shown by N170 tuning. Neuropsychologia, 50:3200-3206.

Maisog, J. M., Einbinder, E. R., Flowers, D. L., Turkeltaub, P. E., & Eden, G. F. (2008). A meta-analysis of functional neuroimaging studies of dyslexia. Ann N Y Acad Sci, 1145:237-259.

Martin, A., Schurz, M., Kronbichler, M., & Richlan, F. (2015). Reading in the brain of children and adults: A meta-analysis of 40 functional magnetic resonance imaging studies. Human Brain Mapping, 36:1963-1981.

Maurer, U., Blau, V. C., Yoncheva, Y. N., & McCandliss, B. D. (2010). Development of visual expertise for reading: Rapid emergence of visual familiarity for an artificial script. Dev Neuropsychol, 35:404-422.

Maurer, U., Brandeis, D., & McCandliss, B. (2005a). Fast, visual specialization for reading in English revealed by the topography of the N170 ERP response. Behav Brain Func, 1:13.

Maurer, U., Brem, S., Bucher, K., & Brandeis, D. (2005b). Emerging neurophysiological specialization for letter strings. J Cogn Neurosci, 17:1532-1552.

Maurer, U., Brem, S., Bucher, K., Kranz, F., Benz, R., Steinhausen, H.-C., & Brandeis, D. (2007). Impaired tuning of a fast occipito-temporal response for print in dyslexic children learning to read. Brain, 130:3200-3210.

Maurer, U., Brem, S., Kranz, F., Bucher, K., Benz, R., Halder, P., Steinhausen, H.-C., & Brandeis, D. (2006). Coarse neural tuning for print peaks when children learn to read. Neuroimage, 33:749-758.

Maurer, U., Brem, S., Kronbichler, M., Schurz, M., Richlan, F., Blau, V., Reithler, J., van der Mark, S., Schulz, E., Bucher, K., Moll, K., Landerl, K., Martin, E., Goebel, R., Schulte-Körne, G., Blomert, L., Wimmer, H., & Brandeis, D. (submitted). Multicenter imaging of visual word processing deficits in dyslexia.

Maurer, U., & McCandliss, B. D. (2007). The development of visual expertise for words: The contribution of electrophysiology. In: Grigorenko, E. L., & Naples, A. J. (Eds.), Single-word reading: Biological and behavioral perspectives. Mahwah, NJ:

Lawrence Erlbaum Associates.

Maurer, U., Rossion, B., & McCandliss, B. D. (2008a). Category specificity in early perception: Face and word N170 responses differ in both lateralization and habituation properties. Frontiers in Human Neuroscience, 2:18.

Maurer, U., Schulz, E., Brem, S., der Mark, S. V., Bucher, K., Martin, E., & Brandeis, D. (2011). The development of print tuning in children with dyslexia: Evidence from longitudinal ERP data supported by fMRI. Neuroimage, 57:714-722.

Maurer, U., Zevin, J. D., & McCandliss, B. D. (2008b). Left-lateralized N170 effects of visual expertise in reading: Evidence from Japanese syllabic and logographic scripts. J Cogn Neurosci, 20:1878-1891.

McCandliss, B. D., Cohen, L., & Dehaene, S. (2003). The visual word form area: expertise for reading in the fusiform gyrus. Trends Cogn Sci, 7:293-299.

McCandliss, B. D., Posner, M. I., & Givon, T. (1997). Brain plasticity in learning visual words. Cogn Psychol, 33:88-110.

Mercure, E., Dick, F., Halit, H., Kaufman, J., & Johnson, M.H. (2008). Differential lateralization for words and faces: Category or psychophysics? Journal of Cognitive Neuroscience, 20:2070-2087.

Michel, C. M., Murray, M. M., Lantz, G., Gonzalez, S., Spinelli, L., & Grave de Peralta, R. (2004). EEG source imaging. Clin Neurophysiol, 115:2195-2222.

Nunez, P. L., & Srinivasan, R. (2006). Electric fields of the brain: The neurophysics of EEG (2nd edition). New York: Oxford University Press.

Palmeri, T. J., & Gauthier, I. (2004). Visual object understanding. Nat Rev Neurosci, 5:291-303.

Pascual-Marqui, R., Sekihara, K., Brandeis, D., & Michel, C. M. (2009). Imaging the electric neuronal generators of EEG/MEG. In: Christoph M. Michel, Thomas Koenig, Daniel Brandeis, Lorena R. R. Gianotti, & Jiří Wackermann(Eds.), Electrical Neuroimaging. Cambridge: Cambridge University Press.

Posner, M., & McCandliss, B. D. (2000). Brain circuitry during reading. In: Klein, R., & McMullen, P.(Eds.), Converging methods for understanding reading and dyslexia. Cambridge: MIT Press, 305-337.

Price, C. J., & Devlin, J. T. (2011). The Interactive Account of ventral occipitotemporal contributions to reading. Trends Cogn Sci, 15:246-253.

Proverbio, A. M., Vecchi, L., & Zani, A. (2004). From orthography to phonetics: ERP measures of grapheme-to-phoneme conversion mechanisms in reading. J Cogn Neurosci, 16:301-317.

Rayner, K. (1998). Eye movements in reading and information processing: 20 years of research. Psychol Bull, 124:372-422.

Richlan, F., Kronbichler, M., & Wimmer, H. (2009). Functional abnormalities in the dyslexic brain: A quantitative meta-analysis of neuroimaging studies. Human Brain Mapping, 30:3299-3308.

Rossion, B., Joyce, C.A., Cottrell, G.W., & Tarr, M.J. (2003). Early lateralization and orientation tuning for face, word, and object processing in the visual cortex. Neuroimage, 20:1609-1624.

Schendan, H.E., Ganis, G., & Kutas, M. (1998). Neurophysiological evidence for visual perceptual categorization of words and faces within 150 ms. Psychophysiology, 35:240-251.

Sereno, S.C., Rayner, K., & Posner, M. I. (1998). Establishing a time-line of word recognition: Evidence from eye movements and event-related potentials. Neuroreport, 9:2195-2200.

Simon, G., Petit, L., Bernard, C., & Rebai, M. (2007). N170 ERPs could represent a logographic processing strategy in visual word recognition. Behav Brain Funct, 3:21.

Strijkers, K., Bertrand, D., & Grainger, J. (2015). Seeing the same words differently: The time course of automaticity and top-down intention in reading. Journal of Cognitive Neuroscience, 27:1542-1551.

Tan, L. H., Laird, A. R., Li, K., & Fox, P. T. (2005). Neuroanatomical correlates of phonological processing of Chinese characters and alphabetic words: A meta-analysis. Human Brain Mapping, 25:83-91.

Tanaka, J. W., & Curran, T. (2001). A neural basis for expert object recognition. Psychol Sci, 12:43-47.

Tarkiainen, A., Helenius, P., Hansen, P. C., Cornelissen, P. L., & Salmelin, R. (1999). Dynamics of letter string perception in the human occipitotemporal cortex. Brain, 122:2119-2132.

Temple, E., Poldrack, R. A., Salidis, J., Deutsch, G. K., Tallal, P., Merzenich, M. M., & Gabrieli, J.D. (2001). Disrupted neural responses to phonological and orthographic processing in dyslexic children: An fMRI study. Neuroreport, 12:299-307.

Vinckier, F., Dehaene, S., Jobert, A., Dubus, J. P., Sigman, M., & Cohen, L. (2007). Hierarchical coding of letter strings in the ventral stream: Dissecting the inner organization of the visual word-form system. Neuron, 55:143-156.

Wong, A. C., Gauthier, I., Woroch, B., DeBuse, C., & Curran, T. (2005). An early electrophysiological response associated with expertise in letter perception. Cogn Affect Behav Neurosci, 5:306-318.

Xue, G., Jiang, T., Chen, C., & Dong, Q. (2008). Language experience shapes early electrophysiological responses to visual stimuli: The effects of writing system, stimulus length, and presentation duration. Neuroimage, 39:2025-2037.

Yang, J., McCandliss, B. D., Shu, H., & Zevin, J. D. (2009). Simulating language-specific and language-general effects in a statistical learning model of Chinese reading. J Mem Lang, 61:238-257.

Zhang, J. X., Fang, Z., Du, Y., Kong, L., Zhang, Q., & Xing, Q. (2012). Centro-parietal N200: An event-related potential component specific to Chinese visual word recognition. Chinese Science Bulletin, 57:1516-1532.

Zhao, J., Kipp, K., Gaspar, C., Maurer, U., Weng, X., Mecklinger, A., & Li, S. (2014). Fine neural tuning for orthographic properties of words emerges early in children reading alphabetic script. Journal of Cognitive Neuroscience, 26:2431-2442.

Zhao, J., Li, S., Lin, S.E., Cao, X. H., He, S., & Weng, X. C. (2012). Selectivity of N170 in the left hemisphere as an electrophysiological marker for expertise in reading Chinese. Neurosci Bull, 28:577-584.

第 3 章

阅读与基因
——发展性阅读障碍的候选基因

Candidate Genes for Developmental Dyslexia

［中国］张玉平（Yuping Zhang）[1]
［中国］舒　华（Hua Shu）[2]

1　成都医学院心理学系
2　北京师范大学认知神经科学与学习国家重点实验室

阅读障碍是一个复杂的多基因共同作用的遗传疾病，且伴随多种认知功能缺陷。阅读障碍候选基因的既往研究主要采用组群研究的思路，考察候选基因与阅读障碍间的关联关系。目前，分子遗传学研究已经确定了多个阅读障碍候选基因如 *DYX1C1*，*DCDC2*，*KIAA0319/TTRAP*，并发现这些候选基因与一般群体的阅读能力及不同的认知表型也显著相关。本文将综合介绍既往阅读障碍候选基因的研究，特别是汉语阅读障碍候选基因的研究进展，以期为未来的研究提供借鉴。

焦点阅读

· 你想了解基因与阅读障碍间的关系吗？阅读障碍是一个复杂的多基因共同作用的遗传疾病，且伴随多种认知功能缺陷。本文将综合介绍既往阅读障碍候选基因的研究，特别是汉语阅读障碍候选基因的研究进展。

关 键 词

发展性阅读障碍，候选基因，关联分析，认知表型

引　言

发展性阅读障碍（developmental dyslexia），也称阅读困难（reading disability），是学龄期儿童普遍出现的一类特殊的学习能力缺陷（Fisher & DeFries，2002；Vellutino，Fletcher，Snowling，& Scanlon，2004）。行为水平的研究表明，多种基本认知能力（语音意识、命名速度、语素意识、正字法技能、拼写技能等）缺陷可能是导致儿童阅读困难的主要原因（Shapiro，2001；Snowling，Gallagher，& Frith，2003）。《国际疾病分类》第十版（ICD-10）将其归于心理发育障碍下的特定性言语和语言发育障碍。阅读障碍不仅会造成儿童的学业落后，还会给他们的认知、情感、社会性发展以及职业生涯发展等多方面造成不良影响，因此，探讨其产生机制已经成为教育学、心理学、认知神经科学和行为遗传学等多学科研究者共同关注的热点问题。虽然导致阅读障碍的根本原因现在还不清楚，但由于对其遗传机制的研究可以从病原学的角度为其提供证据，因此阅读障碍遗传机制的研究在最近 30 年得到了飞速的发展。

研究者从不同角度对阅读障碍遗传机制进行的探讨主要包含两方面的内容。①以家族聚集研究与双生子研究为基础，行为遗传学研究主要探讨阅读障碍的遗传性，即阅读障碍是否受到遗传因素的影响。如果阅读障碍具有遗传特性，其遗传率如何？与阅读能力密切相关的认知表型的遗传率如何？②在此基础上，分子遗传学研究则进一步探讨和寻找阅读障碍的致病基因，为阅读障碍的遗传性提供直接证据。

阅读障碍的遗传性

家族聚集研究

　　家族聚集研究表明阅读障碍具有高度的遗传性（Francks，Mac-Phie，& Monaco，2002；Williams & O'Donovan，2006），有阅读障碍家族史的儿童再次出现阅读障碍的概率高达34%～45%（Finucci，Guthrie，Childs，Abbey，& Childs，1976；Gilger et al.，1998）。与阅读障碍家族中阅读障碍的高发性特征相比，其在普通人群中的发生率仅为5%～10%（Fisher & DeFries，2002；Shu，McBride-Chang，Wu，& Liu，2006），这也在一定程度上支持了阅读障碍具有遗传特性。

　　阅读障碍的家族聚集性说明，底层的遗传机制可能是导致阅读障碍的根本原因。但是，家族聚集研究的结果也可能受到其他因素的影响，例如，文化在家族中的传递可能会导致前代的阅读障碍对后代产生影响，共同的生活环境使家族成员的阅读水平趋同，社会经济水平使得家族成员在受教育机会上处于相似的水平。这些因素都有可能与遗传因素相互混淆，导致研究者过高估计遗传因素对阅读障碍的影响。因此，家族聚集研究并不能为阅读障碍的遗传基础提供结论性的证据。

双生子研究

　　相比较于家族聚集研究，阅读障碍的双生子研究具有更高的研究效度，也是目前研究者广泛采用的方法之一。双生子研究的基本假设是：

同卵双生子（monozygotic twins，MZ）的共同基因享有率为100%，而异卵双生子（dizygotic twins，DZ）的共同基因享有率为50%。并且，同卵双生子和异卵双生子享有相似的外部环境。因此，同卵双生子相对于异卵双生子的相似程度就能够为基因对表现型的影响提供估计基础（Davis et al.，2001；Olson，2002）。

20世纪80年代，阅读障碍的双生子研究取得了突破性的进展，研究者不仅探讨了阅读障碍的遗传率，还从表型障碍的角度考察了遗传因素的作用。阅读障碍双生子的研究主要采用同现率的研究范式，即事先确定双生子之一为阅读障碍者，考察另一个双生子的阅读成绩。研究结果表明，遗传因素能够在很大程度上对阅读障碍进行解释：阅读的遗传率为44%，拼写的遗传率为62%（Olson，Forsberg，& Wise，1994；Williams & O'Donovan，2006）。对阅读基本认知能力的分析也得到了相似的结果：阅读障碍核心缺陷语音编码的遗传率为56%～75%（Davis et al.，2001；Olson，Forsberg，& Wise，1994），其他认知能力如正字法缺陷的遗传率为31%～59%（Olson et al.，1994）。另一种研究范式以来自普通人群的双生子为研究对象，因而研究结果具有更广泛的代表性，其研究结果也证实了阅读与拼写能力均具有高度的遗传性（分别为44%和75%）（Williams & O'Donovan，2006）。

尽管双生子研究为阅读障碍的遗传性提供了强烈的证据，并且暗示了阅读障碍的早期鉴别与干预的方向，但上述研究仍然是行为水平对个体阅读能力的观察，并未直接找出阅读障碍的致病因素。并且，这种以双生子为基础对阅读障碍的鉴别与干预方案并不能直接推广到不具备血缘关系的普通群体中。因此，对于阅读障碍的遗传机制，双生子研究也并未提出直接的证据，我们并不知道遗传因素具体如何作用于障碍个体。

阅读障碍的候选基因研究

行为遗传学水平的研究已经证实阅读障碍具有高度的遗传性（Fisher & Francks，2006；Olson，2002），而分子遗传学水平的研究则进一步探讨和揭示了阅读障碍的致病基因。尽管阅读障碍遗传模式尚不清楚，但目前的观点基本认同将之看作复杂的多基因遗传现象，即同时有多个基因在起作用，每个基因的作用都是微效的（Kere，2011；Poelmans，Buitelaar，Pauls，& Franke，2011）。现在已有多个基因被确定为阅读障碍候选基因（Bates et al.，2009；Deffenbacher et al.，2004；Lind et al.，2010；Newbury et al.，2010；Paracchini et al.，2010；Paracchini et al.，2008；Scerri & Schulte-Körne，2010；Scerri et al.，2011；Zhang et al.，2012），特别是 DYX1C1，KIAA0319/TTRAP，DCDC2，研究者在多项独立研究中都对其与阅读障碍的关系进行了探讨。

DYX1C1

DYX1C1 位于人类第 15 号染色体上（15q21.3），是被发现的第一个阅读障碍候选基因（Taipale et al.，2003），目前已被证实在多个大脑区域特别是新皮层、海马区和脉络丛的灰质及白质中都有中等程度的表达，且与大脑新皮层发育过程中神经元的迁移有关（Massinen et al.，2009；Rosen et al.，2007）。而大脑的神经发育过程受到干扰被认为是阅读障碍的神经基础，且受到干扰的程度越高则阅读障碍的风险也越高。

Nopola-Hemmi 等人（2000）在两个独立的芬兰家系中均发现 t（2；15）（q11；q21）存在易位，使得染色体 15q21 区域内的一个基因被破坏，并最终可能导致阅读障碍。泰帕尔等人（Taipale et al.，

2003）在另一项芬兰家系研究中进一步发现该基因的两个单核苷酸多态性（single nucleotide polymorphism，SNP）可能与阅读障碍相关；其一为启动子区 -3G → A（rs3743205）突变，可调节 DYX1C1 的表达水平；其二为 1249G → T（rs57809907）突变，该突变导致出现终止密码子，造成氨基酸的缺失。随后，有 16 项研究都对 DYX1C1 与阅读障碍的关系进行了探讨。虽然研究结论不完全一致，但多数研究结果还是支持了 DYX1C1 在阅读障碍中的作用（e.g., Bates et al., 2009；Lim, Ho, Chou, & Waye, 2011；Wigg et al., 2004）。威格等人（Wigg et al., 2004）在 148 个加拿大多发家系的聚类分析中考察了 DYX1C1 基因的 6 个 SNPs，包括 rs3743205 和 rs57809907，结果表明，rs3743205 与阅读以及阅读相关基本认知能力（语音意识、快速命名、词语短时记忆等）显著相关，rs11629841 能够对阅读障碍者进行有效区分，并且 rs3743205/rs57809907 上的一个常见单体型（G/G）存在显著的传递不平衡，此前研究发现的则是 A/T（Taipale et al., 2003）。塞利等人（Scerri et al., 2004）检测了 264 个英国阅读障碍核心家系的 8 个 SNPs，包括 rs3743205 和 rs57809907，未能重复上述研究结果，仅发现 rs57809907 与正字法技能存在相关趋势。贝茨等人（Bates et al., 2009）对 790 个澳大利亚阅读障碍核心家系的分析发现，DYX1C1 上的遗传标记与阅读表型显著相关，包括 rs17819126，rs3743204 和 rs685935，但未能发现 rs3743205 以及 rs57809907 的作用，他们认为这种不一致的结果可能是由于该样本中这两个 SNPs 的最小等位基因频率（minor allele frequency，MAF）过低。上述研究结果提示，DYX1C1 可能与阅读障碍及阅读成分相关。其余研究均未能发现 DYX1C1 基因与阅读障碍相关（e.g., Bellini et al., 2005；Marino et al., 2005；Newbury et al., 2010）。

DCDC2

DCDC2 位于人类第 6 号染色体上（6p22.2）。*DCDC2* 主要编码其中一个双皮层蛋白（doublecortin，DCX），其编码蛋白在颞中、颞下等大脑皮层均有表达（Meng et al.，2005）。*DCDC2* 可能与大脑发育相关，其缺陷可能导致皮层及皮层下神经元迁移异常，进而影响阅读障碍（Leventer，2005；Meng et al.，2005）。

一项对来自美国的 349 个核心家系的分析发现，在 13 个与阅读障碍相关的 SNPs 中有 8 个位于 *DCDC2* 上，并且相关最显著的 SNPs 均位于 *DCDC2* 基因或其周围（Deffenbacher，2004）。另一项研究（Meng，et al.，2005）基于 153 个核心家系测定了 147 个 SNPs（其中 33 个 SNPs 位于 *DCDC2* 的内含子上）与多种阅读成分的关系，研究结果表明，基因 *DCDC2* 上有 11 个 SNPs 与阅读障碍显著关联（$p <$ 0.05）。其中，相关最显著的 SNP 位于第 2 内含子的转录因子结合位点处，可能导致基因表达量的下降。随后的研究对该基因与阅读的关系展开了大量的讨论，尽管不同研究中报告的致病基因位点存在差异，但多数研究都支持 *DCDC2* 作为阅读障碍的候选基因（e.g.，Ludwig et al.，2008；Newbury et al.，2010；Wilcke et al.，2009）。

此外，基于一般群体的分析发现，*DCDC2* 同样作用于阅读能力的个体差异。在 522 个澳大利亚核心家系中，林德等人（Lind et al.，2010）通过数量性状的关联分析对 *DCDC2* 与 7 项阅读表型的关系进行了讨论，发现其上多个 SNPs 分别与阅读、拼写以及语音解码能力存在关联，其中 2 个位于内含子上的 SNPs（rs1419228 和 rs1091047）与至少 5 项阅读表型显著相关。这些研究结果说明，位于基因 *DCDC2* 上的致病位点可能作用于基本阅读能力，并且不局限于特定的阅读表型。另一项同样以普通群体（$N = 3275$）为样本的研究进一步证实了 *DCDC2*

与一般阅读能力的关系，其上 2 个 SNPs（rs793862 和 rs807724）与阅读及拼写能力稳定相关（Scerri et al., 2011）。并且在进一步区分出阅读障碍（$N = 171$）后发现，除上述 2 个 SNPs，rs807701 也与阅读障碍显著相关。

尽管少数几项研究未能发现 *DCDC2* 与阅读障碍的相关（e.g., Couto et al., 2010；Marino et al., 2011），多数研究都反复证实了该基因在阅读障碍中的作用并影响个体阅读能力的普遍差异。

KIAA0319/TTRAP

KIAA0319/TTRAP 也位于 6p22.2，在物理位置上相互接近且界限模糊，因而多数研究同时探讨两者与阅读障碍的关系。其中，*KIAA0319* 被认为是一种糖化膜蛋白（Kaminen-Ahola, 2007），在顶上皮层、初级视皮层、枕叶视皮质、海马等多个区域进行表达（Meng et al., 2005；Velayos-Baeza, Toma, da Roza, Paracchini, & Monaco, 2007），参与信号传递（Velayos-Baeza, Toma, Paracchini, & Monaco, 2008）、神经元移动（Paracchini et al., 2006）、轴突生长（Kaminen-Ahola, 2007）等过程。其在神经元移动过程中的作用被认为可能与阅读障碍相关。*TTRAP* 则通过编码肿瘤坏死因子受体相关蛋白作用于核转录因子（NF-κB），并向下调节长时程增强和突触可塑性，作用于学习和记忆过程（Luciano et al., 2007；Pype et al., 2000）。

多项研究都反复独立证实了 *KIAA0319/TTRAP* 与阅读障碍的关联关系。科普等人（Cope et al., 2005）首先确定了基因区段 *KIAA0319/TTRAP/THEM2* 与英语阅读障碍的关联作用，并进一步采用高度密集的 SNP（在 7 个基因中标记 137 个 SNPs），考察这一染色体区域附近 575 kb 内基因与阅读障碍的连锁不平衡关系，结果发现在与阅读障碍相关的 17

个 SNPs 中，有 13 个都位于基因 *KIAA0319*（$0.003 < p < 0.01$）上，其中 3 个 SNPs（rs4504469，rs2179515，rs6935076）可以稳定地解释阅读障碍。弗兰克斯等人（Francks et al., 2004）对 223 个英国同胞对的关联分析也发现 rs4504469 和 rs2179515 与阅读障碍显著相关。哈罗德等人（Harold et al., 2006）收集 263 个核心家系、350 例阅读障碍患者及 273 例正常对照，考察了 7 个 SNPs 与多种阅读成分（正字法、语音解码、拼写、语音意识和阅读）的关系，发现第一外显子附近 20 kb 内有 5 个 SNPs 与多种阅读成分显著关联，其中包括前面提及的 rs4504469 和 rs2179515。卢西亚诺等人（Luciano et al., 2007）（$N = 855$，澳大利亚）的研究也得到了与上述研究相似的结论，他们发现 rs6935076（*KIAA0319*）与阅读障碍显著相关。

尽管现有研究证据关于 *TTRAP/KIAA0319* 上具体起作用的基因位点仍然不够稳定（不同研究报告与阅读障碍显著关联的 SNPs 并不一致），也有一些研究未能发现其与阅读障碍的相关（e.g., Paracchini et al., 2010; Schumacher et al., 2006），但多数研究都支持 *TTRAP/KIAA0319* 作为阅读障碍的候选基因，并且与多种阅读表型（语音解码、语音意识等）也显著相关。一个可能的解释就是 *TTRAP/KIAA0319* 可能广泛作用于阅读能力的个体差异，但不同的基因多态其作用可能不完全一致。值得注意的是，现有关于基因 *TTRAP/KIAA0319* 的研究主要以欧裔高加索群体为研究对象，对于不同文化背景的其他种族，如亚裔，还鲜有探讨。

其他阅读障碍候选基因

除上述候选基因，研究者还发现了另外几个与阅读障碍显著相关的基因，包括 *ROBO1*，*MRPL19/C2ORF3*。一项研究通过对一个芬兰阅读障碍家系（74名家庭成员中有27名为阅读障碍者）的详细分析，发现该家系多名阅读障碍者的3p12-q13区域均存在 t（3；8）（p12；q11）易位，可能最终导致阅读障碍，确定了 *ROBO1* 与阅读障碍的连锁关系（Hannula-Jouppi et al.，2005）。贝茨等人（Bates et al.，2011）的研究结果也支持了 *ROBO1* 作为阅读障碍候选基因。基于另一项家系研究，安东尼等人（Anthoni et al.，2007）则报告了染色体2p12区段上的两个共调控基因 *MRPL19/C2ORF3* 作为阅读障碍候选基因，并通过251个德国核心家系进一步证实了其与阅读障碍的相关，其相关性随障碍程度的加深而增加。然而，目前尚未有其他研究对上述基因（*ROBO1*，*MRPL19/C2ORF3*）与阅读障碍的关系进行探讨，其作为阅读障碍候选基因仍然需要来自其他样本的独立验证。

汉语阅读障碍的候选基因

近年来，研究者也开始关注阅读障碍候选基因在非拼音文字语言群体（如汉语阅读障碍者）中的作用。尽管现在仅有几项研究见诸报道，但也为我们探讨上述阅读障碍候选基因作用跨种族、跨文化环境的一致性和差异性提供了一些证据。

研究者以284名来自一般群体的无血缘关系的儿童为研究对象，考察了 *DYX1C1* 上得到广泛报道的3个SNPs（rs11629841，rs3743205和rs57809907）与5～11岁汉语儿童阅读能力发展（特别是正字法技能）的关系（Zhang et al.，2012）。研究者首先分析了 *DYX1C1* 与儿童阅读及拼写能力（7～11岁）的关系，发现其中仅一个SNP（rs11629841）与拼写能力表现出随年龄发展稳定的相关（图3-1）。随后，研究者进一步分析了该SNP与正字法技能的关系，结果发现rs11629841与正字法技能（特别是汉字位置和部件）显著相关（7岁：$\beta = -4.23$，$p = 0.0004$；8岁：$\beta = -1.67$，$p = 0.0253$）（图 3-2），并且7岁时 rs11629841 与正字法的相关校正后仍然显著。其中，T 为风险等位基因。此外，在对阅读障碍的病例—控制组分析中，张玉平（2012）也考察了 *DYX1C1* 基因（包括 rs11629841，rs3743205 和 rs57809907）在阅读障碍中的作用，结果发现仅 rs3743205 与阅读障碍存在相关趋势，与利姆等人（Lim et al., 2011）的研究结果一致。而 rs3743205 与阅读障碍间较弱的相关可能与较小的研究样本有关。在另一项研究中，利姆等人（Lim et al., 2011）以131个来自香港地区的阅读障碍核心家庭为研究对象，考察了基因 *DYX1C1* 上8个 SNPs 与阅读障碍的关系。研究结果表明，其上一个 SNP（rs3743205）与阅读障碍显著相关；基于数量性状的关联分析进一步发现，该 SNP 与多项阅读表型（阅读、快速命名、语音短时记忆和正字法技能）显著相关。尽管不同研究报告的相关的基因位点并不完全一致，但上述结果支持了 *DYX1C1* 作为汉语阅读障碍的候选基因。

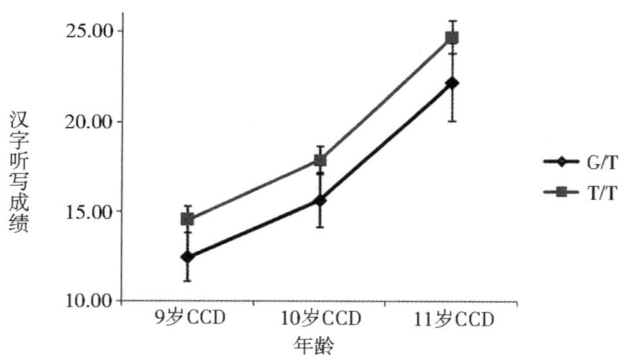

图 3-1　儿童拼写能力与 rs11629841 随年龄发展的关系

注：G/G, G/T 和 T/T 组分别为0人，46人和238人；CCD, Chinese character dictation, 汉字听写。

此外，研究者对基因 *DCDC2* 在汉语阅读障碍中的作用也进行了初步探讨。在一项病例—控制组（249名阅读障碍儿童和267名正常阅读

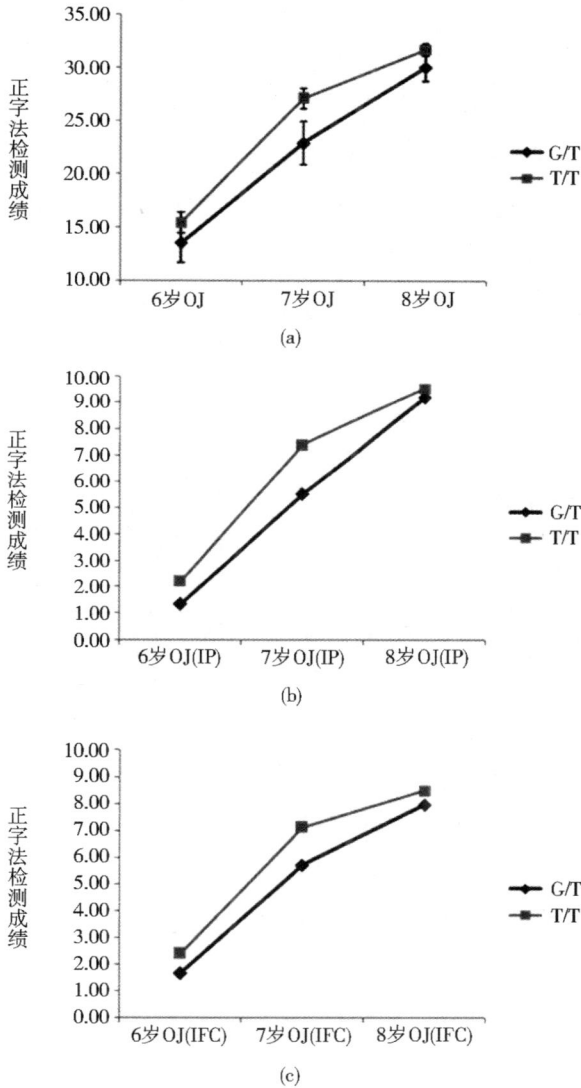

图 3-2 儿童正字法技能与 rs11629841 随年龄发展的关系

注：G/G，G/T 和 T/T 组分别为 0 人，46 人和 238 人；OJ，orthographic judgment，正字法判断；IP，illegal position，部件位置错误；IFC，ill-formed component，部件错误。

儿童）分析中，我们对 *DCDC2* 上的 8 个 SNPs 进行了检测，结果未能发现任意 SNP 与阅读障碍的相关（张玉平，2012）。但在数量性状的关联分析中，我们发现多个 SNPs（rs1419228，rs1770909 和 rs807724）与不同阅读表型（阅读理解、语音意识、语素意识、正字法技能）存在相关。随后一项研究主要考察了基因 *DCDC2* 与环境的交互作用（Su et al.，2015）。结果发现，相对于笔画组合，真字在双侧大脑后部能够诱发更大的 N170，并且 *DCDC2* 上的 rs1091047 与家庭文化环境存在显著的交互作用，具体表现为：相比于笔画组合，真字在左侧大脑能够诱发更大的 N170（图3-3）。

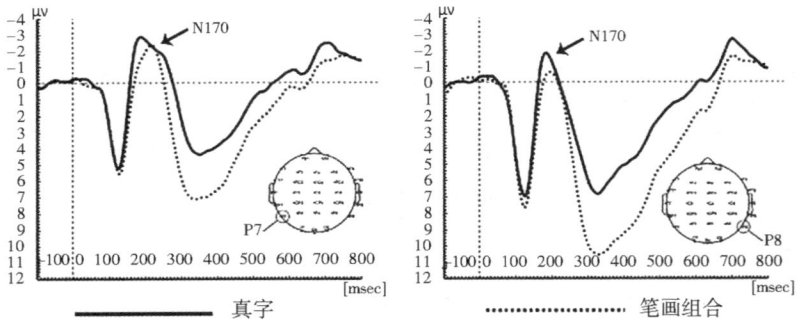

图3-3　正字法加工中双侧枕颞的诱发的 N170

在另一项研究中，研究者在 1024 个无关个体中（502 名阅读障碍者和 522 名正常阅读者），考察了 *DCDC2* 和 *KIAA0319* 上的 60 个 SNPs，结果仅发现其上多个 SNPs（$p_{min} = 0.0192$）与阅读障碍呈相关趋势（Sun et al.，2014）。而利姆等人（Lim et al.，2014）的研究则发现 *KIAA0319* 上存在一个单体型（rs2760157-rs8075507）与汉语阅读障碍的语音意识显著相关（$p_{corrected} = 0.0029$）。上述关于 *DCDC2* 和 *KIAA0319* 与汉语阅读障碍的探讨研究结果还存在较大的分歧，这可能受到不同研究中样本特征的影响（家系研究对比无关个体）。因此，对

于基因 *DCDC2* 和 *KIAA0319* 在汉语阅读障碍中的作用，还需要其他独立研究的验证。

研究结果不一致的探讨

尽管研究者基于不同种族、语言文化背景的样本对阅读障碍的遗传基础进行了大量的探讨，并确定了多个阅读障碍候选基因，如 *KIAA0319/TTRAP*，然而现有研究证据对于描述候选基因与阅读障碍的关系仍然存在较大的不一致：一方面，不同研究所发现的与阅读障碍相关的 SNP 存在差异；另一方面，对于同一个 SNP，不同研究所发现的与之相关的阅读表型也不完全相同。这些不一致的结果可能受到以下多种因素的影响：①目前观察到的存在显著相关的 SNP 可能并不直接导致阅读障碍，而与之存在高度连锁的另外的 SNP 才是影响阅读障碍的真正原因。②不同地区、不同种族中等位基因频率分布的差异也可能导致不一致的研究结果（Hoggart, et al., 2003；Kaminen-Ahola, 2007；Olsen, Christensen, Murray, & Ekbom, 2010）。③阅读障碍亚类型在不同语言中存在差异（Landerl, Wimmer, & Moser, 1997；Lyytinen, Leinonen, Nikula, Aro, & Leiwo, 1995；Ziegler et al., 2010），因而导致不一致的结果。例如，作为一种深层正字法语言，英语的形音对应一致性较低，因而语音缺陷可能普遍存在于英语阅读障碍中；而作为浅层正字法语言的德语，其形音对应一致性程度较高，速度则是区分障碍的主要标准，因而速度缺陷可能普遍存在于德语阅读障碍中。④阅读障碍个体之间的异质性（Ho, Chan, Chung, Lee, & Tsang, 2007；Shu, Meng, Chen, Luan, & Cao, 2005）。⑤被试群体的特征，如无关个体对比核心家系，也是导致研究结论不一致的原因之一。⑥由于研究样本中阅读障碍群体的年龄跨度较大，某些阅读能力与基因的关系敏感度较低，仅在特定发展阶段具有较高的显性。⑦
某些研究结果可能是由 I 类错误造成的（Elbert，Lovett，Cate-Carter，
Pitch，Kerr，& Barr，2011；Scerri，et al.，2011）。

小　结

　　分子遗传学的研究极大地推进了我们对阅读障碍的理解，这对于深
入了解阅读障碍者大脑结构和功能特征及其认知发展缺陷具有重要的推
动意义，也有利于阅读障碍儿童的鉴别与矫治。目前研究者已经发现了
多个阅读障碍候选基因，然而阅读障碍是受到多基因共同作用的复杂
遗传疾病，其表现形式还受到语言文化环境等多种因素的影响，从不同
研究中得到的结果仍然存在较大的差异。目前，对于这些候选基因的作
用的实质还没有明确的结论，研究还处于初步积累阶段，仍然需要大量
的研究对已有结果进行重复验证。当前正在发展的多中心合作研究将极
大地促进阅读障碍候选基因的研究，帮助我们更好地探讨基因作用跨语
言、文化、种族的普遍性和特殊性。

　　另外，目前的研究者普遍认同阅读障碍代表了阅读能力正态分布的
末端，他们只存在发展上的落后（e.g.，Ho et al.，2007；Shaywitz &
Shaywitz，2005）。既然阅读障碍代表阅读能力的末端，属于阅读能力
连续体的一部分，那么阅读障碍的候选基因对一般群体阅读能力的作用
如何是值得研究者进一步探讨的问题。此外，研究者主要采用横断研究
的方法，仅在单一时间点上探讨候选基因与阅读障碍的关系，而行为研
究已经证明，阅读障碍者的认知缺陷及障碍程度在个体发展的不同阶段
存在异质性，因此后续研究还需要从纵向追踪的角度进行深入分析。

摘要 Abstract

Developmental dyslexia, DD, is a complex genetic disorder, and with multiple cognitive deficits. Previous molecular genetic studies mainly adopted case-control design to investigate possible candidate genes for DD, and have reported several candidate genes (such as *DYX1C1*, *DCDC2*, *KIAA0319/TTRAP*). Further investigation revealed that these candidate genes were also in contribution to reading-related cognitive skills. This paper introduces previous studies on candidate genes of DD, including findings of genetic association studies on Chinese population.

Keywords

developmental dyslexia, candidate gene, association analysis, cognitive phenotype

参考文献 Reference

张玉平 . （2012）. 阅读障碍的候选基因：来自汉语儿童的证据 . 北京：北京师范大学 .

Anthoni, H., Zucchelli, M., Matsson, H., Muller-Myhsok, B., Fransson, I., Schumacher, J., . . . Griesemann, H. (2007). A locus on 2p12 containing the co-regulated *MRPL19* and *C2ORF3* genes is associated to dyslexia. Human Molecular Genetics, 16(6): 667-677.

Bates, T. C., Lind, P. A., Luciano, M., Montgomery, G. W., Martin, N. G., & Wright, M. J. (2009). Dyslexia and *DYX1C1*: Deficits in reading and spelling associated with a missense mutation. Molecular Psychiatry, 15: 1190-1196.

Bellini, G., Bravaccio, C., Calamoneri, F., Cocuzza, M. D., Fiorillo, P., Gagliano, A., . . . Militerni, R. (2005). No evidence for association between dyslexia and *DYX1C1* functional variants in a group of children and adolescents from Southern Italy. Journal of Molecular Neuroscience, 27(3): 311-314.

Cope, N., Harold, D., Hill, G., Moskvina, V., stevenson, J., Holmans, P., . . . Williams, J. (2005). Strong evidence that *KIAA0319* on chromosome 6p is a susceptibility gene for developmental dyslexia. American Journal of Human Gentics., 76(4): 581-591.

Couto, J. M., Livne-Bar, I., Huang, K., Xu, Z., Cate-Carter, T., Feng, Y., . . . Kerr, E. N. (2010). Association of reading disabilities with regions marked by acetylated

H3 histones in *KIAA0319*. American Journal of Medical Genetics Part B: Neuropsychiatric Genetics, 153(2): 447-462.

Davis, C. J., Gayán, J., Knopik, V. S., Smith, S. D., Cardon, L. R., Pennington, B. F., . . . DeFries, J. C. (2001). Etiology of reading difficulties and rapid naming: The Colorado twin study of reading disability. Behavior Genetics, 31(6): 625-635.

Deffenbacher, K. E., Kenyon, J. B., Hoover, D. M., Olson, R. K., Pennington, B. F., DeFries, J. C., & Smith, S. D. (2004). Refinement of the 6p21.3 quantitative trait locus influencing dyslexia: Linkage and association analyses. Hum Genet, 115(2): 128-138.

Elbert, A., Lovett, M. W., Cate-Carter, T., Pitch, A., Kerr, E. N., & Barr, C. L. (2011). Genetic variation in the *KIAA0319* 5' region as a possible contributor to dyslexia. Behavior Genetics, 41(1): 77-89.

Finucci, J. M., Guthrie, J. T., Childs, A. L., Abbey, H., & Childs, B. (1976). The genetics of specific reading disability. Annals of Human Genetics, 40(1): 1-23.

Fisher, S. E., & DeFries, J. C. (2002). Developmental dyslexia: Genetic dissection of a complex cognitive trait. Nature Reviews Neuroscience, 3(10): 767-780.

Fisher, S. E., & Francks, C. (2006). Genes, cognition and dyslexia: Learning to read the genome. Trends in Cognitive Sciences, 10(6): 250-257.

Francks, C., MacPhie, I. L., & Monaco, A. P. (2002). The genetic basis of dyslexia. Lancet Neurol, 1(8): 483-490.

Francks, C., Paracchini, S, Smith, S. D., Richardson, A. J., Scerri, T. S., Cardon, L. R., . . . Monaco, A. P. (2004). A 77-kilobase region of chromosome 6p22.2 is associated with dyslexia in families from the United Kingdom and from the United States. Am. J. Hum. Genet., 75: 1046-1058.

Gilger, J. W., Pennington, B. F., Harbeck, R. J., DeFries, J. C., Kotzin, B., Green, P., & Smith, S. (1998). A twin and family study of the association between immune system dysfunction and dyslexia using blood serum immunoassay and survey data. Brain and cognition, 36(3): 310-333.

Hannula-Jouppi, K., Kaminen-Ahola, N., Taipale, M., Eklund, R., Nopola-Hemmi, J., Kääriäinen, H., & Kere, J. (2005). The axon guidance receptor gene *ROBO1* is a candidate gene for developmental dyslexia. PLoS Genet, 1(4): 467-474.

Harold, D., Paracchini, S., Scerri, T., Dennis, M., Cope, N., Hill, G., . . . Owen, M. J. (2006). Further evidence that the *KIAA0319* gene confers susceptibility to developmental dyslexia. Molecular Psychiatry, 11: 1085-1091.

Ho, C. S. H., Chan, D. W., Chung, K. K. H., Lee, S. H., & Tsang, S. M. (2007). In search of subtypes of Chinese developmental dyslexia. Journal of Experimental Child Psychology, 97(1): 61-83.

Hoggart, C. J., Parra, E. J., Shriver, M. D., Bonilla, C., Kittles, R. A., Clayton, D. G., & McKeigue, P. M. (2003). Control of confounding of genetic associations in stratified populations. American Journal of Human Genetics, 72(6): 1492-1504.

Kaminen-Ahola, N. (2007). Susceptibility genes and neurodevelopmental mechanisms in dyslexia. Helsinki:University of Helsinki.

Kere, J. (2011). Molecular genetics and molecular biology of dyslexia. Wiley Interdisciplinary Reviews: Cognitive Science, 2(4): 441-448.

Landerl K., Wimmer, H., & Moser, E. (1997). Salzburger Lese- und Rechtschreibtest (SLT) [Salzburg Reading and Spelling Test (SLT)]. Bern:Huber.

Leventer, R. J. (2005). Topical review: Genotype-phenotype correlation in lissencephaly and subcortical band heterotopia: The key questions answered. Journal of Child Neurology, 20(4): 307-312.

Lim, C. K. P., Ho, C. S. H., Chou, C. H. N., & Waye, M. M. Y. (2011). Association of the rs3743205 variant of *DYX1C1* with dyslexia in Chinese children. Behavioral and Brain Functions, 7(1): 16.

Lim C. K, Wong, A. M., Ho, C. S., & Waye, M. M. (2014). A common haplotype of *KIAA0319* contributes to the phonological awareness skill in Chinese children. Behavioral and Brain Functions, 10(23).

Lind, P. A., Luciano, M., Wright, M. J., Montgomery, G. W., Martin, N. G., & Bates, T. C. (2010). Dyslexia and *DCDC2*: Normal variation in reading and spelling is associated with *DCDC2* polymorphisms in an Australian population sample. European Journal of Human Genetics, 18(6): 668-673.

Luciano, M., Lind, P. A., Duffy, D. L., Castles, A., Wright, M. J., Montgomery, G. W., ... Bates, T. C. (2007). A haplotype spanning *KIAA0319* and *TTRAP* is associated with normal variation in reading and spelling ability. Biological Psychiatry, 62(7): 811-817.

Ludwig, K. U., Roeske, D., Schumacher, J., Schulte-Körne, G., König, I. R., Warnke, A., ... Müller-Myhsok, B. (2008). Investigation of interaction between *DCDC2* and *KIAA0319* in a large German dyslexia sample. J Neural Transm,115(11):1587-1589.

Lyytinen, H., Leinonen, S., Nikula, M., et al. (1995).In search of the core features of dyslexia: Observations concerning dyslexia in the highly orthographically regular Finnish language. In: Virginia Wise Berninger (Ed.), The varieties of orthographic knowledge II: Relationships to phonology, reading, and writing. Berlin:Springer Netherlands, 177-204.

Marino, C., Giorda, R., Lorusso, M. L., Vanzin, L., Salandi, N., Nobile, M., ... Battaglia, M. (2005). A family-based association study does not support *DYX1C1* on 15q21.3 as a candidate gene in developmental dyslexia. European Journal of Human Genetics, 13:491-499.

Marino, C., Mascheretti, S., Riva, V., Cattaneo, F., Rigoletto, C., Rusconi, M., . . . Molteni, M. (2011). Pleiotropic effects of *DCDC2* and *DYX1C1* genes on language and mathematics traits in nuclear families of developmental dyslexia. Behavior Genetics,41(1):1-10.

Massinen, S., Tammimies, K., Tapia-Páez, I., Matsson, H., Hokkanen, M. E., Söderberg, O., . . . Treuter, E. (2009). Functional interaction of *DYX1C1* with estrogen receptors suggests involvement of hormonal pathways in dyslexia. Human Molecular Genetics, 18(15): 2802.

Meng, H, Smith, Shelley D, Hager, Karl, Held, Matthew, Liu, Jonathan, Olson, Richard K, . . . O'Reilly-Pol, Thomas. (2005). *DCDC2* is associated with reading disability and modulates neuronal development in the brain. Proceedings of the National Academy of Sciences of the United States of America, 102(47): 17053-17058.

Newbury, D. F., Paracchini, S., Scerri, T. S., Winchester, L., Addis, L., Richardson, A. J., . . . Monaco, A. P. (2010). Investigation of dyslexia and SLI risk variants in reading-and language-impaired subjects. Behavior Genetics, 41(1): 90-104.

Nopola-Hemmi, J., Taipale, M., Haltia, T., Lehesjoki, A. E., Voutilainen, A., & Kere, J. (2000). Two translocations of chromosome 15q associated with dyslexia. Journal of Medical Genetics,37:771-775.

Olsen, J., Christensen, K., Murray, J., & Ekbom, A. (2010). Sources of error in genetic epidemiology. In: Olsen, J., Christensen, K., Murray, J., & Ekbom, A. (Eds.), An introduction to epidemiology for health professionals. New York: Springer, 135-137.

Olson, R. K. (2002). Dyslexia: Nature and nurture. Dyslexia, 8(3): 143-159.

Olson, R. K., Forsberg , H., & Wise, B. (1994). Genes, environment, and the development of orthographic skills. In: V. W. Berninger (Ed.), The varieties of orthographic knowledge I: Theoretical developmental issues. Netherlands: Springer, 27-71.

Paracchini, S., Ang, Q. W., Stanley, F. J., Monaco, A. P., Pennell, C. E., & Whitehouse, A. J. O. (2010). Analysis of dyslexia candidate genes in the Raine cohort representing the general Australian population. Genes, Brain and Behavior, 10(2): 158-165.

Paracchini, S., Thomas, A., Castro, S., Lai, C., Paramasivam, M., Wang, Y., . . . Monaco, A. P. (2006). The chromosome 6p22 haplotype associated with dyslexia reduces the expression of *KIAA0319*, a novel gene involved in neuronal migration. Hum Mol Genet, 15(10): 1659-1666.

Paracchini, Silvia, Steer, Colin, Buckingham, Lyn-Louise, Morris, Andrew, Ring, Susan, Scerri, Thomas, . . . Golding, Jean. (2008). Association of the *KIAA0319* dyslexia susceptibility gene with reading skills in the general population. American Journal of Psychiatry, 165(12): 1576-1584.

Poelmans, G., Buitelaar, J. K., Pauls, D. L., & Franke, B. (2011). A theoretical molecular network for dyslexia: Integrating available genetic findings. Molecular psychiatry, 16(4): 365-382.

Pype, S., Declercq, W., Ibrahimi, A., Michiels, C., van Rietschoten, J. G. I., Dewulf, N., . . . Remacle, J. E. (2000). *TTRAP*, a novel protein that associates with CD40, tumor necrosis factor (TNF) receptor-75 and TNF receptor-associated factors (TRAFs), and that inhibits nuclear factor-κB activation. Journal of Biological Chemistry, 275(24): 18586-18593.

Rosen, G. D., Bai, J., Wang, Y., Fiondella, C. G., Threlkeld, S. W., LoTurco, J. J., & Galaburda, A. M. (2007). Disruption of neuronal migration by RNAi of *DYX1C1* results in neocortical and hippocampal malformations. Cerebral Cortex, 17(11):2562-2572.

Scerri, T. S., Fisher, S. E., Francks, C., MacPhie, I. L., Paracchini, S., Richardson, A. J., . . . Monaco, A. P. (2004). Putative functional alleles of *DYX1C1* are not associated with dyslexia susceptibility in a large sample of sibling pairs from the UK. Journal of Medical Genetics, 41(11): 853-857.

Scerri, T. S., & Schulte-Körne, G. (2010). Genetics of developmental dyslexia. European Child & Adolescent Psychiatry, 19(3): 179-197.

Scerri, T. S., Morris, A. P., Buckingham, L. L., Newbury, D. F., Miller, L. L., Monaco, A. P., . . . Paracchini, S. (2011). *DCDC2*, *KIAA0319* and *CMIP* are associated with reading-related traits. Biological Psychiatry, 70(3): 237-245.

Schumacher, J., Anthoni, H., Dahdouh, F., König, I. R., Hillmer, A. M., Kluck, N., . . . Remschmidt, H. (2006). Strong genetic evidence of *DCDC2* as a susceptibility gene for dyslexia. American Journal of Human Genetics, 78(1): 52-62.

Shapiro, B. K. (2001). Specific reading disability: A multiplanar view. Mental Retardation and Developmental Disabilities Research Reviews, 7(1): 13-20.

Shaywitz, S. E., & Shaywitz, B. A. (2005). Dyslexia (specific reading disability). Biological psychiatry, 57(11): 1301-1309.

Shu, H., McBride-Chang, C., Wu, S., & Liu, H. (2006). Understanding Chinese developmental dyslexia: Morphological awareness as a core cognitive construct. Journal of Educational Psychology, 98(1): 122-133.

Shu, H., Meng, X., Chen, X., Luan, H., & Cao, F. (2005). The subtypes of developmental dyslexia in Chinese: Evidence from three cases. Dyslexia, 11(4): 311-329.

Snowling, M. J., Gallagher, A., & Frith, U. (2003). Family risk of dyslexia is continuous: Individual differences in the precursors of reading skill. Child Development, 74(2): 358-373.

Su, M., Wang, J., Maurer, U., Zhang, Y., Li, J., McBride, C., . . . Shu, H. (2015). Gene-environment interaction on neural mechanisms of orthographic processing in Chinese children. Journal of Neurolinguistics, 33: 172-186.

Sun, Y., Gao, Y., Zhou, Y., Chen, H., Wang, G., Xu, J., . . . Tan, L. (2014). Association study of developmental dyslexia candidate genes *DCDC2* and *KIAA0319* in Chinese population. American Journal of Medical Genetics Part B: Neuropsychiatric Genetics, 165(8): 627-634.

Taipale, M., Kaminen, N., Nopola-Hemmi, J., Haltia, T., Myllyluoma, B., Lyytinen, H., . . . Hannula-Jouppi, K. (2003). A candidate gene for developmental dyslexia encodes a nuclear tetratricopeptide repeat domain protein dynamically regulated in brain. Proceedings of the National Academy of Sciences of the United States of America, 100(20): 11553-11558.

Velayos-Baeza, A., Toma, C., da Roza, S., Paracchini, S., & Monaco, A. P. (2007). Alternative splicing in the dyslexia-associated gene *KIAA0319*. Mammalian Genome, 18(9): 627-634.

Velayos-Baeza, A., Toma, C., Paracchini, S., & Monaco, A. P. (2008). The dyslexia-associated gene *KIAA0319* encodes highly N- and O-glycosylated plasma membrane and secreted isoforms. Human Molecular Genetics, 17(6): 859-871.

Vellutino, F. R., Fletcher, J. M., Snowling, M. J., & Scanlon, D. M. (2004). Specific reading disability (dyslexia): What have we learned in the past four decades? Journal of child psychology and psychiatry, 45(1): 2-40.

Wigg, K. G., Couto, J. M., Feng, Y., Anderson, B., Cate-Carter, T. D., Macciardi, F., . . . Barr, C. L. (2004). Support for *EKN1* as the susceptibility locus for dyslexia on 15q21. Molecular Psychiatry, 9: 1111-1121.

Wilcke, A., Weissfuss, J., Kirsten, H., Wolfram, G., Boltze, J., & Ahnert, P. (2009). The role of gene *DCDC2* in German dyslexics. Annals of dyslexia, 59(1): 1-11.

Williams, J., & O'Donovan, M. C. (2006). The genetics of developmental dyslexia. Eur J Hum Genet, 14(6): 681-689.

Zhang, Y., Li, J., Tardif, T., Burmeister, M., Villafuerte, S. M., McBride-Chang, C., . . . Zhang, Z. (2012). Association of the *DYX1C1* dyslexia susceptibility gene with orthography in the Chinese population. PloS one, 7(9): e42969.

Ziegler, J. C., Bertrand, D., Tóth, D., Csépe, V., Reis, A., Faísca, L., . . . Blomert, L. (2010). Orthographic depth and its impact on universal predictors of reading. Psychological Science, 21(4): 551-559.

[第 4 章]

阅读障碍的认知神经基础
——阅读障碍的机制、诊断、干预及预测

The Mechanism, Diagnosis, Intervention and
Prediction of Dyslexia: From a Perspective of
Cognitive Neuroscience

[中国] 刘丽（Li Liu）[1]
[中国] 祁婷（Ting Qi）[1]
[中国] 高悦（Yue Gao）[1]

1　北京师范大学认知神经科学与学习国家重点实验室

20世纪下半叶，非侵入性神经影像技术的发展为探索阅读障碍的神经机制提供了可能。研究发现，阅读障碍者表现出脑结构和脑功能的异常，异常既表现在特定脑区，也表现在脑区之间的连接上。与拼音文字不同，汉语阅读障碍在左脑额中回、顶内沟、腹内侧前额叶、右脑舌回等表现出功能或结构的异常，体现了跨文化的差异性。近年来研究者开始探索利用阅读障碍和正常读者脑功能与结构的差异，开展"基于脑"的阅读障碍的诊断、干预和预测。初步研究结果显示，脑层面的数据能够在行为数据之外，为阅读障碍的诊断、干预和预测提供额外的贡献率，且表现出较好的准确性和稳定性。这些研究展现了脑科学与教育相结合的前景，为阅读障碍的教育干预提供了新的理念和方法。

焦点阅读

· 认知神经科学的研究为我们对阅读障碍的科学认识和教育实践带来了哪些新的理念、方法与技术？本章节从阅读障碍的机制、诊断、干预和预测四个方面对这个问题进行了梳理，并对这一领域的研究进行了展望。

关 键 词

神经机制，诊断，干预，预测，脑科学与教育

引　言

阅读障碍是一种神经发展性的障碍，表现为阅读困难，但是无法归因于智力落后和教育水平的缺失，也没有明显的器质性损伤。在拼音文字中，阅读障碍的发生率为 5%～17.5%（Shaywitz，1998）；在汉语表意文字中，发生率为 4.5%～8.0%（Zhang，Zhang，& Zhou，1998）。

早期阅读障碍的研究主要从行为层面探讨阅读障碍的认知缺陷，阅读障碍的认知缺陷有没有相应的神经基础一直是研究者关心的问题。20 世纪下半叶，多种非侵入性的脑功能和脑结构成像技术的成熟发展为探索这个问题提供了契机。脑功能成像技术主要包括：功能核磁共振成像（functional magnetic resonance imaging，fMRI）、正电子发射断层扫描（positron emission tomography，PET）和脑磁图（magnetoencephalography，MEG）；脑结构成像技术主要包括磁共振成像（magnetic resonance imaging，MRI）、弥散张量成像（diffusion tensor imaging，DTI）等。具体来讲，功能磁共振成像技术侧重刻画大脑的功能状态，磁共振成像则刻画全脑各个脑区的灰质或白质的体积、密度的分布情况，而弥散张量成像技术则着重刻画脑白质纤维的形状和走向。这些技术广泛应用于对拼音文字和汉语阅读障碍的研究中，积累了丰富的研究成果。这些研究成果深化了我们对阅读障碍的发生机制的认识，并为阅读障碍的诊断、干预和预测提供了新的视角、理念和思路。

阅读障碍的神经机制

早期阅读障碍神经机制的研究主要从脑区定位的思想出发，去寻找阅读障碍功能或结构表现出异常的脑区。但是，研究者逐渐意识到阅读是一个很复杂的过程，从解码视觉文字到获得语音，再到通达语义，这个过程需要多个脑区的协同工作。因此，近年来脑区定位的思想逐渐被连接主义的思想所取代，阅读障碍的脑功能连接成为研究热点。同时，多种脑功能与脑结构成像技术的运用，为研究结论之间相互印证、相互补充提供了可能，也为研究者探讨阅读障碍的脑功能异常与结构异常的关系提供了便利。下面我们将主要从这两个角度，梳理拼音文字和汉语阅读障碍的神经机制的相关研究。

拼音文字阅读障碍的神经机制

在拼音文字中，阅读障碍的认知缺陷主要表现在语音损伤（phono-logical deficit），即语音意识（phonology awareness）、词汇短时记忆（phonetic receding in working memory）和词汇提取能力（pho-nological receding in lexical access）的薄弱（Wagner & Torgesen, 1987）。具体来看，个体需要将单词分解为独立的语音成分，然后把形素（grapheme）与对应的音素（phoneme）进行匹配，通过这种音—形对应规则（phoneme-grapheme mapping），形成语音和正字法之间的联结，进而学会阅读。若语音加工能力受损，无法获得音—形对应规则，因而无法获得阅读。因此，语音加工能力在阅读能力的获得过程中起到了至关重要的作用。除此之外，研究者还发现阅读障碍会表现出更为一般性的感知觉损伤，如听知觉、视觉运动整合，这一理论被称为巨细胞理论（general magnocellular theory）（Galaburda& Livingstone,

1993；Stein，2001）。但是近年来的研究发现，感知运动的缺陷仅是阅读障碍的一小部分，拼音文字阅读障碍更多还是表现出语音的缺陷（Ramus，2003）。

拼音文字阅读障碍的认知缺陷有没有相应的神经基础呢？拼音文字对这个问题的研究起步较早，已经积累了较为丰富、系统的研究成果，并在此基础上形成了一些总结性的研究，如元分析等。

拼音文字阅读障碍的脑功能研究

拼音文字阅读障碍的脑成像研究开始于20世纪末。施威茨等人（Shaywitz et al.，1998）利用 fMRI 成像技术，对阅读障碍开展了一项较为系统的研究。实验设计了四个任务，即字母大小写判断（bbBb 与 bbBb 在大小写模式上是否匹配）、单个字母押韵判断（T 和 V 是否押韵）、非词押韵判断（leat 和 jete 是否押韵）和语义范畴判断（CORN 和 RICE 是否同类），这些任务对语音的要求逐步增强。首先，研究发现，在行为任务上，障碍组成人在非词押韵判断任务上显著差于年龄控制组，而这个任务需要语音解码能力的参与；其次，在大脑的神经活动上，障碍组成人在大脑后部，包括威尔尼克区（Wernicke's area）、角回（angular gyrus）等脑区，没有表现出随着实验任务对语音解码要求的增加而激活增强的现象。相反，即便是在很简单的语音任务中，阅读障碍在大脑前部，包含额下回（inferior frontal gyrus）等脑区，表现出过度激活（Shaywitz et al.，1998）。

值得注意的是，成人阅读障碍中表现出的这种大脑异常模式是否同样出现在儿童阅读障碍中。施威茨等人（Shaywitz et al.，2002）利用与成人实验同样的范式，在一组阅读障碍儿童中探讨了这个问题。在行为反应上，障碍儿童在涉及语音分析的任务上都表现出显著的损伤。

在大脑激活模式上，障碍儿童在包含额下（inferior frontal area）、颞下（inferior temporal area）、颞顶区（temporo-parietal cortex）、颞中（middle temporal area）、枕中回（middle occipital gyrus）的左侧半球和包含额下、颞下和扣带（cingulate）等的右侧半球的激活程度显著低于年龄控制组。这与之前成人研究中发现阅读障碍在大脑左后部的功能异常是一致的。这表明了大脑左侧后部脑区的异常同时存在于阅读障碍儿童和成人，而无法归因于阅读水平和经验的差异。而大脑前部的活动模式，儿童与成人的结果并不完全一致：成人表现出过度激活，儿童表现出激活的减弱。然而，将障碍儿童的年龄作为变量，考察年龄与大脑激活程度的关系发现：随着年龄的增加，障碍儿童的双侧额叶的激活增强，也就是说，虽然障碍儿童与控制组相比额下回的激活减弱，但是在障碍群体内，随着年龄的增加，大脑前侧的激活增强，这表明障碍儿童可能通过额下回的过度激活来补偿后部脑区的缺陷。而且在面对更困难的任务时，障碍儿童无法像正常儿童一样依赖左侧额叶加工任务，反而通过对侧脑区激活增强作为辅助，弥补左侧功能的不足（Shaywitz et al., 2002）。这样来看，这与成人实验中大脑激活的模式是基本一致的。

以往研究往往将阅读障碍组与年龄控制组进行比较，这样比较的优势在于，与生理年龄相同的正常组比较可以发现与正常发展人群的异常，但是，这导致了另一个问题：阅读水平不匹配。由于处于相同的年龄，正常年龄控制组的阅读水平或者在扫描任务中的表现是显著优于障碍组的，那么大脑激活的异常是由于阅读障碍特异的损伤还是由于阅读水平的差异呢？为了解决这个问题，研究者新引入了阅读水平匹配但是年龄稍小的控制组。赫夫特等人（Hoeft et al., 2006）的研究中有三组儿童：阅读障碍组、年龄控制组和阅读水平控制组，来完成语音押韵判断任务。结果表明，障碍组儿童与任一控制组相比，左侧的颞顶区以及包含右侧颞顶的几个脑区表现出激活的减弱。这一研究表明,阅读障碍在颞顶脑区的激活异常并不是由于阅读水平偏低,而是由于阅读障碍特有的缺陷(Hoeft et al., 2006)。

总结上述研究,我们可以对拼音文字阅读障碍的神经机制有一个基本的了解:在拼音文字的研究中,阅读障碍者在大脑左侧背侧颞顶区(dorsal temporo-parietal cortex)和腹侧颞枕区(ventral occipito-temporal cortex)的激活减弱。背侧颞顶脑区负责形—音的对应,与语音加工有关,所以背侧通路的激活减弱被看作语音加工能力的损伤,而腹侧颞枕脑区负责对熟悉视觉词汇的快速加工,与视觉正字法的加工有关(Richlan, Kronbichler, & Wimmer, 2009; Tan, Laird, Li, & Fox, 2005),两条通路的激活减弱反映了阅读障碍在语音和正字法加工神经环路上出现损伤。此外,阅读障碍者在额下回和与左侧半球较低激活脑区对应的右侧脑区表现出的过度激活,实际上是对大脑后部脑区激活不足的补偿(Richlan et al., 2009; Shaywitz & Shaywitz, 2005)。其中,额下回靠近嘴部活动的脑区与形—音整合以及语音加工中的默读复述有关(Tan Laird et al., 2005),帮助阅读障碍者通过嘴唇、舌部等默读复述来培养语音结构意识(Shaywitz et al., 2002)。也有研究发现额下回激活的减弱,表明阅读障碍对词汇和亚词汇语音输出表征的损伤(Richlan et al., 2009)。

值得注意的是,障碍成人与儿童的异常模式虽然有普遍性,但是也有与年龄相关的差异:大脑前部激活情况的不一致,阅读发展由早期依赖语音加工的颞顶脑区到成人期依赖视觉正字法加工的枕颞脑区的转变等。相关研究员对九项儿童(9~11岁)和九项成人(18~30岁)阅读障碍的脑功能成像研究进行元分析,的确发现了成人与儿童阅读障碍的差异:首先,枕颞脑区异常在成人障碍中表现得更为明显,如儿童仅在梭状回（fusiform gyrus）表现出异常，成人却在梭状回中后部和颞下均有明显的功能异常；其次，在颞顶脑区，成人在颞上回（superior temporal gyrus）表现出显著的激活减弱，儿童却没有发现颞顶脑区相应的激活减弱；最后，成人在一些脑区表现出过度激活，儿童研究中却鲜有发现脑区的过度激活，这一现象有可能是由于随着年龄的增加，阅读障碍更善于利用补偿机制（Richlan, Kronbichler, & Wimmer, 2011）。因此，虽然阅读障碍都表现出腹侧枕颞、背侧颞顶和前部脑区的异常，但是其激活程度与模式在不同年龄群体中却不完全一致。

拼音文字阅读障碍的脑结构研究

脑解剖结构是功能的基础，那么，障碍人群脑功能的异常是否由解剖结构的异常所致？结构磁共振成像的研究，即基于体素的形态学研究（voxel based morphometry, VBM），对这个问题进行了探讨。对拼音文字阅读障碍大脑解剖结构的 VBM 研究较为一致地发现，在额下回、颞上和颞顶脑区以及小脑（cerebellum），灰质体积发生了改变，这些脑区在脑功能成像的研究中也表现出功能异常（Eckert, 2004）。此外，研究者还发现颞顶脑区（Hoeft et al., 2007）、双侧梭状回和右侧缘上回（supramarginal gyrus）（Kronbichler et al., 2008）、小脑（Eckert et al., 2005；Kronbichler et al., 2008）、舌回（lingual gyrus）（Eckert et al., 2005）、颞中回（middle temporal gyrus）和颞下回（inferior temporal gyrus）（Silani et al., 2005）灰质体积的减少。最近对134名阅读障碍成人的9项拼音文字研究结果进行的 VBM 元分析显示，阅读障碍群体在右侧颞上回和左侧颞上沟（superior temporal sulcus），灰质体积出现显著的减少（Richlan, Kronbichler, & Wimmer, 2013），fMRI 的研究中也发现阅读障碍在颞上沟的激活程度较低

（Blau et al.，2010）。颞上沟也就是我们常说的威尔尼克区，负责听觉语音理解，是加工和表征语音信息的重要脑区，也有研究发现颞上沟负责视觉和听觉刺激的整合（Blau et al.，2010；Blau, van Atteveldt, Ekkebus, Goebel, & Blomert，2009）。但是，很少有功能研究发现右侧颞上回的激活差异。

VBM 的研究仅从体积或密度的角度来研究大脑结构的变化，但是，大脑体积其实是由大脑表面积和皮层厚度共同决定的，两者具有不同的生理机制和神经元意义（Panizzon et al.，2009）。具体来说，大脑皮层的神经元会在个体发育时分化为垂直于大脑皮层的不同柱状结构，在发展过程中同一个柱状结构会发生迁移。大脑表面积受到柱状结构个数的影响，而厚度则受到每个柱状结构中细胞数目的影响。在胎儿皮层成熟过程中主要表现为表面积而非皮层厚度的增长。尤其在胎儿晚期，由于大脑卷曲和褶皱的增加，大脑体积以及表面积与体积的比例会出现飞速增长（Kapellou et al.，2006）。表面积更多地受到遗传因素的影响，而皮层厚度对发展的影响很敏感。研究发现，在童年时期皮层厚度会快速增加，到青年时期神经元开始修剪，皮层变薄，最后到成年时达到稳定。厚度的不断变化反映了皮层的发展和皮层连接的修剪（Shaw et al.，2008）。此外，皮层厚度对后天疾病的影响（Im et al.，2008）以及认知能力的发展（Sowell et al.，2004）很敏感。总的来看，大脑表面积和皮层厚度都是受到遗传因素影响的，但是表面积受到遗传的影响更大，更多地受到出生前因素的影响，而皮层厚度会受到年龄、疾病的影响，在整个生命进程中不断变化。对拼音文字阅读障碍成人大脑表面积和皮层厚度的已有研究发现，障碍组和控制组的皮层厚度和表面积的结果出现分离，且较多地表现出表面积的差异。阅读障碍组全脑表面积显著大于正常组，额下回与梭状回皮层表面积与语音能力表现出相关关系。在厚度方面，只有右侧缘上回的皮层厚度阅读障碍大于正常人，而且没有表现出与行为指标的相关（Frye et al., 2011）。阿塔瑞厉等人（Altarelli et al., 2013）通过功能定位的方式，将分别对面孔、房子、文字等激活的枕叶脑区作为感兴趣脑区（region of interest，ROI），研究障碍儿童与正常儿童在大脑皮层厚度之间的差异，结果表明阅读障碍儿童表现出性别的主效应，而且这种主效应是由障碍群体中女孩的皮层厚度太薄导致的。研究者对具有阅读困难高家族风险的父母和学龄前儿童进行研究，发现母亲的阅读困难程度与儿童左侧顶下小叶的皮层表面积表现出负相关，而厚度没有表现出显著差异（Black et al., 2012）。虽无明显的定论，但是大脑皮层厚度和表面积的确表现出分离。对这两个结构指标的分别研究，可能会为阅读障碍的生理机制提供新的解释。

拼音文字阅读障碍的脑功能连接研究

早在19世纪，对脑损伤失读症患者的研究就发现其特定脑区连接的异常，比如角回与其他脑区的连接减弱。那么发展性阅读障碍是否也会表现出脑区间连接的缺失或者异常呢？发展性阅读障碍是否可以被视为一种失连接障碍呢？

对阅读障碍功能连接的探索最早来自于一项正电子发射断层扫描的研究，霍维茨等人（Horwitz et al., 1998）选取角回作为种子点，计算其与大脑的其他脑区功能激活的相关，研究发现：与正常成人控制组相比，障碍组成人角回与大脑后部视觉区（梭状回和舌回）、威尔尼克区、额下回等脑区在单字阅读任务中表现出功能连接异常，具体表现为正常组的角回均与上述脑区有显著的正相关，但阅读障碍者没有表现出这样的相关（Horwitz, Rumsey, & Donohue, 1998）。皮尤等人（Pugh et al., 2000）利用 fMRI 技术，以角回为感兴趣区域，在一系列对语音需求不断增加的任务中（与 Shaywitz 等人于1998使用的实验范式一致）进行功能连接分析，来考察角回的功能连接异常是语音特异的还是一般性的。结果发现，在所有任务中控制组大脑左侧的枕颞区和角回都存在显著的功能连接，然而障碍组枕颞脑区和角回的功能连接却缺失和减弱，尤其在需要语音加工的非词押韵任务中。此外，在需要正字法视觉加工的字母大小写判断任务中，障碍组与控制组的功能连接并无差异，这表明障碍群体并没有表现出广泛性的损伤，而是特异的语音损伤（Pugh et al., 2000）。当然，除了以角回为种子点的研究，还有选取其他脑区为种子点的研究，比如，有的研究选取颞枕脑区，发现与正常控制组相比，障碍群体缺乏与左侧额顶语言经典脑区的连接（Shaywitz et al., 2003；van der Mark et al., 2011）。

　　上述的研究利用脑区间相关的方式，探讨了脑区间功能连接的问题，但是大脑的信息传递其实是有方向的，可以通过建立模型的方式推断脑区之间功能连接的方向。有研究者发现，在押韵任务中阅读障碍儿童与年龄控制组相比，在左侧梭状回→左侧顶下小叶（inferior parietal lobule）的功能连接表现出显著的减弱，说明障碍儿童正字法和语音加工通路的损伤（Cao, Bitan, & Booth, 2008）。夸利诺等人（Quaglino et al., 2008）选取了缘上回、梭状回和额下回三个脑区，在阅读障碍组、年龄匹配控制组和阅读水平匹配组儿童中进行了结构方程模型路径分析。研究主要关注以下两个自下而上路径的连接情况：梭状回到额下回，缘上回到额下回。结果发现三组群体表现出不同的连接模式：障碍组儿童与其他两个正常组相比，没有在缘上回到额下回这个通路表现出因果连接；相反，在障碍组儿童与阅读水平匹配组发现梭状回到额下回显著的功能连接，连接强度大于年龄控制组。鉴于背侧缘上回语音加工的作用，缘上回到额下回通路的组间差异表明了障碍儿童受损的语音能力导致了此通路连接的缺失。腹侧梭状回到额下回的通路反映了词汇语义的加工过程，其在三组儿童中表现出的不同的连接模式说明，随着阅读水平的增加，对该通路的依赖减弱。简单来说，障碍儿童无法使用语音加工通路，反而更加依赖词汇语义的加工通路（Quaglino et al.，2008）。但是上述研究都只考察了在语音任务中的功能连接，那么阅读障碍在语义任务中是否会表现出脑区功能连接的损伤呢？我们利用视觉与听觉通道的语义相关判断任务，探讨阅读障碍在语义加工中的功能连接情况。研究选取语义加工脑区颞中回、额叶调控脑区额下回、视觉输入脑区梭状回和听觉输入脑区颞上回作为感兴趣区域。结果发现：与障碍组儿童相比，控制组仅在视觉语义相关条件下，由梭状回到颞中回自下而上的连接中表现出更强的连接。这表明阅读障碍的确存在视觉通道语义加工的缺陷，且表现为自下而上的脑区间功能连接的损伤（Liu et al.，2010）。

总结以上功能连接的研究，我们会发现这些研究往往通过选取感兴趣脑区，再考察该脑区与其余脑区的活动耦合。这些对脑区间功能连接的研究往往局限于有限的脑区，经常是局限于经典的阅读脑区所形成的网络，即便在研究中选取多个感兴趣区，我们仍旧无法获得全脑的连接情况。然而随着图论（graph theory）在大脑网络连接中的广泛应用，从全脑角度探讨脑区之间的复杂连接情况得以实现。简单来讲，图论的方法通过将大脑每个脑区当作网络中的点（node），将脑区间的相关当作网络中的边（edge）来考察网络的属性，包含全局性属性以及局域性属性。就全局性属性来看，通过分析我们可以知道网络连接的结构，如小世界属性（small-world network）。小世界网络广泛地存在于复杂网络当中，具有全局分离性和局域群集性属性。通过局域性属性，我们可以知道在网络连接中起着重要作用的脑区（hub）等。 费恩等人

（Finn et al.，2013）利用图论的方法，分别对成人和儿童阅读障碍组
与正常年龄控制组的数据进行网络分析，结果发现正常成人组视觉词形
区（visual word form area，VWFA）与双侧纹状体外皮层（extrastriate
cortices）等视觉通路之间的连接要显著强于障碍组；此外，正常组的
视觉皮层与左侧额下回和内侧前额皮层（medial prefrontal cortex）表
现出较强的功能连接，表明他们能更好地控制视觉通路的活动从而使其
集中注意在视觉文字上。障碍组还表现出默认网络连接的异常：正常
组的后扣带皮层（posterior cingulate cortex）与视觉脑区表现出较好
的同步性；而障碍组却发现后扣带皮层与默认网络（default mode net-
work）中其他脑区连接的同步性，而非视觉脑区。后扣带作为脑网络中
的重要节点，在控制组，它与视觉脑区稳定的功能连接表明了在阅读时
能够对视觉信息进行整合和认知控制，而障碍组缺乏这样的整合活动。
本研究还发现障碍组右侧化连接以及左侧前部额下回脑区连接的增强，
分别表现为右侧视觉皮层与右侧额下回、右侧角回、右侧梭状回连接的
增强以及左侧额下回与其他脑区连接的增强，右侧和前部连接的增强均
反映了阅读障碍的补偿机制。另外，不同年龄组的表现也有不同。一方
面，在上述提到的侧化方面，障碍组儿童与控制组儿童相比，表现出右
侧脑区与其他脑区功能连接的增强，然而随着年龄的增长，这种侧化差
异在成人组中变小，即障碍组在成长的过程中左侧连接不断增多。另一
方面，与 VWFA 的功能连接也表现出随着年龄和水平的共变现象：在正
常组中，与 VWFA 的功能连接随着年龄的增长而增强；儿童障碍组与正
常组相比，VWFA 的连接并没有明显的差异，而成人障碍组与正常组相
比却表现出很大的差异（Finn et al.，2013）。

拼音文字阅读障碍的脑结构连接研究

大脑结构连接是功能连接的基础，它能够塑造并约束功能连接。因此，拼音文字阅读障碍功能连接的异常是否是由大脑结构连接异常所致的呢？考虑到白质纤维束在大脑中协调与连接不同的脑区，所以利用弥散张量成像（DTI）手段，可以研究阅读障碍脑区之间的结构连接是否出现改变。以往研究发现，表现出差异的白质纤维束主要包括上纵束（superior longitudinal fasciculus）和下纵束（inferior longitudinal fasciculus）。上纵束将颞枕、颞顶和前额脑区联系起来，它由两部分组成，一个是将颞顶脑区（威尔尼克区）和前额叶脑区（布洛卡区）连接起来的弓状束（arcuate fasciculus），是语言网络的核心结构（Hoeft et al., 2011；Yeatman, Dougherty, Ben-Shachar, & Wandell, 2012），另一部分是额顶脑区的上纵束（Frye et al., 2011；Saygin et al., 2013）。下纵束将枕叶（视觉词形区）和颞叶连接起来，参与视觉词形的加工过程。这些白质纤维束与语言相关的行为指标也表现出相关关系（Steinbrink et al., 2008；Yeatman et al., 2012）。

图论方法也应用到大脑结构网络的研究中。有研究者利用大脑皮层厚度和表面积分别构建网络，来探讨高阅读障碍家族风险的学龄前儿童与年龄控制组儿童的结构网络差异（Hosseini et. al., 2013）。结果发现：从全局性指标来看，高风险障碍儿童与控制组相比并没有表现出网络全局性的损伤；从局域性指标来看，高风险障碍儿童的大脑网络中经典阅读脑区的作用显著减弱。有趣的是，局域性变异仅存在于大脑的表面积网络而非皮层厚度网络（Hosseini et al., 2013）。由此看来，虽然高风险儿童没有表现出全局性的损伤，但是表现出显著的局域性的缺陷，尤其是在表面积网络。我们在之前提到，皮层厚度和表面积在大脑发育过程中是分离的，具体表现为皮层厚度更多地与后天发展有关，而表面积则更多地受到了先天因素的影响。因此，表面积维度表现出的变异很有可能表明阅读障碍是一种神经遗传性障碍。上述来自大脑连接的研究都表明阅读障碍群体不仅脑区的功能连接发生改变，白质纤维束的结构连接也发生了改变，阅读障碍群体表现为一种失连接障碍（Catani & Ffytche，2005）。

小结：功能与结构的关系

通过对以上拼音文字阅读障碍脑功能和结构研究的总结，我们会发现研究结果在很大程度上的一致性：功能异常的脑区往往也表现出解剖结构的异常。赫夫特等人（Hoeft et al.，2007）对阅读障碍组（7～16岁）、年龄控制组以及阅读水平匹配的控制组同时进行了视觉词语押韵判断任务和结构 VBM 的研究，直接表明了阅读障碍脑功能和结构之间的紧密关系。研究发现，障碍儿童与任一控制组相比，在左侧颞顶表现出激活的显著减弱，这一脑活动的异常并不是由于阅读水平较低，而是特异于阅读障碍的损伤。而障碍儿童表现出在前额的过度激活是后天补偿所致的，与阅读水平相关而非阅读障碍特有的缺陷。因此，基于功能的发现，结构的变异应当存在于左侧的颞顶区，而非过度激活的额叶脑区。研究利用 VBM 考察了功能激活差异的脑区（顶下小叶、梭状回、舌回、额下回等）的体积，结果表明障碍儿童与任一控制组相比，均在左侧顶下小叶表现出灰质体积的显著减少，而额叶没有发现解剖结构的改变（Hoeft et al.，2007）。这项研究表明，结构异常的脑区往往会表现出功能异常，而功能异常不一定会表现为结构的异常。结构成像和功能成像的研究相结合有助于揭示哪些脑区的异常是阅读障碍的本质缺陷，哪些异常是阅读障碍的补偿机制。

总而言之，在拼音文字阅读障碍中，左脑背侧颞顶脑区表现出功能活动、功能连接和解剖结构的异常，被认为是阅读障碍本质的损伤。左脑腹侧枕颞脑区也表现出功能激活和连接的减弱以及解剖结构的变异，但这一变异经常受到年龄变化的影响。左侧额下回以及与左侧异常脑区对应的右侧脑区的功能活动和功能连接的异常，经常被认为是阅读障碍的补偿机制。

汉语阅读障碍的神经机制

汉字是一种表意图形文字。汉字中并没有固定的音—形对应规则，字形对应的是音节，通过字形特征更容易获得汉字的语义信息而非语音信息。因此，语音加工能力的高低对汉语阅读障碍的影响或许是有限的。所以，仅通过拼音文字主要依赖的正字法—语音的通路不足以完成对汉字的加工，在汉字加工中还应涉及正字法—语义的通路（Perfetti,Liu, & Tan, 2005）。由于汉字具有以上特点，相关研究发现汉语阅读障碍并不仅仅表现出与拼音文字类似的语音加工的异常，还表现出语素意识（morphological awareness）、正字法—语义通路等多种认知加工能力的缺陷（Ho, Chan, Tsang, & Lee, 2002; Shu, C., Wu, & Liu, 2006），因此，研究者认为汉语阅读障碍可能存在多种认知缺陷，这与拼音文字中阅读障碍主要表现为语音缺陷是不同的。近年来，不断有研究证实汉语阅读障碍的多重认知损伤（Liu, Tao et al., 2013; Siok, Spinks, Jin, & Tan, 2009; Tan, Spinks, Eden, Perfetti, & Siok, 2005）。这些差异在某种程度上导致拼音文字的发现无法直接推广到汉语认知加工和汉语阅读障碍，这也表明了我们进行汉语研究的特殊性和必要性。前一部分，我们已经介绍了拼音文字阅读障碍的神经机制的相关发现，那汉语阅读障碍的神经机制是什么？与拼音文字的阅读障碍相比会表现出与文化无关的普遍性损伤，还是特异于汉语阅读加工的损伤？

汉语阅读障碍的脑功能异常

上面我们提到汉语的加工可能需要正字法、语音和语义三者的相互通达，不同于拼音文字对正字法与语音通路的倚重。那么阅读障碍在加工语音任务和语义任务时，与拼音文字（如英语）障碍群体的大脑活动模式有何区别呢？为了解决这一问题，萧等人（Siok et al.，2004）在《自然》（Nature）杂志发表的研究中发现，中文障碍组儿童与控制组相比，左侧额中回在同音字判断任务中激活显著减弱，这个结果不同于拼音文字在左侧颞顶区的激活异常。此外，障碍组还在额下回激活显著增强，这与拼音文字的发现是一致的。在不同的文字阅读中，语音加工的神经机制表现出文化的差异性。那么，汉语阅读加工中语义通达的神经机制是否也会表现出文化的差异性呢？因此，研究者引入了通过真假字判断来探讨正字法—语义加工的任务。结果表明，障碍组与正常组相比，在双侧额中回、双侧额下回和左侧梭状回表现出激活的减弱，而在右侧枕下表现出激活的增强。汉语阅读中语音和语义任务均发现左侧额中回的异常，这表明左侧额中回可能参与视觉正字法和语音（语义）加工的整合与调控。左侧梭状回在中英的语义任务中均表现出激活的异常，该脑区可能作为视觉词形区负责正字法—语义的整合而不受文字的影响。额下回可能与正字法—语义过程有关，且通过控制语义的提取来调控词汇判断。这个研究暗示拼音文字与中文的阅读障碍的神经机制不仅存在普遍性的缺陷，如左侧梭状回，还存在特异性的缺陷：对中文阅读障碍而言，相较于左侧颞顶皮层，左侧额中回的缺陷似乎是更为关键的（Siok，Perfetti，Jin，& Tan，2004）。

上述汉语研究支持了汉语阅读障碍同时表现出正字法—语音和正字法—语义通路的缺陷。我们采用视觉文字的语音押韵和语义相关判断任务，进一步比较了中文阅读障碍在这两条通路上的缺陷有无差异，结果表明：在两个任务中，阅读障碍儿童与年龄控制组儿童相比，在左侧枕颞皮层和右侧视觉皮层都表现出激活的显著减弱；在左侧额下回，不仅表现出激活的显著减弱，还与双侧视觉正字法加工的脑区表现出激活的同步性减弱；但是，在两个任务间并没有发现显著的任务间差异（Liu et al., 2012）。由此看来，汉语阅读障碍表现为正字法—语义通路与正字法—语音通路相似的损伤。

在现代汉语中，常用词汇通常会由两三个语素组成，而语素作为最小的语法单位，具有语音和语义特点。语素意识指的就是反映并操作语素和构词规则的能力（Kuo & Anderson, 2006）。有研究表明，汉语词组在心理词典中会从语素和整词水平进行表征（Zhou & Marslen-Wilson, 1994, 1995）。此外，行为研究（Shu et al., 2006）发现汉语阅读障碍表现出语素加工的缺陷，但是这一认知缺陷对应的神经机制却仍未知晓。因此，我们通过控制语素和整词语义的一致性引入语素加工过程，考察了这一问题。具体来说，我们的研究要求中文阅读障碍儿童与控制组完成双字词的语义相关判断任务。在实验材料中，有一半材料是语素与整词语义不一致的，包含整词语义相关但是没有共享同一个语素（"森林"与"野兽"）或整词语义不相关但是共享同一个语素结构（"礼物"与"生物"）；另一半是语素与整词语义一致的，包含语义相关且共享语素（"唱歌"与"民歌"）或整词语义不相关且语素也不一致（"珍珠"与"护士"）。我们假设阅读障碍组的语素意识受到损伤，因此对语素与整词意义的冲突不够敏感，所以不一致效应（不一致条件——一致条件）会弱于控制组。另外，为确保研究所发现的不一致效应特异于语素与整词意义的冲突，研究加入了语音控制任务，即操纵声旁语音与整字语音的一致性，要求障碍组儿童与其控制组完成押韵判断任务。结果如预期，在语义相关判断任务中，语素与语义的不一致效应表现出显著的组间差异，即正常控制组的不一致效应显著高于障碍组，差异脑区为额下回。为了确保额下回的激活异常是特异于语素意识，将额下回作为感兴趣区域来探究其在押韵任务中是否也会表现出声旁语音和整字语音的不一致效应，然而在该脑区并没有发现这种不一致效应。由此我们可以认为，在语义加工中，汉语阅读障碍在额下回表现出特异于语素加工的缺陷。此外，脑与行为任务的相关结果还表现出显著的组间差异：阅读障碍组的阅读流畅性与额下回的语素—整词不一致效应表现出负相关，而正常组表现出相反的模式。这可能是由于区别于正常组依赖语素分解，阅读能力越高的阅读障碍反而会采用整词加工的策略来补偿阅读能力的不足而忽略语素信息（Liu, Tao et al., 2013）。

从汉语的物理特性来讲，汉字是一种将视觉上复杂的图形，而且正字法规则也是不同文字最大的差异所在。汉字似乎需要更多的视觉空间的加工，那汉语阅读障碍是否表现出相应的缺陷呢？萧等人（Siok et al., 2009）要求一组汉语阅读障碍儿童完成一项需要视觉空间加工能力的字体物理大小判断的任务。结果证实之前的假设：汉语阅读障碍在左侧顶内沟（intraparietal sulcus）表现出激活的减弱，相反，在对侧的顶内沟表现出激活的增强。而根据以往的研究，左侧顶内沟负责对视觉刺激物理特征的目标导向的探测，参与调节视觉空间加工过程，而右侧顶内沟与非目标导向的视觉空间加工过程有关（Siok et al., 2009）。

总体来看，不同文字系统的阅读障碍表现出一定程度的普遍性损伤，也有特异于文化的认知和神经损伤。然而我们仅有间接证据来支持我们的结论，并没有直接的证据表明中英阅读障碍的相似与差异。有研究者通过采用完全相同的实验任务（语义相关判断和发声阅读任务），开展了一项对中文阅读障碍者、英语阅读障碍者和其各自的年龄控制组（14岁左右）直接比较的研究（Hu et al., 2010）。结果表明，中英阅读障碍者与其各自的控制组相比，均在左侧额中回、左后颞中回、左侧颞顶皮层和左侧角回表现出激活的减弱，即便中英控制组在任务中的激活模式是不同的。此外，英语阅读障碍者与其控制组相比，在左侧额下沟（inferior frontal sulcus）（正常中文组激活显著高于英语组的脑区）表现出过度激活，而中文阅读障碍者在左后颞上沟（正常英语组激活显著高于中文组的脑区）表现出过度激活。对中英障碍儿童进行比较时并没有发现激活的差异。我们可以认为在阅读水平较差时，障碍者都采用了不受文化所限制的策略（Hu et al., 2010）。在这个对中英阅读障碍直接比较的研究中，我们会发现障碍群体的脑功能异常独立于文化的影响，更多的是表现出跨文化一致的异常模式，这与拼音文字内的阅读障碍的跨文化比较研究的结果也是类似的（Paulesu et al., 2001）。

大致来看，中文阅读障碍与拼音文字的研究均发现颞枕脑区表现出激活的减弱（Siok et al., 2004），而且额下回也表现出激活的异常：一些研究发现其过度激活（Siok et al., 2004），而另一些发现激活的减弱（Liu et al., 2012；Siok, Niu, Jin, Perfetti, & Tan, 2008）。此外，研究者还发现左侧额中回（Siok et al., 2008；Siok et al., 2004）和左侧顶内沟（Siok et al., 2009）表现出功能异常。额中回的异常可能表明汉语阅读障碍存在汉字语音表征的长时存储与提取的困难，而顶内沟的异常可能表明汉语阅读障碍存在视觉空间加工的困难（Siok et al., 2009），这两个脑区是汉语阅读障碍比较特异的脑区。不同于拼音文字研究发现颞顶脑区的异常在英文阅读障碍中的重要作用，汉语研究中极少发现颞顶脑区的功能异常（Siok et al., 2008；Siok et al., 2004）。

汉语阅读障碍的脑结构异常

既然中文阅读障碍表现出大脑激活的异常，那大脑解剖结构是否也表现出相应的结构变异呢？我们利用 VBM 对汉语阅读障碍儿童灰质和白质体积的研究发现，阅读障碍者在右侧枕下回和左侧额下回的灰质体积显著低于正常组，这表明障碍儿童在正字法加工和语音加工方面存在缺陷，这与功能成像研究结果是一致的；此外，障碍儿童左侧中央前回白质体积也显著低于年龄匹配的正常儿童，中央前回与语音产生有关，所以这一发现进一步表明了障碍儿童在语音方面的缺陷。研究者还发现阅读障碍者的腹内侧前额叶（ventral medial prefrontal cortex）灰质体积、腹内侧前额叶白质体积、右侧海马旁回（parahippocampal gyrus）灰质体积显著低于正常儿童，并且腹内侧前额叶的灰质体积与腹内侧前额叶的白质体积、右侧海马旁回的灰质体积在障碍儿童中显著相关，表明障碍儿童可能存在记忆编码和提取的缺陷。由此看来，汉语阅读障碍者的脑解剖结构也存在异常，而且脑区间灰白质体积的异常存在一定的相关（Liu, You et al., 2013）。

萧等人（Siok et al., 2008）考察了同一批汉语阅读障碍儿童功能异常与结构异常的关系。在拼音文字研究中，左侧颞顶和颞枕激活异常的脑区也发现有解剖结构的改变，而该研究发现中文阅读障碍儿童在额中回激活的显著减弱以及灰质体积的显著减少，而且其灰质体积与任务态下的激活强度有较高的正相关。但是，汉语阅读障碍的研究中并没有像拼音文字的研究一样，在大脑后部颞顶和颞枕区域发现灰质体积的改变（Siok et al., 2008）。

我们的一项正在开展的研究利用图论的方法，从大脑皮层厚度和表面积两个层面构建脑结构网络，从全脑网络的角度考察汉语阅读障碍儿童与正常儿童相比是否存在脑结构连接的异常。在障碍儿童与年龄控制组儿童的比较中发现，汉语阅读障碍表现出全局性的损伤，即集群性的损伤，也就是障碍儿童的大脑网络无法有效地处理局域信息。此外，在局域性维度上，首先在皮层厚度网络上，障碍儿童的左侧经典语言脑区节点中心度显著低于控制组，同时在左侧脑区对应的右侧脑区却表现出较高的节点中心度；在表面积网络上，障碍儿童大脑后部脑区的节点中心度要显著低于控制组儿童，反而在大脑前部的一些脑区表现出较高的节点中心度。总结起来，我们不难发现，障碍儿童在网络的局域性上表现出双侧化和前部化的趋势，这与以往研究发现阅读障碍利用右侧和前部脑区来补偿左侧和后部脑区的效应是一致的。另外，我们从全脑网络的角度发现汉语阅读障碍的全局性异常，这与前人认为汉语阅读障碍存在多重认知缺陷的假设也是一致的。

　　与拼音文字较为系统、丰富的研究相比，中文阅读障碍的研究还比较少，特别是从脑区连接的取向开展的中文阅读障碍的研究还比较少。虽然在研究者的努力下，中文阅读障碍脑机制的研究不断前行，但是中文阅读障碍的研究仍旧任重而道远。毫无疑问，中文阅读障碍的研究对于回答"阅读障碍是否有着跨文化的普遍机制"，对于建立一个统一的阅读理论具有不可替代的价值。

阅读障碍诊断、干预以及预测的认知神经科学研究

　　在上一部分，我们梳理了大量关于阅读障碍的认知神经科学研究，这些研究为我们理解阅读障碍的神经生物学基础提供了丰富的信息。然而直至目前，阅读障碍的诊断、干预以及预测模式仍然主要是基于认知行为的。那么认知神经科学研究所提供的信息能否帮助我们更好地对阅读障碍进行诊断、干预和预测呢？还是只是在行为层面的基础上，增加了另外一个层面的信息而已？下面我们将梳理近年来研究者就阅读障碍

的诊断、干预以及预测开展的探索性的认知神经科学研究。一方面，我们关注认知神经科学的研究对阅读障碍的诊断、干预以及预测带来的新的启示；另一方面，我们关注基于认知神经科学的阅读障碍的诊断、干预以及预测的有效性、稳定性以及可操作性。这关系到认知神经科学的研究是否能够真正地与教育结合，不仅具有非常重要的理论意义，而且对于提高国民的阅读素养具有非常重要的现实意义。

阅读障碍诊断的认知神经科学研究

传统的基于认知行为的诊断模式

目前国际上普遍认可的阅读障碍诊断模式为"智力—阅读成绩差异"模式，该模式的核心标准是：个体实际的阅读成绩低于其智力预期的阅读成绩（美国《精神障碍诊断与统计手册（第四版）》，DSM-Ⅳ）。该标准和模式被广泛用于阅读障碍的诊断（Frankenberger & Harper，1987），但实际上这一标准的前提和有效性还有待重新考证。多项研究（Siegel，1988；Shaywitz, Holford et al.，1995；Shaywitz, Shaywitz et al.，1998）反复证实：智力并非阅读成绩的关键影响因素，智商与阅读技能存在一定程度上的分离。另外，很多研究（Siegel，1988；Fletcher, Shaywitz et al.，1994；Stanovich & Siegel，1994）都发现，符合差异标准的和不符合差异标准的阅读困难儿童，在阅读的认知加工和发展轨迹上均无显著差异，这说明智力—阅读成绩差异标准和模式对于阅读困难的鉴别缺乏有效性。

认知神经科学的研究成果对这一诊断模式的合理性进一步提出了挑战。田中等人（Tanaka et al.，2011）考察了智商—阅读成绩有差异的阅读障碍儿童和智商—阅读成绩无差异的阅读障碍儿童在语音加工中的脑激活情况。研究发现，两类儿童跟正常阅读水平的儿童相比，在左侧颞顶联合区、颞枕联合区都表现出相同的激活减退模式。他们认为，来自脑成像的研究与来自行为的研究共同说明，虽然智商水平不同，但是阅读上共同出现障碍的两类儿童在语音加工中表现出相似的神经机制。所以，在智力—阅读差异模式中，用智力预测阅读成绩的做法有失偏颇。

在智力—阅读成绩差异诊断模式后，核心技能缺陷模式被提出。该模式通过对阅读成就低的个体进行进一步的诊断，来鉴别最能代表阅读障碍特异性的核心缺陷。该模式的关键在于找到有效的诊断指标，如果在这些指标所代表的技能上存在缺陷，便预示着日后有较高的罹患阅读障碍的风险。这种模式的优点在于，可以在阅读障碍出现之前进行预测，有助于尽早预防；可以对阅读障碍进行异质性诊断，详细地诊断出阅读障碍的孩子到底存在什么样的困难和问题。

在核心技能缺陷模式的基础上，干预—应答模式（responsiveness to intervention，RTI）被提出。该模式要求在提供有质量保证的短期干预训练的基础上，通过观察个体对干预的反应性来鉴别不同的阅读障碍，并进一步提出教育干预的建议（Fuchs, Mock et al., 2003）。该模式的特点在于：力求将诊断与干预相结合，尽早实现诊断和干预。在"智力—阅读成就差异"模式下，儿童只有在阅读方面表现出明显的困难或障碍后，才会接受专业的诊断和干预。而在干预—应答的诊断模式下，儿童在入学前就会接受系统的筛查，可以及早鉴别出阅读障碍的高危个体并及时介入。核心技能缺陷模式主要强调，个体自身的认知技能缺陷可能是导致阅读障碍的原因，干预—应答模式强调除此之外也要考虑不良的教育环境或者与个体不相匹配的教育条件的影响。

"智力—阅读成绩差异"模式、核心技能缺陷模式以及"干预—应答"模式，都是基于认知和行为的诊断模式。认知与行为层面的研究能够揭示阅读障碍的行为症状和认知缺陷，但无法揭示潜在的神经层面的缺陷，而后者可能是导致阅读障碍的最根本原因。表面上不相关的认知或行为表现可能根源于相同的神经基础，同样，相同或相似的行为表现也可能源自不同的神经基础（彭聃龄，刘丽，等，2009）。这启发了研究者基于脑功能和结构的特征对阅读障碍进行诊断。

基于认知神经科学的诊断模式

基于认知神经科学的阅读障碍的诊断是指利用阅读障碍者和正常读者之间脑活动模式以及脑结构的差异，开展对阅读障碍和正常读者的甄别与诊断。阅读障碍与正常读者的脑功能和脑结构是否存在明显的差异以及这些差异是否较为稳定，是从脑层面甄别阅读障碍者与正常人群的前提。汉语阅读障碍的认知神经机制的研究还相对较少，尚难以评价目前研究所发现的阅读障碍者与正常读者的脑功能和脑结构的差异是否较为稳定和一致，但是拼音文字阅读障碍的脑机制研究开展得较早。在前一部分，我们系统总结了拼音文字阅读障碍的神经机制，可以说到目前为止，已经发现拼音文字阅读障碍者与正常读者在脑功能和脑结构方面存在明显的差异，这些差异在多项研究中得到反复验证，目前已经有了比较一致的结论（见第一部分元分析文献）。这为基于认知神经科学手段开展拼音文字阅读障碍的诊断提供了理论上的可行性。

近年来方法学的进步也使得利用阅读障碍与正常读者在脑功能和结构上的差异对其进行诊断成为可能。这一目标主要通过建立合适的判别模型来实现。判别就是从训练样本中学习抽取出判断类别的规则，再将规则运用于判别新的案例。建立判别模型最关键的两个步骤是特征选取和设计分类器。特征选取即选取能够区别两类被试的特征。在基于功能磁共振数据进行判别的研究中，特征选取的方式主要包括特定认知任务的激活（Zhang，Samaras et al.，2005）、时间序列的相似性（Shinkareva，Ombao et al.，2006）等。基于结构磁共振数据建立判别模型的特征选取也存在多种方式，主要包括感兴趣脑区的结构形状（Golland，Fischl et al.，2002）、灰质体积（Kawasaki，Suzuki et al.，2007）以及皮层厚度（Yoon，Lee et al.，2007）等。每种模态的数据都有多种方式进行特征选择，最好的特征选择方式应该是根据特定数据样本的特点，选取不同类别间最具显著差异的特征（彭聃龄，刘丽，等，2009）。完成特征选择后，就要进行分类器设计。当前有多种分类器设计的方法，较为常用的方法有费舍（Fisher）线性判别法和机器学习中的支撑向量机（support vector machine，SVM）。Fisher 线性判别法的思想是在高维的样本空间中寻找到某个最优方向 ω，使得样本在这个方向上的投影能够最好地区分开。Fisher 线性判别强调训练误差最小化，需要较大的样本。而支撑向量机的理论基础是统计学习理论，该理论研究有限样本下的机器学习问题。支撑向量机方法是试图在样本空间中构造最优分类面，该分类面不但能将两类无误地分开，而且要使两类的分类空隙最大。支持向量机以训练误差作为优化问题的约束条件，以置信范围值最小化作为优化目标，在解决小样本、非线性及高维模式识别问题中表现出许多特有的优势（彭聃龄，刘丽，等，2009）。

田中等人（Tanaka et al.，2011）使用线性的支持向量机技术，结合功能磁共振数据，开展了对英语阅读障碍者与正常读者的判别分析。进入判别函数的脑区包括左侧顶下小叶（inferior parietal lobule）、梭状回（fusiform gyrus）、额下回（inferior frontal gyrus）、尾状核（caudate）、脑岛（insula）和颞中回（middle temporal gyrus）。结果表明：正确判别来自卡耐基·梅隆大学样本的阅读障碍组和正常组的准确度可以达到78.9%（判别的灵敏度达到 83.9%，判别的特异性达到 73.1%）。

在来自斯坦福大学的样本中，判别的正确率达到79.7%（判别的灵敏度达到 76.3%，判别的特异性达到 83.3%）。研究还将阅读障碍者进一步分为智力—阅读成绩无差异组和智力—阅读成绩有差异组，在卡耐基梅隆大学的样本中使用智力—阅读成绩无差异组阅读障碍者与正常读者的判别函数去判别智力—阅读成绩有差异组阅读障碍者与正常读者，结果发现判别正确率可以达到81.3%，反之，判别正确率可以达到86.7%。在斯坦福大学样本中，使用智力—阅读成绩无差异组阅读障碍者与正常读者的判别函数去判别智力—阅读成绩有差异组阅读障碍者与正常读者，结果发现判别正确率可以达到98%，反之，判别正确率可以达到71.8%。这个研究说明了使用功能脑成像数据可以较为准确地甄别阅读障碍者和正常读者，甄别的灵敏度和特异性都达到较好的水平。这个研究还说明，智力—阅读成绩无差异组阅读障碍和智力—阅读成绩有差异组阅读障碍与正常组之间可以通过同样的判别函数进行判别，进一步说明了阅读障碍诊断的智力—阅读成就差异模式的前提假设可能是不正确的。

　　虽然在理论和方法上都存在可行性，研究者也开始了初步的尝试，但不可否认的是，基于认知神经科学的阅读障碍的诊断依然存在很多问题。例如，建立一个好的阅读障碍的诊断模型需要进行大量的前期研究，需要大样本的常模，需要得到比行为研究更多的经费支持，并且脑数据的分析操作复杂，不易实现较大的普及率，无形中又给这种方法的推广应用增添了阻力。另外，不同语言、文化下的阅读障碍由于可能存在不同的神经基础，可能需要不同的判别模型。对于发展时间较短的汉语阅读障碍的研究而言，建立一个基于认知神经科学的诊断模型还有很长的路要走。但毫无疑问的是，这条路值得我们进行不断的探索。

阅读障碍干预的认知神经科学研究

在第一部分，我们分析了阅读障碍与正常读者在脑功能和脑结构方面的差异。那么，阅读障碍的脑功能和脑结构异常可以通过干预发生改变吗？干预会引起阅读障碍者的脑发生什么样的改变？哪些干预可以起到这样的效果？干预引起的脑活动的变化是否可以在干预结束之后长期保持？近年来，研究者开始围绕以上问题开展阅读障碍的干预与脑可塑性的研究。

坦普尔等学者（Temple et al.，2003）认为，发展性阅读障碍患者主要在语音加工中存在缺陷，他们使用了一套针对阅读障碍的行为训练程序，人为地增加语音持续时间，增大语音之间的时间间隔，对儿童的口语和听觉进行干预，他们想知道这种行为训练能否真正提高阅读障碍者对语音的加工能力，以及行为上产生的变化是否伴随相应的神经活动的变化。20名8～12岁的儿童参加了该实验。行为结果显示，训练提高了他们的口语产生和阅读成绩；脑成像结果显示，训练后的儿童在多个脑区的激活值明显提高，这些脑区主要分布在左脑的颞顶联合区、左脑额下回、右脑额叶皮层、右脑颞叶皮层和前扣带回，训练后阅读障碍的脑激活模式与正常儿童的激活模式趋于相似。这个研究表明，语音干预可以引起阅读障碍儿童的脑激活模式发生正常化的改变。

施威茨等人（Shaywitz et al.，2004）在他们的实验中，除了设置接受实验训练的阅读障碍儿童这一组被试外，又增设了不接受实验训练的阅读障碍儿童以及阅读正常儿童两组被试作为控制组。他们使用了另外一套语音训练程序，对阅读障碍儿童进行了长达八个月的干预。他们对训练组的阅读障碍儿童共进行了三次扫描：第一次是在干预前进行；第二次是在干预后马上进行；第三次则是在实验结束的一年后进行。第二次扫描结果发现，与控制组的阅读障碍儿童相比，接受训练的阅读障碍儿童组的阅读流畅性水平显著提高，他们的左脑颞中回、额下回脑区激活水平也有了显著提高。第三次扫描结果发现，该组儿童在干预一年后的脑活动与未干预前的脑活动仍然表现出显著的差异，训练后双侧的额下回、左侧的颞上回以及颞枕联合区的激活水平都有显著的提升。该研究与坦普尔等人（Temple et al., 2003）的研究结果一致，共同说明：对阅读障碍儿童进行语音训练可以提高他们的阅读流畅性，促进在阅读过程中起到重要作用的大脑前部区域（额上回）和后部区域（颞枕联合区）的工作，干预效果也具有一定的持久性。

成人脑的可塑性较儿童稍差，那么患有发展性阅读障碍的成人的阅读成绩是否也可以通过语音干预训练得到提高，并带来相应的阅读脑区活动模式的正常化呢？伊登等研究者（Eden et al., 2004）同样从语音入手，将研究视角转向成人，对成人阅读障碍者进行了八周的语音训练，并对他们进行了训练前和训练后的扫描。结果发现：与非训练组相比，训练组成人在阅读准确性、阅读速度、阅读理解的行为成绩显著提高，并且正常阅读者经常使用的左脑阅读脑区（顶叶）的激活水平在训练组的第二次扫描中明显增强，同时，右脑外侧裂周区的激活也增强，起到补偿作用。该研究与坦普尔等人（Temple et al., 2003）和施威茨等人（Shaywitz et al., 2004）的研究一样，都发现了左侧顶叶脑区在干预后的激活增强，说明语音训练同样可以促进阅读障碍成人在左侧阅读脑区的激活正常化。

除了来自 fMRI 的证据外，研究者还利用 MEG 开展了阅读障碍的干预训练研究。MEG 具有高度的时间灵敏度，可以考察干预前后脑区神经活动的潜伏期的变化。西莫斯等人（Simos et al., 2007）对 15 名 7～9 岁的阅读障碍儿童进行了系统的训练。前 8 周，儿童接受每天 1 小时的阅读流畅性技能训练，该阶段完成后，再接受针对语音加工和语音解码的训练，每天2小时，同样历时8周。训练前和训练后都会进行MEG扫描，同时要求他们在扫描中进行口语、视觉词汇的阅读任务。训练后的MEG结果显示，颞中回后部（BA21）的神经生理信号强度增加、潜伏期缩短，右脑颞枕联合区外侧（BA19/BA37）神经活动的潜伏期缩短。BA21区的神经活动增加，说明训练后该区在由词汇向语义的转换加工中发挥着更重要的作用；潜伏期的缩短，说明训练后的脑区对相应阅读任务的反应更加灵敏。这些变化使阅读障碍儿童的脑更加类似于阅读正常群体在阅读任务中经常表现出来的反应模式。来自MEG的数据也说明，训练可以使阅读障碍儿童阅读的神经活动更趋正常化。

　　干预训练不仅能引起脑区激活的变化，还会引起脑区之间功能连接的改变。在理查兹和伯宁格（Richards & Berninger，2008）的实验中，18名阅读障碍儿童和21名阅读正常儿童在接受核磁扫描的同时进行任务，判断某字母在各非词中的发音是否相同。他们根据以往研究提取了几个脑区作为种子点：额下回、额中回、枕叶皮层和小脑。训练之前的扫描结果显示，左脑额下回与左右脑额中回、左右脑补充运动区、左脑中央前回和右脑额上回之间的功能连接，在阅读障碍儿童和阅读正常儿童中表现出显著的差异。之后，阅读障碍组儿童接受了3周的干预，专业人员对他们的言语意识、拼音规则理解、解码和拼读能力进行了系统的训练，训练后的结果显示，在之前两组儿童表现出差异的脑区功能连接上，阅读障碍儿童更加趋于正常儿童的脑区连接模式。

　　另一项研究也考察了干预引起的阅读障碍儿童脑区功能连接的改变。研究者对4组儿童（7~15岁）进行了实验，分别是：没有接受过任何行为矫正、有阅读障碍患病历史的儿童；接受过阅读矫正、有阅读障碍患病历史的儿童；接受过阅读和拼写矫正、有阅读障碍患病历史的儿童；没有接受过行为矫正、阅读正常的儿童（Koyama et al.，2013）。

同时，每组儿童在年龄、智商等方面进行了匹配。他们分析了4组儿童在静息状态下脑区内在功能连接（intrinsic functional connectivity）的情况。该研究有如下发现：①与阅读正常儿童相比，左脑顶内沟和左脑额中回之间的功能连接在所有阅读障碍儿童中都表现较弱。左脑额顶皮层是注意网络的主要脑区，阅读障碍儿童在该网络中的功能连接较弱，暗示了左脑额顶皮层的注意网络可能是阅读障碍的缺陷机制，同时也反映了注意在对阅读障碍进行干预的过程中可能起到的关键作用。②左脑梭状回可能是在补偿机制中起到连接作用的关键部位。因为结果发现：接受过矫正组儿童的左脑梭状回和右脑枕中回之间的功能连接强度更大；在阅读和拼写两方面都接受过全面矫正的儿童，他们的左脑梭状回和右脑前额叶皮层内侧之间的功能连接强度比正常组更负，并且两个脑区间的功能连接强度越负，阅读障碍儿童的阅读成绩越好。右脑前额叶皮层的内侧是默认网络的核心脑区，而左脑梭状回是在阅读网络的核心脑区。负相关说明了全面矫正组的儿童在干预后，默认网络与阅读网络之间出现更大的分离。以往研究发现这种模式同样出现在正常的成年人身上（Kelly et al., 2008），可能代表了干预后阅读障碍组认知活动效率的提升。这种提升可能是有效的训练所带来的补偿效应。这篇研究说明：干预训练可以触发阅读障碍脑的补偿机制，并且这一机制与阅读障碍者阅读成绩的提升紧密相关。

　　干预除了可以引起脑功能方面的改变外，阅读障碍患者的脑结构也会在干预下发生变化。凯勒和贾斯特（Keller & Just，2009）使用弥散张量成像来考察100小时的干预指导是否会影响8~10岁阅读障碍儿童大脑白质的完整性。实验将被试分为3组：接受干预的阅读障碍组；不接受干预的阅读障碍组；阅读正常组。干预的主要内容是对该组被试词汇水平的语音解码技能进行训练。结果发现，在训练之前，阅读障碍组在左脑的半卵圆中心前部（left anterior centrum semiovale）白质的部分各向异性分数（FA）显著低于正常组儿童，但是通过训练，在相同脑区发现了阅读障碍组 FA 值的显著增加，并且这种增加与语音解码能力的提高呈显著的正相关，即 FA 值越高，儿童的语音解码能力越强。该实验说明，科学的干预和训练可以促进阅读障碍者大脑白质完整性的提升，使个体在阅读时有更好的表现。

汉语阅读障碍的干预训练研究也已经开始起步。有研究者使用纹理辨别任务（texture discrimination task，TDT），要求儿童判断屏幕呈现的字母是 T 还是 L 以及 3 条斜线是水平排列的还是竖直排列的，来对儿童的视知觉加工进行训练（Meng et al.，2014）。18 名阅读障碍儿童与 18 名年龄和智商匹配的阅读正常儿童参加了实验。9 名阅读障碍儿童和 9 名阅读正常儿童参加了 TDT 训练，剩下的儿童作为控制组不参加训练。结果发现，接受过训练的阅读障碍儿童的阅读流畅性有了显著的提高，并且这种提高在未接受过训练的阅读障碍儿童身上是没有体现的。后来的追踪研究发现，训练给阅读障碍儿童带来的效果在 2 个月后的测验中依然得到较好的保持。这项研究的结果说明，视知觉训练可以显著提高汉语阅读障碍儿童的阅读流畅性，基本视知觉加工和汉语阅读过程可能在某种程度上依赖于相同的视觉加工机制。

尤文平（2010）首次利用 fMRI 技术，考察了汉语阅读障碍的干预训练引起的脑的可塑性变化。该研究使用了两种干预方案：形—音映射和形—义映射训练。形音映射训练针对儿童的正字法—语音通路，形—义映射训练针对儿童的正字法—语义通路。根据训练成绩，将汉语阅读障碍儿童划分为对不同干预方案敏感的两组，并在训练前后采用同音判断和语义相关判断任务对阅读障碍儿童进行脑成像扫描，考察两组阅读障碍儿童与正常儿童的脑激活差异，以及干预前后两组阅读障碍儿童的脑激活变化。结果发现，对形—音映射训练更敏感和对形—义映射训练更敏感的两组阅读障碍儿童的神经基础及干预前后的脑可塑性变化不同。具体来说，干预前，形—音训练敏感组在同音判断任务中字形和语音加工脑区激活下降，而在语义相关判断任务中没有发现与正常儿童有激活差异的脑区，而形—义训练敏感组在同音判断任务中与正常儿童没有激活差异，在语义相关判断任务中语义加工脑区激活下降；干预后，形—音组在同音判断任务中语音加工区右侧对应脑区代偿性激活增加，在语义相关判断任务中左侧字形加工区激活增加，反映了干预训练引起形—音组阅读障碍的形—音联结的加强，而形—义组在两个任务中都没有发现干预前后激活变化的脑区。结果表明，对两种训练方案敏感程度不同的汉语阅读障碍儿童具有不同的神经基础，在干预前后表现为不同的脑可塑性的变化。尤文平等人的研究为阅读障碍诊断的干预—应答机制提供了脑科学方面的证据。

　　综上所述，不论是拼音文字阅读障碍还是中文阅读障碍干预训练的研究都表明，恰当的干预训练可以提高阅读障碍者的阅读成绩，这个过程伴随着脑的可塑性变化，这些可塑性变化反映了干预训练促进阅读成绩提高的两种机制，一种是正常化机制，一种是代偿性机制。值得注意的是，不同类型的阅读障碍也许需要不同的干预方案，反过来阅读障碍的脑对不同干预的敏感度不同，也许可以作为区分不同类型阅读障碍的一个指标（尤文平，2010）。

阅读障碍预测的认知神经科学研究

　　对阅读障碍进行预测可以在阅读障碍的症状明显表现出来之前筛选出那些高风险的儿童，尽早实施干预以降低阅读障碍的发生率，而不是在儿童已经明显表现出症状后再亡羊补牢。所以，找到对阅读障碍进行早期预测的指标显得尤为重要。早期的研究致力于寻找对阅读障碍进行预测的行为指标，近年来寻找对阅读障碍进行预测的神经生物学标记（neural biological marker）成为研究的热点。

行为预测指标

对拼音文字而言，学会阅读的关键就在于学习把耳朵听到的声音信息（语音）与眼睛所看到的视觉信息（正字法）联系起来。因此，语音意识（phonological awareness）和词汇解码（decoding）可能是能够有效预测儿童在未来时间内阅读障碍的患病风险的指标。语音意识是指儿童对构成词汇的语音进行识别、分解和拼读的能力；词汇解码是指通过识别字母、音节来正确拼读单词的能力。来自拼音文字阅读障碍的追踪研究基本证实了以上推断。来自荷兰于韦斯屈莱大学的研究（Lyytinen, Ahonen et al., 2001; Lyytinen, Aro et al., 2004; Lyytinen, Erskine et al., 2006），试图探讨哪些行为指标能够预测阅读障碍儿童在小学二年级时的阅读能力。他们对106名有阅读障碍家族历史的儿童以及92名没有阅读障碍家族历史的儿童进行了一项跟踪研究，测量了他们3.5岁、4.5岁和5.5岁时在语音意识、短时工作记忆、快速命名、词汇表达、假词重复和字母命名等系列测验上的表现。结果发现，包含家族风险（familiar risk）、字母知识（letter knowledge）、语音意识以及快速命名（rapid serial naming，RSN）4个变量的回归模型，对阅读障碍儿童5年后阅读成绩进行有效预测的准确率在80%以上。凯茨等研究者（Catts et al., 2001）也发现，那些阅读障碍儿童5岁时就在字母知识、仿造句子、音位删除、音节删除、快速命名以及母亲的教育程度几个方面与正常儿童表现出差异，这几个变量对这些儿童二年级时的阅读困难也起到了显著的预测作用。

中国的研究者试图找到那些能够对汉语儿童的阅读困难起到预测作用的指标。有研究者对261名中国儿童进行了6年的追踪研究，测查了儿童以下几个方面的技能：复合词构词意识、语法能力、非词重复、音节删除、词素构建、快速命名、词汇理解、非言语智商、母亲教育程度、汉字识别以及阅读流畅性（Lei et al.，2011）。根据2次测验的成绩将儿童分为4组：阅读正常组、阅读进步组、读写相关的认知技能落后组、语言发展落后组。阅读进步组和读写技能落后组最开始在语音意识和词素意识上都表现较差，但是，两组的不同在于，快速命名成绩在阅读进步组处于平均水平，在读写相关的认知技能落后组中则处于落后水平。所以，研究者认为，只有当语音意识、词素意识以及快速命名都表现出缺陷时，未来才有可能患有阅读障碍。之后，又有研究人员在该项研究的基础上继续对该批儿童进行追踪研究，还测查了儿童（4～10岁）的词汇发展能力，根据被试所掌握的词汇量的增长变化情况，将其分为3组：高—高组（最初词汇量大，后测增长幅度大）、低—高组（最初词汇量小，后测增长幅度大）以及低—低组（最初词汇量小，后测增长幅度小）（Song et al.，2014）。结果发现，入学前高—高组儿童的词汇和其他认知能力都明显好于低—高组和低—低组，这可能是由于不同组儿童的母亲的教育水平不同；儿童最初的词汇量和词汇增长速度可以预测儿童在五年级时的阅读水平，说明词汇知识可以预测未来汉字识别、阅读流畅性和阅读理解这些与阅读相关的技能的发展程度。同时，研究者还发现，低—高组比低—低组词汇量增长速度更快的关键在于，低—高组儿童在5岁时的语音意识就明显强于低—低组儿童，并且这种优势在6岁时变得更大，带给低—高组儿童词汇量更迅速的增长。

神经预测指标

行为指标经常受到施测人主观判断以及受测人经验的影响，不够客观和稳定。神经生物学指标特别是脑结构的指标相对客观、稳定。那么神经生物学指标可以像行为指标一样，较为准确地预测儿童阅读能力的发展吗？神经生物学指标可以在行为指标之外，解释额外的阅读成绩的变异吗？

赫夫特和麦坎德利斯（Hoeft, McCandliss et al., 2011）分别使用当前被广泛使用的标准化阅读行为测验［语音解码测验（phonemic decoding efficiency）和常见词汇阅读效率测验等（sight word efficiency）］、功能磁共振成像以及弥散张量成像，对25名阅读障碍儿童和20名阅读正常儿童进行了长达两年半的跟踪研究，结果发现，两年半前的行为测验对于儿童阅读能力的变化并没有起到显著有效的预测作用，但是，脑成像数据能够预测阅读障碍儿童两年半后阅读成绩的进步，具体表现为：功能磁共振成像数据显示，在一个需要语音意识的阅读任务中，右脑前额叶的激活与阅读障碍儿童阅读成绩的提高呈正相关；弥散张量成像数据显示，右脑上纵束的白质完整性与阅读障碍儿童阅读成绩的提高呈显著正相关。上纵束连接着前额叶的腹外侧、顶叶和颞叶（包括了布洛卡区和威尔尼克区），该纤维束包含阅读研究中经常提到的弓状束。两个指标相结合能够较为准确地预测一个特定的阅读障碍儿童两年半后阅读成绩能否提高，预测的准确度显著高于概率水平（72% 的准确性），而利用行为指标进行预测的话，准确率只在概率水平。如果利用全脑的激活模式进行预测的话，预测的准确率可以达到90%。该研究证明，脑功能和脑结构指标可以对阅读障碍儿童的阅读成绩的提高做出较为准确的预测，在某些情况下预测未来的表现时可能要比行为指标更加准确。

　　麦克诺根等人（McNorgan et al., 2011）也对26名阅读障碍儿童（9~15岁）进行了跟踪研究。他们将9~11岁的儿童分为年幼组，将13~15岁的儿童分为年长组，发现在一项押韵判断任务中语音加工脑区（左脑额下回和基底神经节）的激活越强，年幼组儿童在6年后的阅读成绩进步越大，而进行字形加工的脑区（左脑梭状回）的激活可以解释年长组儿童6年后的阅读能力的变化，该区域的激活越强，年长组儿童6年后的阅读成绩进步越小。这可能是由于年幼组儿童的阅读发展更多受到语音敏感性的影响，年长组更多受到字形敏感性的影响，使用整字字形策略的年长儿童只能获得较小的进步。以上研究结果说明，脑神经活动指标可以在一定程度上预测儿童未来较长期（6年后）的阅读水平的变化，但是这种预测能力还会受到年龄的影响。

　　来自行为层面和神经层面的研究都找到了一些可以对阅读障碍进行有效预测的指标。那么，将行为预测和神经预测结合起来是否可以提高预测的准确性呢？有研究者使用标准化阅读行为测验、功能磁共振扫描和结构磁共振扫描，考察了一批儿童在学期初和学期末阅读中的词汇解码能力（Hoeft, Ueno et al., 2007）。结构磁共振数据显示，右脑梭状回的灰质密度、左侧颞上回和顶下回的白质密度对儿童第二次的阅读成绩起到显著的预测作用，左侧颞中回、右侧额中回、右侧梭状回后部等脑区的任务激活值也可以预测儿童未来的阅读发展。在此基础上，他们构建了一个综合预测模型，该模型控制了年龄、最初解码技能等变量可能会产生的影响，统计了来自行为和脑成像两方面的数据，结果发现：当行为指标首先进入预测模型时，除了行为指标在模型中发挥的预测作用外，脑成像指标额外提供了23%的解释贡献率；当脑成像指标先进入预测模型时，除了它在模型中的预测贡献外，行为指标也额外提供了15%的解释贡献率。这个结果说明：综合预测模型对阅读障碍患者词汇解码能力的预测效果最好，为儿童阅读能力的发展变化起到解释作用的贡献率显著大于行为、脑成像各自的独立模型，并且该模型的效度也经过了科学的检验。

综上所述，基于脑功能和结构的指标能够对阅读障碍进行较为准确的预测已经得到多个研究的检验，将来自行为和脑神经的指标结合，可能是对阅读障碍的患病风险、干预效果以及将来阅读成绩的发展变化进行预测的新趋势。

总结与展望

阅读障碍的认知神经科学研究经过几十年的发展积累了丰富的研究成果，深化了我们对阅读障碍的神经生物学基础的理解。同时，基于阅读障碍者与正常人之间脑功能和脑结构的差异开展的阅读障碍的诊断、干预和预测的研究也取得了令人兴奋的成果，表现出良好的前景。鉴于这一问题对于脑科学与教育相结合的重大价值，相信未来会有更多研究探讨这一领域。

同时，新的脑科学研究方法、脑科学与其他学科之间的交叉与融合，也将为这一领域带来新的突破性的发展。例如，图论研究方法在脑科学中的应用将使我们能够从全脑复杂网络连接的角度理解阅读障碍的神经基础，目前已经有研究进行了这方面的探索（Finn, Shen et al., 2013），未来会有更多的研究涌现。再如，分子遗传学的研究已经发现了多个与阅读障碍相关的基因，在拼音文字阅读障碍（Gayán, Smith et al., 1999；Taipale, Kaminen et al., 2003；Hornickel & Kraus, 2013；Mascheretti, Riva et al., 2014；Norton, Beach et al., 2015）

以及汉语阅读障碍（Su et al., 2015；Wang et al., 2014；Zhang et al., 2012）中均有发现。这些分子遗传学研究将为阅读障碍的诊断提供基因层面的指标。分子遗传学与影像学的结合已经形成一门新的学科遗传影像学（imaging genetics），运用该学科的研究方法将能够揭示阅读障碍的遗传特征与脑影像特征之间的联系，帮助我们更深入地理解阅读障碍，更准确、有效地开展阅读障碍的诊断、干预与预测。

摘要 Abstract

Non-invasive neuroimaging techniques provide unprecedented approaches for investigating neural mechanism of dyslexia in recent decades. A large amount of neuroimaging studies reported that dyslexics showed both structural and functional abnormalities in several specific brain regions as well as in their connectivity. Alphabetic dyslexics were mainly impaired in the occipital-parietal and occipital-temporal regions. Unlike alphabetic dyslexics, Chinese dyslexics exhibited structural or functional abnormalities mainly in the left middle frontal gyrus, intraparietal sulcus, ventromedial prefrontal cortex and right lingual gyrus, suggesting a cultural effect on the neural mechanism of dyslexia. Recently researchers started to investigate the possibility of diagnosing, intervening and predicting dyslexia based on the neuroimaging data. Preliminary results indicated that besides behavioral data, neuroimaging data can provide extra contribution to the diagnosis, intervention and prediction of dyslexia, with a relatively good accuracy and stability. These studies highlight the promising prospect of integrating neuroscience and education in the future, and may provide new idea and methodology for the educational intervention of dyslexia.

Keywords
neural mechanism, diagnosis, intervention, prediction, brain-based education

参考文献 Reference

彭聃龄, 刘丽, 丁国盛, 卢春明, 郭桃梅, 龙志颖. (2009). 基于脑的阅读障碍的诊断: 阅读障碍诊断的新视角. 前沿科学, 3(11): 85~92

尤文平. (2010). 汉语发展性阅读障碍的异质性——神经机制及干预引起的脑可塑性变化. 北京: 北京师范大学.

Altarelli, I., Monzalvo, K., Iannuzzi, S., Fluss, J., Billard, C., Ramus, F., & Dehaene-Lambertz, G. (2013). A functionally guided approach to the morphometry of occipitotemporal regions in developmental dyslexia: Evidence for differential effects in boys and girls. Journal of Neuroscience, 33(27): 11296-11301.

Black, J. M., Tanaka, H., Stanley, L., Nagamine, M., Zakerani, N., Thurston, A., . . . Hoeft, F. (2012). Maternal history of reading difficulty is associated with reduced language-related gray matter in beginning readers. Neuroimage, 59(3): 3021-3032.

Blau, V., Reithler, J., van Atteveldt, N., Seitz, J., Gerretsen, P., Goebel, R., & Blomert, L. (2010). Deviant processing of letters and speech sounds as proximate cause of reading failure: A functional magnetic resonance imaging study of dyslexic children. Brain, 133: 868-879.

Blau, V., van Atteveldt, N., Ekkebus, M., Goebel, R., & Blomert, L. (2009). Reduced neural integration of letters and speech sounds links phonological and reading deficits in adult dyslexia. Current Biology, 19(6): 503-508.

Cao, F., Bitan, T., & Booth, J. R. (2008). Effective brain connectivity in children with reading difficulties during phonological processing. Brain and Language, 107(2): 91-101.

Catani, M., & Ffytche, D. H. (2005). The rises and falls of disconnection syndromes. Brain, 128(10): 2224-2239.

Catts, H. W., et al. (2001). Estimating the risk of future reading difficulties in kindergarten children: A research-based model and its clinical implementation. Language, Speech, and Hearing Services in School, 32(1): 38-50.

Eckert, M. (2004). Neuroanatomical markers for dyslexia: A review of dyslexia structural imaging studies. Neuroscientist, 10(4): 362-371.

Eckert, M. A., Leonard, C. M., Wilke, M., Eckert, M., Richards, T., Richards, A., & Berninger, V. (2005). Anatomical signatures of dyslexia in children: Unique information from manual and voxel based morphometry brain measures. Cortex, 41(3): 304-315.

Eden, G. F., et al. (2004). Neural changes following remediation in adult developmental dyslexia. Neuron, 44(3): 411-422.

Finn, E. S., Shen, X., Holahan, J. M., Scheinost, D., Lacadie, C., Papademetris, X., . . . Constable, R. T. (2013). Disruption of functional networks in dyslexia: A whole-brain, data-driven analysis of connectivity. Biological Psychiatry, 76(5):397-404.

Fletcher, J. M., et al. (1994). Cognitive profiles of reading disability: Comparisons of discrepancy and low achievement definitions. Journal of Educational Psychology, 86(1): 6.

Frankenberger, W., & Harper, J. (1987). States' criteria and procedures for identifying learning disabled children: A comparison of 1981/82 and 1985/86 guidelines. Journal of Learning Disabilities. 20(2): 118-121.

Frye, R. E., Liederman, J., Hasan, K. M., Lincoln, A., Malmberg, B., McLean, J., 3rd, & Papanicolaou, A. (2011). Diffusion tensor quantification of the relations between microstructural and macrostructural indices of white matter and reading. Human Brain Mapping, 32(8): 1220-1235.

Fuchs, D., et al. (2003). Responsiveness-to-intervention: Definitions, evidence, and implications for the learning disabilities construct. Learning Disabilities Research & Practice, 18(3): 157-171.

Galaburda, A., & Livingstone, M. (1993). Evidence for a magnocellular defect in developmental dyslexia. Annals of the New York Academy of Sciences, 682: 70-82.

Gayán, J., et al. (1999). Quantitative-trait locus for specific language and reading deficits on chromosome 6p. American Journal of Human Genetics, 64(1): 157-164.

Golland, P., et al. (2002). Discriminative analysis for image-based studies. Medical Image Computing and Computer-Assisted Intervention—MICCAI 2002. London: Springer, 508-515

Ho, C. S., Chan, D. W., Tsang, S. M., & Lee, S. H. (2002). The cognitive profile and multiple-deficit hypothesis in Chinese developmental dyslexia. Developmental Psychology, 38(4): 543-553.

Hoeft, F., Hernandez, A., McMillon, G., Taylor-Hill, H., Martindale, J. L., Meyler, A., . . . Gabrieli, J. D. (2006). Neural basis of dyslexia: A comparison between dyslexic and nondyslexic children equated for reading ability. Journal of Neuroscience, 26(42), 10700-10708.

Hoeft, F., et al. (2007). Prediction of children's reading skills using behavioral, functional, and structural neuroimaging measures. Behavioral Neuroscience, 121(3): 602.

Hoeft, F., McCandliss, B. D., Black, J. M., Gantman, A., Zakerani, N., Hulme, C., . . . Gabrieli, J. D. (2011). Neural systems predicting long-term outcome in dyslexia. Proceedings of the National Academy of Sciences, 108(1): 361-366.

Hoeft, F., Meyler, A., Hernandez, A., Juel, C., Taylor-Hill, H., Martindale, J. L., . . . Gabrieli, J. D. (2007). Functional and morphometric brain dissociation between dyslexia and reading ability. Proceedings of the National Academy of Sciences, 104(10): 4234-4239.

Hornickel, J. & Kraus, J. (2013). Unstable representation of sound: A biological marker of dyslexia. Journal of Neuroscience, 33(8): 3500-3504.

Horwitz, B., Rumsey, J. M., & Donohue, B. C. (1998). Functional connectivity of the angular gyrus in normal reading and dyslexia. Proceedings of the National Academy of Sciences, 95(15): 8939-8944.

Hosseini, S. M., Black, J. M., Soriano, T., Bugescu, N., Martinez, R., Raman, M. M., . . . Hoeft, F. (2013). Topological properties of large-scale structural brain networks in children with familial risk for reading difficulties. Neuroimage, 71: 260-274.

Hu, W., Lee, H. L., Zhang, Q., Liu, T., Geng, L. B., Seghier, M. L., . . . Price, C. J. (2010). Developmental dyslexia in Chinese and English populations: Dissociating the effect of dyslexia from language differences. Brain, 133(6): 1694-1706.

Im, K., Lee, J. M., Seo, S. W., Yoon, U., Kim, S. T., Kim, Y. H., . . . Na, D. L. (2008). Variations in cortical thickness with dementia severity in Alzheimer's disease. Neuroscience Letters, 436(2): 227-231.

Kapellou, O., Counsell, S. J., Kennea, N., Dyet, L., Saeed, N., Stark, J., . . . Edwards, A. D. (2006). Abnormal cortical development after premature birth shown by altered allometric scaling of brain growth. PLoS Med, 3(8): e265.

Kawasaki, Y., et al. (2007). Multivariate voxel-based morphometry successfully differentiates schizophrenia patients from healthy controls. Neuroimage, 34(1): 235-242.

Keller, T. A. & Just, M. A. (2009). Altering cortical connectivity: Remediation-induced changes in the white matter of poor readers. Neuron, 64(5): 624-631.

Koyama, M. S., et al. (2013). Cortical signatures of dyslexia and remediation: An intrinsic functional connectivity approach. PLoS One, 8(2): e55454.

Kronbichler, M., Wimmer, H., Staffen, W., Hutzler, F., Mair, A., & Ladurner, G. (2008). Developmental dyslexia: Gray matter abnormalities in the occipitotemporal cortex. Human Brain Mapping, 29(5): 613-625.

Kuo, L. J., & Anderson, R. C. (2006). Morphological awareness and learning to read: A cross-language perspective. Educational Psychologist, 41(3): 161-180.

Lei, L., Pan, J., Liu, H., McBride-Chang, C., Li, H., Zhang, Y., . . . Shu, H. (2011). Developmental trajectories of reading development and impairment from ages 3 to 8 years in Chinese children. Journal of Child Psychology and Psychiatry, 52(2): 212-220.

Liu, L., Tao, R., Wang, W., You, W., Peng, D., & Booth, J. R. (2013). Chinese dyslexics show neural differences in morphological processing. Developmental Cognitive

Neuroscience, 6: 40-50.

Liu, L., Vira, A., Friedman, E., Minas, J., Bolger, D., Bitan, T., & Booth, J. (2010). Children with reading disability show brain differences in effective connectivity for visual, but not auditory word comprehension. PLoS One, 5(10): e13492.

Liu, L., Wang, W., You, W., Li, Y., Awati, N., Zhao, X., . . . Peng, D. (2012). Similar alterations in brain function for phonological and semantic processing to visual characters in Chinese dyslexia. Neuropsychologia, 50(9): 2224-2232.

Liu, L., You, W., Wang, W., Guo, X., Peng, D., & Booth, J. (2013). Altered brain structure in Chinese dyslexic children.Neuropsychologia, 51(7): 1169-1176.

Lyytinen, H., et al. (2001). Developmental pathways of children with and without familial risk for dyslexia during the first years of life. Developmental neuropsychology, 20(2): 35-554.

Lyytinen, H., et al. (2004). The development of children at familial risk for dyslexia: Birth to early school age. Annals of dyslexia, 54(2): 184-220.

Lyytinen, H., et al. (2006). Trajectories of reading development: A follow-up from birth to school age of children with and without risk for dyslexia. Merrill-Palmer Quarterly, 52(3): 514-546.

ascheretti, S., et al. (2014). *KIAA0319* and *ROBO1*: Evidence on association with reading and pleiotropic effects on language and mathematics abilities in developmental dyslexia. Journal of Human Genetics, 59(4): 189-197.

McNorgan, C., et al. (2011). Prediction of reading skill several years later depends on age and brain region: Implications for developmental models of reading. Journal of Neuroscience, 31(26): 9641-9648.

Meng, X., et al. (2014). Reading performance is enhanced by visual texture discrimination training in Chinese-speaking children with developmental dyslexia. PLoS One, 9(9): e108274.

Norton, E. S., et al. (2015). Neurobiology of dyslexia. Current Opinion in Neurobiology, 30: 73-78.

Panizzon, M. S., Fennema-Notestine, C., Eyler, L. T., Jernigan, T. L., Prom-Wormley, E., Neale, M., . . .Kremen, W. S. (2009). Distinct genetic influences on cortical surface area and cortical thickness. Cereral Cortex, 19(11): 2728-2735.

Paulesu, E., Demonet, J. F., Fazio, F., McCrory, E., Chanoine, V., Brunswick, N., . . . Frith, U. (2001). Dyslexia: Cultural diversity and biological unity. Science, 291(5511): 2165-2167.

Perfetti, C. A., Liu, Y., & Tan, L. H. (2005). The lexical constituency model: Some implications of research on Chinese for general theories of reading. Annual Review of Psychology, 112(1): 43-59.

Pugh, K. R., Mencl, W. E., Shaywitz, B. A., Shaywitz, S. E., Fulbright, R. K., Constable, R. T., . . . Gore, J. C. (2000). The angular gyrus in developmental dyslexia: Task-specific differences in functional connectivity within posterior cortex. Psychological Science, 11(1): 51-56.

Quaglino, V., Bourdin, B., Czternasty, G., Vrignaud, P., Fall, S., Meyer, M. E., . . . de Marco, G. (2008). Differences in effective connectivity between dyslexic children and normal readers during a pseudoword reading task: An fMRI study. Clinical Neurophysiology, 38(2): 73-82.

Ramus, F. (2003). Developmental dyslexia: Specific phonological deficit or general sensorimotor dysfunction? Current Opinion in Neurology, 13(2): 212-218.

Richards, T. L. and V. W. Berninger (2008). Abnormal fMRI connectivity in children with dyslexia during a phoneme task: Before but not after treatment. Journal of Neurolinguistics, 21(4): 294-304.

Richlan, F., Kronbichler, M., & Wimmer, H. (2009). Functional abnormalities in the dyslexic brain: A quantitative meta-analysis of neuroimaging studies. Human Brain Mapping, 30(10): 3299-3308.

Richlan, F., Kronbichler, M., & Wimmer, H. (2011).Meta-analyzing brain dysfunctions in dyslexic children and adults. Neuroimage, 56(3): 1735-1742.

Richlan, F., Kronbichler, M., &Wimmer, H. (2013). Structural abnormalities in the dyslexic brain: A meta-analysis of voxel-based morphometry studies. Human Brain Mapping, 34(11): 3055-3065.

Saygin, Z. M., Norton, E. S., Osher, D. E., Beach, S. D., Cyr, A. B., Ozernov-Palchik, O., . . . Gabrieli, J. D. (2013). Tracking the roots of reading ability: White matter volume and integrity correlate with phonological awareness in prereading and early-reading kindergarten children. Journal of Neuroscience, 33(33): 13251-13258.

Shaw, P., Kabani, N. J., Lerch, J. P., Eckstrand, K., Lenroot, R., Gogtay, N., . . . Wise, S. P. (2008). Neurodevelopmental trajectories of the human cerebral cortex. Journal of Neuroscience, 28(14): 3586-3594.

Shaywitz, B. A., Shaywitz, S. E., Pugh, K. R., Mencl, W. E., Fulbright, R. K., Skudlarski, P., . . . Gore, J. C. (2002). Disruption of posterior brain systems for reading in children with developmental dyslexia.Biological Psychiatry, 52(2): 101-110.

Shaywitz, B. A., et al. (1995). A Matthew effect for IQ but not for reading: Results from a longitudinal study. Reading Research Quarterly, 30(4): 894-906.

Shaywitz, B. A., et al. (2004). Development of left occipitotemporal systems for skilled reading in children after a phonologically-based intervention. Biological Psychiatry, 55(9): 926-933.

Shaywitz, S. E. (1998). Dyslexia.The New England Journal of Medicine, 338(5):

307-312.

Shaywitz, S. E., & Shaywitz, B. A. (2005).Dyslexia (specific reading disability). Biological Psychiatry, 57(11): 1301-1309.

Shaywitz, S. E., Shaywitz, B. A., Fulbright, R. K., Skudlarski, P., Mencl, W. E., Constable, R. T., . . . Gore, J. C. (2003). Neural systems for compensation and persistence: Young adult outcome of childhood reading disability. Biological Psychiatry, 54(1): 25-33.

Shaywitz, S. E., Shaywitz, B. A., Pugh, K. R., Fulbright, R. K., Constable, R. T., Mencl, W. E., . . . Gore, J. C. (1998). Functional disruption in the organization of the brain for reading in dyslexia. Proceedings of the National Academy of Sciences, 95(5): 2636-2641.

Shinkareva, S. V., et al. (2006). Classification of functional brain images with a spatio-temporal dissimilarity map. Neuroimage, 33(1): 63-71.

Siegel, L. S. (1988). Evidence that IQ scores are irrelevant to the definition and analysis of reading disability. Canadian Journal of Psychology, 42(2): 201.

Silani, G., Frith, U., Demonet, J. F., Fazio, F., Perani, D., Price, C., . . .Paulesu, E. (2005). Brain abnormalities underlying altered activation in dyslexia: A voxel based morphometry study. Brain, 128(10): 2453-2461.

Simos, P. G., et al. (2007). Intensive instruction affects brain magnetic activity associated with oral word reading in children with persistent reading disabilities. Journal of Learning Disabilities, 40(1): 37-48.

Siok, W. T., Niu, Z., Jin, Z., Perfetti, C. A., & Tan, L. H. (2008).A structural-functional basis for dyslexia in the cortex of Chinese readers.Proceedings of the National Academy of Sciences, 105(14): 5561-5566.

Siok, W. T., Perfetti, C. A., Jin, Z., & Tan, L. H. (2004). Biological abnormality of impaired reading is constrained by culture. Nature, 431(7004): 71-76.

Siok, W. T., Spinks, J. A., Jin, Z., & Tan, L. H. (2009). Developmental dyslexia is characterized by the co-existence of visuospatial and phonological disorders in Chinese children. Current Biology, 19(19): 890-892.

Song, S., et al. (2014).Tracing children's vocabulary development from preschool through the school-age years: An 8-year longitudinal study.Developmental science,18(1): 119-131.

Sowell, E. R., Thompson, P. M., Leonard, C. M., Welcome, S. E., Kan, E., & Toga, A. W. (2004). Longitudinal mapping of cortical thickness and brain growth in normal children. Journal of Neuroscience, 24(38): 8223-8231.

Stanovich, K. E. and L. S. Siegel (1994). Phenotypic performance profile of children with reading disabilities: A regression-based test of the phonological-core variable-difference model. Journal of Educational Psychology, 86(1): 24.

Stein, J. (2001). The magnocellular theory of developmental dyslexia.Dyslexia, 7(1): 12-36.

Steinbrink, C., Vogt, K., Kastrup, A., Muller, H. P., Juengling, F. D., Kassubek, J., & Riecker, A. (2008). The contribution of white and gray matter differences to developmental dyslexia: insights from DTI and VBM at 3.0 T. Neuropsychologia, 46(13): 3170-3178.

Su, M., Wang, J., Maurer, U., Zhang, Y., Li, J., McBride, C., . . . Shu, H. (2015). Gene-environment interaction on neural mechanisms of orthographic processing in Chinese children. Journal of Neurolinguistics, 33： 172-186.

Sun, Y., et al. (2014). Association study of developmental dyslexia candidate genes *DCDC2* and *KIAA0319* in Chinese population. American Journal of Medical Genetics Part B: Neuropsychiatric Genetics, 165(8): 627-634.

Tan, L. H., Laird, A. R., Li, K., & Fox, P. T. (2005). Neuroanatomical correlates of phonological processing of Chinese characters and alphabetic words: A meta-analysis. Human Brain Mapping, 25(1): 83-91.

Tan, L. H., Spinks, J. A., Eden, G. F., Perfetti, C. A., & Siok, W. T. (2005). Reading depends on writing, in Chinese. Proceedings of the National Academy of Sciences, 102(24): 8781-8785.

Taipale, M., et al. (2003). A candidate gene for developmental dyslexia encodes a nuclear tetratricopeptide repeat domain protein dynamically regulated in brain. Proceedings of the National Academy of Sciences, 100(20): 11553-11558.

Tanaka, H., et al. (2011). The brain basis of the phonological deficit in dyslexia is independent of IQ. Psychological Science, 22(11): 1442-1451.

Temple, E., et al. (2003). Neural deficits in children with dyslexia ameliorated by behavioral remediation: Evidence from functional MRI. Proceedings of the National Academy of Sciences, 100(5): 2860-2865.

van der Mark, S., Klaver, P., Bucher, K., Maurer, U., Schulz, E., Brem, S., . . . Brandeis, D. (2011). The left occipitotemporal system in reading: Disruption of focal fMRI connectivity to left inferior frontal and inferior parietal language areas in children with dyslexia. Neuroimage, 54(3): 2426-2436.

Wagner, R. K., & Torgesen, J. K. (1987).The nature of phonological processing and its causal role in the acquisition of reading-skills. Psychological Bulletin, 101(2): 192-212.

Wang, G., Zhou, Y., Gao, Y., Chen, H., Xia, J., Xu, J., . . . Tan, L. (2014). Association of specific language impairment candidate genes *CMIP* and *ATP2C2* with developmental dyslexia in Chinese population. Journal of Neurolinguistics, 33: 163-171.

Yeatman, J. D., Dougherty, R. F., Ben-Shachar, M., &Wandell, B. A. (2012). Development of white matter and reading skills.Proceedings of the National Academy of Sciences, 109(44): 3045-3053.

Yoon, U., et al. (2007). Pattern classification using principal components of cortical thickness and its discriminative pattern in schizophrenia. Neuroimage, 34(4): 1405-1415.

Zhang, C., Zhang, J., & Zhou, J. (1998).A study of cognitive profiles of Chinese learners' reading disability. Acta Psychologica Sinica, 30(1): 50-56.

Zhang, L., et al. (2005). Machine learning for clinical diagnosis from functional magnetic resonance imaging. Computer Vision and Pattern Recognition, 1: 1211-1217.

Zhang, Y., Li, J., Tardif, T., Burmeister, M., Villafuerte, S. M., McBride-Chang, C., . . . Zhang, Z. (2012). Association of the *DYX1C1* dyslexia susceptibility gene with orthography in the Chinese population.PLoS One, 7(9): e42969.

Zhou, X., & Marslen-Wilson, W. (1994). Words, morphemes and syllables in the Chinese mental lexicon. Language and Cognitive Processes, 9(3): 393-422.

Zhou, X., & Marslen-Wilson, W. (1995).Morphologid structure in the Chinese mental lexicon.Language and Cognitive Processes, 10(6): 545-600.

第二部分

阅读脑加工的实验研究

PART **02**

[第 5 章]

阅读障碍与语言敏感
——阅读障碍儿童的行为和脑电研究

Role of Categorical Perception of Lexical Tones
in the Early Reading Development of Chinese
Children

[中国] 张林军（Linjun Zhang）[1]
[中国] 舒　华（Hua Shu）[2]
[中国] 姜　薇（Wei Jiang）[3]
[中国] 张亚静（Yajing Zhang）[4]

1　北京语言大学语言科学院
2　北京师范大学认知神经科学与学习国家重点实验室
3　中国民用航空局民用航空医学中心
4　河北师范大学教育学院

　　研究通过两个相对独立的实验，考察了汉语普通话儿童声调范畴化知觉和早期阅读发展之间的关系。实验一对5~7岁正常儿童的研究发现：声调范畴化知觉和语音意识随年龄增加显著提高，声调范畴化知觉能力与韵母意识和音节意识显著相关，但与汉字识别不相关。实验二对10岁正常儿童和阅读障碍儿童的研究发现：阅读障碍儿童声调范畴化识别曲线的斜率和对范畴间／范畴内偏差刺激的脑电失匹配反应都存在异常，但无论是脑电失匹配反应，还是识别曲线的斜率，都与汉字识别的相关不显著。研究结果表明：声调范畴化知觉不直接影响汉字识别，其对儿童早期阅读的影响是通过语音意识的中介来实现的。

焦点阅读

- 声调范畴化知觉是否以及如何影响儿童早期的阅读发展？声调范畴化知觉能力与语音意识显著相关，但与汉字识别不相关；　脑电失匹配反应与汉字识别的相关不显著；　声调范畴化知觉不直接影响汉字识别，其对儿童早期阅读的影响通过语音意识的中介实现。

关 键 词

声调范畴化感知，语音意识，脑电失匹配负波，阅读障碍，早期阅读

引　言

声调范畴化知觉及其发展

　　语音知觉的范畴化（categorical perception，CP）是指连续的语音变化被感知为离散的、数量有限的范畴，即音位。人们对同一范畴内的语音差别难以区分，而对范畴间的差异非常敏感（Liberman et al.，1957，1967）。语音范畴化知觉的早期研究主要集中在嗓音启动时间（voice onset time，VOT）和第二共振峰过渡（F2 transition）两个重要的辅音特征上：前者是区分辅音清／浊和送气／不送气的主要特征，后者则是区分塞音发音部位的主要特征。研究发现，辅音知觉具有很强的范畴化，元音知觉则具有一定的连续性（Liberman et al.，1961；Fry et al.，1962；Diehl et al.，2004）。声调知觉是范畴化的还是连续性的结论一直不明确，因为数量有限的几项研究的结果并不一致。例如，艾布拉姆森（Abramson，1979）对泰语三个高低型声调的研究发现，泰语被试对所有连续体的区分率基本相同，区分函数并没有出现明显的峰值，因此他认为声调的感知是连续性的而非范畴化的。另有研究者对汉语普通话阴平和阳平两个声调的研究却发现区分曲线出现了明显的高峰，显示出显著的范畴化知觉特征（Wang，1976）。最近十年，超音段特征的感知规律越来越受到关注，声调范畴化感知逐渐成为其中的一个热点问题。弗朗西斯等人（Francis et al., 2003）认为，前两个研究有一个很大的不同之处：前者使用的泰语声调只包含音高高度（pitch height）的变化，而后者使用的汉语声调包含音高曲线（pitch contour）的变化，两者的不同结果可能是由使用的声调在音高模式上的差异造成的。因此，他使用的实验材料既包括音高高度不同的声调对，也包括音高曲线变化的声调对，结果发现对前者的感知是连续性的而对后者的感知是范畴化的。这一研究结果证明了音高曲线变化对声调范畴化知觉具有决定性作用，并在之后进行的多项行为（Hallé et al., 2004；Xu et al., 2006）、脑电（Xi et al., 2010；Zhang et al., 2012）和脑成像（Zhang et al., 2011）实验中得到了证实。上述研究表明：因为普通话中只有一个高平调，任意两个声调组合都只能形成有音高曲线变化的声调对，所以普通话声调的知觉是范畴化的。

语音范畴化知觉的形成和语言经验密切相关：新生儿既可以区分母语的音位，也可以区分非母语的音位，但1岁左右的婴儿就会形成和母语音位系统相适应的范畴化知觉能力，即只能区分母语音位的区别性特征，而对非母语音位的范畴化知觉能力会大大降低（Kuhl, 2000, 2004）。但是，婴儿的这种范畴化知觉能力和成人模式相比存在明显差别。某些语音特征的范畴化知觉能力，在儿童进入学龄期甚至青春期后仍然落后于成人（Elliott et al., 1981；Heeren, 2005）。例如，弗利奇和伊夫廷（Flege & Eefting, 1986）考察了9～17岁青少年的语音范畴化知觉能力，发现在不同年龄段，VOT的范畴知觉边界不断变化，即使17岁青年的范畴边界和成人相比依然不同；哈赞和巴雷特（Hazan & Barrett, 2000）对6～12岁儿童和正常成人的研究也发现代表范畴化知觉能力的重要指标——识别曲线的斜率——随年龄的增长而逐渐增大，但12岁儿童的知觉能力仍然没有达到成人水平。汉语各类语音特征范畴化知觉特别是儿童范畴化知觉发展模式方面的研究很少，直到近几年才开始有研究关注。刘等人（Liu et al.，2009）对小学三年级到五年级儿童 VOT 的范畴化知觉研究发现，即使是五年级儿童，识别曲线的斜率也要显著低于成人，说明普通话儿童 VOT 的范畴化知觉化能力需要一个较长的发展过程。席洁等人（2009）比较了5~7岁普通话儿童声调和 VOT 的范畴化知觉，发现这两个不同语音特征的范畴化知觉能力存在不同的发展模式，声调可能早于 VOT 形成类似于成人的范畴化知觉能力。

语音范畴化知觉和阅读能力的关系

语音范畴化知觉在儿童早期口语发展过程中具有重要作用，但范畴化知觉与阅读能力发展之间的关系却存在不同观点。目前的研究主要是围绕两个问题进行的：一是语音知觉与语音意识之间存在何种关系；二是语音知觉与阅读之间是否具有直接联系。研究者在采用行为任务的同时，越来越多地借助于神经影像技术，探讨各种语音加工能力和阅读能力之间的关系。

语音意识是对各种语音单位（音节、辅音、元音和声调等）进行分析和操作的能力。大量研究发现，语音意识是影响阅读的一个重要因素，即使是采用非拼音文字的汉语也是如此（Wagner et al.，1994；Shu et al.，2008）。而对于语音范畴化知觉和语音意识的关系，存在两种截然不同的假设：一种观点认为，语音意识的发展依赖良好的范畴化知觉能力，因为语音意识任务大都包括对声音加工技能的测量，在这个过程中，语音刺激会被自动识别为不同的音位类别（Gibbs，1996）；相反的观点则认为，语音意识和语音知觉各自存在独立的发展轨迹，两者之间没有明确的联系（Burnham，1986）。

　　阅读是把书面文字与口语词汇的语音形式相结合的过程，而语音知觉是听觉词汇获得的基础，那么语音知觉与阅读能力的发展之间是否存在直接关系？一种观点认为语音范畴化知觉与早期阅读技能的形成有着密切的关系（Adams，1990；Goswami，2002）。研究发现，阅读障碍和阅读困难儿童存在范畴化知觉缺陷，表现为对范畴连续体的识别缺少一致性，识别函数有更浅的坡度，范畴边界的分辨率更低等（Godfrey et al.，1981；Bogliotti et al.，2008；Vandewalle et al.，2013）。　脑电研究也得到了类似结果，表现为阅读障碍儿童没有表现出正常儿童区分范畴间和范畴内刺激时失匹配负波（MMN）波幅的差异（Kraus et al.，1996；Schulte-Körne et al.，1998；Näätänen et al.，2007；Zhang，et al.，2012）。此外，一项对正常儿童的追踪研究也发现，幼儿园时期听觉频率识别、语音知觉缺陷可以作为预测三年级时阅读成绩的指标；即便在控制了后期语音意识、词汇知识等因素后，语音知觉仍然可以独立预测儿童的阅读能力（Boets et al.，2011）。但是，也有一些行为和神经影像研究没有发现语音知觉缺陷对阅读障碍的作用（Snowling et al.，1986；Pennington et al.，1990；Paul et al.，2006）。这些研究者认为，语音知觉与阅读之间并没有逻辑上的必然联系，而且具备良好范畴化知觉能力的儿童在阅读时仍然可能面临不可回避的困难（McBride-Chang，1995）。马尼斯等人（Manis et al.，1997）依据阅读障碍儿童是否存在明显的语音意识困难将其分成两组，结果发现只有语音意识缺陷组范畴化知觉的识别函数斜率与控制组之间存在显著差异，这在之后的很多研究中得到了证实（Joanisse et al.，2000；Ramus et al.，2003；Liu et al.，2009；刘文理，等，2010）。这些研究表明，语音范畴化知觉和阅读之间可能并没有直接关系，它对阅读的作用主要是通过对语音意识的影响来实现的。

综上所述，已有的研究虽然从不同角度考察了语音知觉和语音意识在儿童早期阅读发展中的作用，但是语音范畴化知觉和早期阅读的关系仍不明确。首先，语音知觉既可能直接影响阅读，也可能通过语音意识的中介间接影响阅读，两者之间的关系到底如何需要更多研究的检验。其次，上述研究大多是通过阅读障碍和正常儿童群体的对比来探讨语音知觉对阅读的作用的，在正常发展的儿童群体中探讨语音范畴化知觉、语音意识和阅读发展关系的研究还很少。如果能同时考察不同年龄段的正常和阅读障碍儿童群体，显然可以为相关问题提供更多证据。再次，绝大多数研究关注的是西方拼音文字体系，而汉语语音和正字法都具有自己的特点。在语音方面，声调是最显著的特征，那么，汉语儿童的语音特别是声调的范畴化知觉与阅读之间存在着怎样的关系？是否是预测儿童早期阅读能力的一个指标？这正是本研究所关注的主要问题。最后，早期研究多采用行为任务的识别曲线斜率作为语音范畴化知觉能力的指标，但外显的行为任务容易受到注意、动机、决策等主观因素的影响，很难真正纯粹地反映语音范畴化知觉的加工过程。听觉 MMN 这一脑电成分因为能够很好地反映前注意阶段的自动化加工而在语音知觉研究领域受到越来越广泛的应用，本研究也将尝试在行为研究的基础上，以 MMN 为声调范畴化知觉能力的指标。

本研究包括两个相对独立的实验：实验一以5～7岁的3组正常儿童为研究对象，实验二以10岁的正常和阅读障碍儿童为研究对象，测查了语音范畴化知觉、语音意识和汉字识别，并通过群体差异比较和分层回归探讨语音范畴化知觉、语音意识和早期阅读的关系。其中，对10岁阅读障碍和正常儿童声调范畴化知觉能力的考察既采用了传统的行为任务指标，也采用了 MMN 这一脑电指标。

5~7岁正常儿童的研究

研究方法

被　试

北京市某普通幼儿园和普通小学的172名儿童，母语均为普通话；其中5岁组66人（男33人，女33人），6岁组61人（男31人，女30人），7岁组45人（男28人，女17人）。3组儿童的平均年龄分别为5.50岁、6.42岁、7.50岁。

测试任务

（1）语音范畴化知觉测验

语音范畴化知觉测验包括 VOT知觉和声调知觉2个子测验。语音连续体使用 Klatt合成器制作：VOT连续体包括10个音节，每个音节的长度都是290 ms，VOT长度为0~90 ms，且以10 ms 的步长递增，即从 0 ms 的不送气辅音 /pá/的端点值逐步线性变化到90 ms 送气辅音范畴 /phá/；声调连续体包括10个音节，每个音节的长度都是270 ms，起始基频频率以6.2 Hz 的步长逐渐从204.8 Hz 降低到149.2 Hz，即从 /māo/到 /máo/。

2个子测验均采用范畴化知觉的经典任务范式——识别任务。每个测试均包括练习和正式测试。练习时呈现2个端点刺激，要求儿童识别所听到的音，主试给予反馈以确保儿童正确理解实验要求。正式测试时，连续体的10个刺激分别呈现4次，共组成40个项目，要求儿童判断单独呈现的每一个刺激是 /pá/ 还是 /phá/ 或者是 /māo/ 还是 /máo/，并根据屏幕上呈现的图片进行选择。测试中使用两张图片代表两个备选答案，实验过程中在屏幕上一直呈现，以最大限度地减小记忆负担。同时，在实验过程中增加休息时间和休息次数，使儿童保持注意力集中。使用逻辑回归的方法将每个刺激系列点的平均数生成一个斜率值，以此作为语音范畴化知觉能力的指标。

（2）语音短时记忆测验

参考儿童韦氏记忆数字广度测试的范式，以每秒1个数字的速度向儿童听觉呈现数字串，要求儿童按照听到的顺序重复。数字串的长度随着数字个数的增加而增加。儿童完全说对计为1分，否则为0分。最终计算所有正确项目的百分数。

（3）语音意识测验

语音意识测验包括4个相对独立的子测验，分别考察音节、声母、韵母、声调的加工，是测查汉语儿童语音意识常用的测试方式（Shu et al.，2008；李虹，舒华，2009）。具体测试内容和方法如下所示。

①音节删除任务包括两音节和三音节刺激，要求儿童删除其中的一个音节并报告出剩下的部分。共4个练习和20个实验项目，含8个双字词和12个三字词，其中真词和假词分别为8个和12个。每题1分，最后计算正确报告的百分数。

②韵母识别采用适合年幼儿童的迫选任务，呈现儿童熟悉的物体线条画作为材料，每个测试有3个图，语义不相关。儿童首先听到图片名称，同时看到相应的图片，然后需要从2个选项中选出韵母与目标项一样的那个。测验包括2个练习和12个测试项目，前8个项目目标项和2个选项的声调相同，声母不同，后4个项目目标项和选项的声母不同，声调也不同。每题1分，最后计算正确选择的百分数。

③声母识别采用同韵母识别相似的范式。要求儿童从2个选项中选出声母与目标项一样的那个。测验包括2个练习和12个测试项目，目标项和2个给出选项的声调相同，韵母不同。每题1分，最后计算正确选

择的百分数。

④声调识别采用同韵母识别、声母识别相似的范式。要求儿童从2个选项中选出声调与目标项一样的那个。测验包括2个练习和12个测试项目，前8个项目目标项和2个选项的声母不同、韵母相同，后4个项目目标项和给出选项的声母、韵母均不同。最后计算正确选择的百分数。

（4）汉字识别测验

视觉呈现汉字，每页5个汉字，30页，共150个汉字。要求儿童读出他们认识的汉字，考察儿童的识字量。所有项目从易到难排列，连续3页答错即停止。记录儿童能够正确识读的题数，每题1分，最后计算正确识别的百分比。

结　果

儿童语音能力和阅读的发展

表5-1列出了各变量的描述性统计结果及以语音短时记忆、语音范畴化知觉、语音意识和阅读的成绩作为因变量，以年龄作为自变量进行单因素组间方差分析的结果。

表 5-1　各项测试成绩的平均值（标准差）及方差分析结果

测验	5 岁组	6 岁组	7 岁组	F
短时记忆	0.60(0.15)	0.65(0.18)	0.68(0.15)	2.92*
VOT 知觉	0.51(0.22)	0.55(0.15)	0.58(0.18)	1.75
声调知觉	0.59(0.11)	0.62(0.13)	0.64(0.08)	3.12*
音节删除	0.58(0.27)	0.65(0.26)	0.87(0.14)	21.10**
韵母识别	0.65(0.20)	0.69(0.19)	0.88(0.15)	20.53**
声母识别	0.59(0.16)	0.68(0.18)	0.85(0.17)	30.26**
声调识别	0.63(0.20)	0.65(0.18)	0.82(0.14)	19.01**
汉字识别	0.09(0.11)	0.13(0.12)	0.42(0.13)	110.60**

注：* $p < 0.05$，** $p < 0.01$。

进一步进行两两多重比较发现：语音短时记忆只表现出 7 岁组儿童显著好于 5 岁组儿童；VOT 知觉各组间差异均不显著，但声调知觉 6 岁组和 7 岁组均优于 5 岁组；音节删除、声母识别随年龄增加有明显发展，7 岁组显著优于 6 岁组，6 岁组显著优于 5 岁组；韵母识别、声调识别 7 岁组显著优于 6 岁组和 5 岁组；汉字识别随年龄增加有明显提高，7 岁组显著优于 6 岁组，6 岁组显著优于 5 岁组。

语音范畴化知觉、语音短时记忆、语音意识和阅读的相关分析

表 5-2 描述了在控制了年龄之后，5~7 岁儿童总体在各个任务上的偏相关。汉字识别与语音意识各项测试都具有较高的相关，而与语音范畴化知觉以及语音短时记忆的相关都不显著。短时记忆与语音知觉以及音节水平的语音意识测验呈正相关。语音知觉与语音意识中音节水平、韵母水平的测验存在一定正相关，达到边缘显著。

表 5-2　控制年龄后各测验成绩的偏相关

	1	2	3	4	5	6	7
1. 短时记忆	—						
2. VOT 知觉	0.23^{**}	—					
3. 声调知觉	0.20^{**}	0.30^{***}	—				
4. 音节删除	0.48^{***}	0.18^{*}	$0.16^{\#}$	—			
5. 韵母识别	0.12	$0.16^{\#}$	$0.15^{\#}$	0.36^{***}	—		
6. 声母识别	-0.02	0.12	0.05	0.31^{***}	0.51^{***}	—	
7. 声调识别	0.00	0.13	0.08	0.38^{***}	0.31^{***}	0.36^{***}	—
8. 汉字识别	0.09	0.12	0.07	0.42^{***}	0.36^{***}	0.25^{**}	0.34^{***}

注：$*p<0.05$，$**p<0.01$，$***p<0.001$，$\#p<0.10$。

语音范畴化知觉、语音短时记忆、语音意识对阅读影响的回归分析

为了考察语音意识、语音范畴化知觉、语音短时记忆对阅读的作用，以汉字识别为因变量，运用分层回归分析的方法将自变量分步骤进入方

程。第一步，让年龄和短时记忆进入，结果显示它们能解释54%的汉字识别变异，同时这些变异大部分是由年龄因素解释的，短时记忆的作用没有达到显著性水平；第二步，让语音范畴化知觉的2个任务（声调知觉和VOT知觉）进入方程，这2个任务一起解释汉字识别另外0.2%的变异；第三步，让语音意识的4个任务（音节删除、韵母识别、声调识别、声母识别）一起进入，这些任务解释了方程额外8.5%的变异，非常显著，这说明语音意识可以独立预测汉字识别，其中语音意识中音节删除、韵母识别具有较好的预测性。分层回归的结果见表5-3。

表5-3　以早期汉字识别为因变量的分层回归分析

进入方程的顺序和变量	ΔR^2
第一步：短时记忆、年龄	0.536**
第二步：VOT范畴化知觉、声调范畴化知觉	0.002
第三步：音节删除、韵母识别、声调识别、声母识别	0.085**

注：**$p<0.01$。

结构方程模型

进一步采用结构方程模型（structural equation modelling，SEM）的研究方法，探索儿童早期汉字识别和语音相关能力的相互关系。在语音知觉、语音意识和儿童早期汉字识别的阅读模型中，我们对两个关系特别感兴趣。一个是语音知觉与语音意识和阅读的关系，另一个关系是短时记忆对语音知觉的作用。有研究发现，语音知觉不能直接作用于阅读，它对阅读的作用是通过语音意识的中介作用实现的（McBride-Chang，1996；Zhang & McBride-Chang，2010）。在这样的理论预期下，我们构建了5个模型。模型1假设语音意识、语音知觉、语音短时记忆单独作用于早期汉字识别；模型2假设短时记忆作用于语音知觉，从而影响早期汉字识别；模型3假设语音知觉通过语音意识作用于早期汉字识别；模型4假设短时记忆作用于语音知觉，语音知觉通过语音意识作用于早期汉字识别；模型5假设短时记忆作用于语音知觉和语音意识，语音知觉通过语音意识作用于阅读。

表5-4描述了各个模型的评价指数。模型1假设语音知觉、语音意识、短时记忆独立作用于早期的汉字识别，其假设误差最大，MECVI也是所有模型里最高的一个；模型2的结果略有改进，但RMSEA值尚在0.10以上，拟合不够成功；模型3考虑了语音知觉通过语音意识对于阅读起作用的路径，结果与模型1相比更好，但是仍未达到可以接受的拟合程度；模型4得到了相对比较好的拟合指标以及可以接受的RMSEA数值；模型5在模型4的基础上又增加了短时记忆对语音意识的影响路径，同样得到了比较理想的拟合指标。从上面的分析中，我们认为模型4和模型5是2个比较好的模型，图5-1和图5-2报告了这两个模型的结构和路径系数。下面，我们进一步对模型4与模型5进行比较。

表5-4　各预期模型的参数比较

	TLI	CFI	RMSEA	MECVI
模型 1	0.951	0.974	0.135	0.933
模型 2	0.961	0.980	0.116	0.822
模型 3	0.958	0.978	0.121	0.851
模型 4	0.976	0.988	0.082	0.664
模型 5	0.977	0.988	0.081	0.655
饱和模型		1.000		0.543
独立模型	0.000	0.000	0.718	19.946

从相对拟合指数CFI、增值指数来看，两个模型与数据模型都比较吻合，拟合程度比较好；两个模型基于总体差距的指数也都达到可以接受的水平。从交互效度指标来看，模型5的MECVI值更小一些，但是从省俭指数来看，模型4更加简洁。从统计学上分析，上述2个模型都可以接受，都是比较好的拟合模型。比较模型4和模型5：模型4，$\chi^2=60.830$，自由度为19；模型5，$\chi^2=57.059$，自由度为18。模型4比模

型5少估计了一个参数，自由度增加了1，卡方值增加了3.77，这个值小于6.63（$\alpha=0.01$时的χ^2），我们认为模型4的简化是值得的。因此，从统计上我们选择模型4为最优拟合模型。

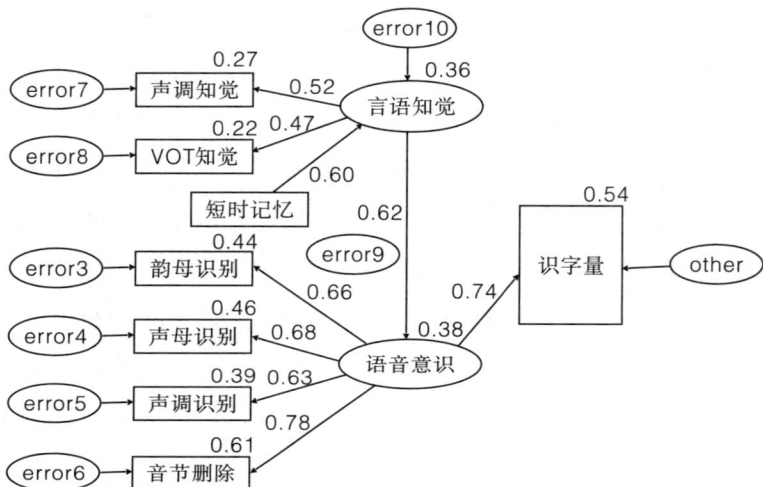

图5-1　模型4的结果

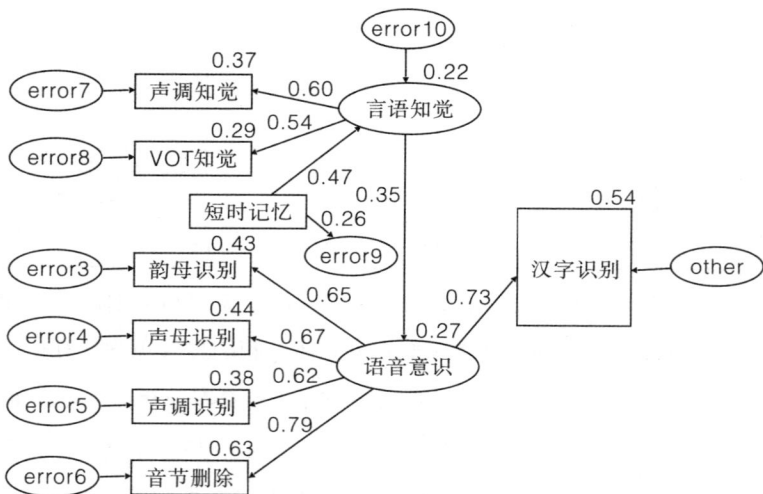

图5-2　模型5的结果

讨　论

本研究以学前及学龄一年级，年龄在 5~7 岁的儿童为研究对象，系统考察了语音范畴化知觉、语音意识和早期阅读的发展。研究有如下几个发现：① VOT 的范畴化知觉，各年龄间的差异不显著，而声调范畴化知觉，6 岁和 7 岁年龄组的儿童比 5 岁年龄组的儿童发展得更好。这一结果与之前的研究结果一致（席洁，等，2009），表明 VOT 和声调的范畴化知觉具有不同的发展轨迹。②随着年龄增大，儿童的语音意识有了明显提高，说明从学前到入学一年级这段时间是语音意识持续发展的重要阶段，这一结果与已有的研究结果也是一致的（Shu et al.，2008；李虹，舒华，2009）。儿童在发展过程中会逐步建立起不同语音单元的操作能力，这既包括音节这样较大的单元，也包括声母、韵母以及声调这些较小的成分。③学前两个年龄段儿童早期汉字识别虽存在一定差异，但差异很小，而学龄一年级的儿童显著好于学前各年龄段儿童。学龄一年级儿童已经经历了正规的汉字教学，这表明早期阅读主要受教育经验的影响。

本研究还对涉及语音知觉与阅读的关系的两个核心问题进行了探讨，即语音意识和语音知觉存在何种关系以及语音知觉与阅读是否具有直接的联系。对于前者，我们的研究结果发现语音范畴化知觉能力虽然不能直接影响阅读，但是却直接影响了语音意识的发展，这与之前对正常和阅读障碍儿童的研究一致（Chiappe et al.，2001；Cheung et al.，2009）。对于后者，我们基于目前研究结果所建立起的儿童早期汉字识别模型可以被称为语音意识中介模型，这个模型主要解释了语音加工各项能力对早期汉字识别的作用。模型显示语音知觉不能直接作用于汉字识别，而是通过语音意识的中介作用影响阅读，这一结果与之前拼音文字的研究结果一致，同时进一步表明，语音知觉通过语音意识的中介作用影响阅读在汉语儿童的早期发展中仍然适用。

10岁正常和阅读障碍儿童的比较研究

研究方法

被 试

来自北京市某普通小学的36名四年级儿童，正常和障碍儿童各18名，正常儿童组是障碍儿童的年龄匹配组。

阅读障碍儿童筛选

通过标准化的阅读测验和语音意识测验进行筛选，鉴于在筛选阅读障碍儿童时是否应该测量智商尚无定论，汉语研究中还缺乏具有常模的标准化阅读能力测验，我们采用不一致定义，寻找那些智力水平处于正常范围，而阅读能力落后于同龄人的儿童作为阅读障碍组。考虑到拼音文字的研究发现阅读障碍主要源自单个单词的解码困难，所以我们把阅读的准确性作为阅读能力的筛选指标。这种筛选方法在已有的关于汉语发展性阅读障碍儿童的研究中已经被证实是可靠和有效的（吴思娜，等，2004；隋雪，等，2007；李虹，2006）。

首先，对儿童进行瑞文推理测验、语音意识测验、汉字识别测验和阅读流畅性测验。然后，选取语音意识、汉字识别、快速阅读低于北京市四年级儿童平均分一个标准差的儿童作为语音缺陷/阅读障碍儿童组，另外选取语音意识、汉字识别、快速阅读在平均分以上的儿童作为生理年龄控制组。最后，根据家长评定的注意力及多动行为评定量表排除注意力有缺陷的儿童。正常和阅读障碍儿童各项测验上的得分及组间方差分析的结果见表5-5。

（1）瑞文标准推理测验

瑞文标准推理测验是一个标准化的非语言智力测验，共60道题，分为5组，难度逐渐增加。儿童需要通过推理，在6~8个备选图形中找出最合适的一个填入缺失处作为正确答案。被试每答对一题得1分，通过计算总分并与常模进行比较，可确定儿童的非语言智力水平及个体在整个同龄人群体中所处的相对位置（张厚粲，王晓平，1985）。

（2）语音意识测验

采用音位删除任务考察语音意识，该任务是研究中用来考察语音意识的常用任务（吴思娜，2004；Shu et al.，2006）。主试口头呈现1个音节，要求儿童口头报告在删除某个特定的音位之后剩下的音节。共有8个练习项目和26个测验项目。测验分为3种类型，分别要求儿童删除前、中、后3个不同位置的音位。儿童每正确回答1个项目得1分，满分26分。

（3）汉字识别测验

视觉呈现汉字，每页5个汉字，共30页，总计150个汉字。要求儿童读出他们认识的汉字，考察儿童的识字量（李虹，舒华，2009）。所有项目从易到难排列，连续答错3页即停止。记录儿童能够正确识读的题数，每题1分。最后计算正确识别的百分比。

（4）阅读流畅性测验

书面呈现90个句子，按句子的长度排列先后顺序。句子的内容主要涉及生活常识，要求儿童尽可能快速地默读并在每读完1个句子后判断句子的正误。儿童在3分钟内读对的句子的字数总和为阅读流畅性的得分。

表5-5　正常儿童和障碍儿童在筛选任务上的描述性统计

	正常组	阅读障碍组	F 值
年龄（年）	10.30(0.47)	10.32(0.48)	0.01
IQ	45.15(6.64)	44.05(3.46)	0.41
注意力	0.30(0.80)	0.63(0.89)	1.49
语音意识	22.90(2.85)	10.42(3.47)	151.55***
汉字识别	122(7.04)	92.53(12.64)	82.01***
阅读流畅性	967.1(297.9)	446.95(134.5)	48.50***

注：*** $p < 0.001$。

实验材料

采用二声到四声的声调连续体材料。首先录制了一位母语为汉语普通话的女性成年人发音的 /pà/ 和 /pá/，通过 SoundForge 软件将 2 个声音的时长都改为 200 ms；然后使用 Praat 软件以 /pà/ 的声调基频曲线替换 /pá/ 的基频曲线，从而得到除了声调基频曲线这一属性不同，其余声学物理参数完全一样的 2 个声音；最后以这 2 个刺激作为连续体的 2 个端点，制作成包含 11 个声调刺激的连续体，即从第 1 个刺激到第 11 个刺激，逐步从 /pá/ 变化到 /pà/。脑电实验使用的材料基于行为实验结果选出，为连续体的第 3、第 7 和第 11 个刺激，分别构成范畴间刺激对（刺激 3 对比刺激 7）和范畴内刺激对（刺激 7 对比刺激 11）。

实验程序和数据分析

（1）声调范畴化感知的行为实验

采用范畴化知觉的经典任务范式——识别任务，实验程序和数据分析方法与瑞文标准推理测验部分的描述相同。

（2）声调范畴化感知的脑电实验

采用经典的听觉 Oddball 实验范式，一共包含 1200 个声音刺激，SOA 为 1 s。刺激 7 作为标准刺激，刺激 3 和刺激 11 分别作为范畴间和范畴内偏差。范畴间和范畴内偏差刺激随机出现，各占总刺激数目的 10%，但是每两个偏差刺激之间至少间隔 3 个标准刺激。为避免 N1 效应，前 30 个声音刺激不进入叠加。使用 Netstation 软件对分段后的脑电数据进行 0.3 ~ 20 Hz 滤波处理，基线矫正 (−100 ~ 0 ms)，将顶叶参考电极转换为全头平均参考，对眨眼和水平眼动部分脑电数据进行校正（当眨眼大于 120 μV 或眼动大于 55 μV 时），将超过 ± 100 μV 的数据作为伪迹排除，并按实验条件进行叠加平均。只有在偏差刺激之前呈现的标准刺激进入数据分析。分析时程为刺激呈现前 100 ms 到刺激呈现后

400 ms。差异波由偏差刺激减去标准刺激得到，选取 F3、F4 两个电极位置进行统计分析。统计分析指标为 MMN 成分的最值潜伏期和最值波幅，最值潜伏期按照以下规则测量：首先根据总平均图对每个被试定义时间窗口，然后在这个时间窗口内求出最负波幅值的时间点。

结　果

行为实验结果

正常和阅读障碍儿童声调连续体的识别曲线见图5-3。对识别曲线的斜率（$F = 24.23$，$p < 0.001$）和2个端点刺激识别的正确率（/pá/: $F_{(1, 34)} = 18.45$，$p < 0.001$；/pà/: $F_{(1, 34)} = 10.61$，$p < 0.001$）分别进行方差分析，发现两组被试之间的差异都是显著的，表明和同龄的正常儿童相比，阅读障碍儿童确实存在声调范畴化知觉缺陷。

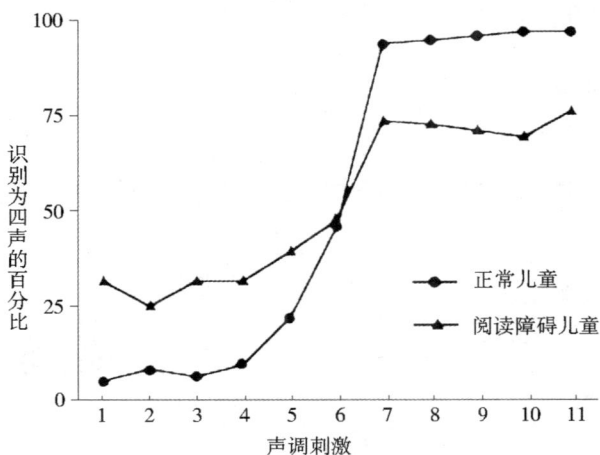

图5-3　正常和阅读障碍儿童二声到四声连续体的识别曲线

脑电实验结果

正常和阅读障碍儿童范畴内和范畴间偏差刺激引发的脑电失匹配

反应见图5-4。对正常儿童偏差刺激类型（范畴间 / 范畴内）和偏侧化（左侧电极 / 右侧电极）的波幅及潜伏期进行两因素重复测量方差分析，发现在波幅上，偏差刺激类型的主效应边缘显著，$F_{(1, 34)} = 3.822$，$p = 0.063$；偏侧化的主效应不显著，$F_{(1, 34)} = 0.865$，$p = 0.362$；偏差刺激类型和偏侧化的交互作用显著，$F_{(1, 34)} = 5.853$，$p < 0.05$。简单效应分析结果表明，左侧电极范畴间刺激引发的 MMN 波幅显著大于范畴内刺激引发的 MMN 波幅，$F_{(1, 34)} = 6.27$，$p < 0.05$；右侧电极两类刺激引发的 MMN 波幅差异不显著，$F_{(1, 34)} = 0.15$，$p = 0.701$。潜伏期上的差异都不显著。对障碍儿童的分析发现，不论是波幅还是潜伏期，偏差刺激类型、偏侧化的主效应以及两者之间的交互作用都不显著。

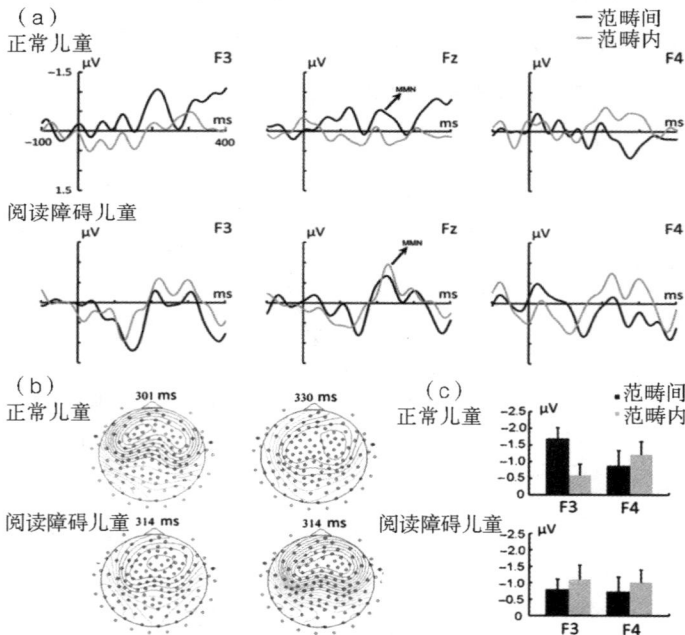

图5-4　正常和阅读障碍儿童的脑电失匹配反应

注：（a）F3、F4、Fz 电极位置的波形图，（b）相应时间窗口的地形图，（c）左 / 右
　　侧电极最值波幅。

声调范畴化知觉、语音意识和阅读的相关分析

声调范畴化知觉选用识别曲线的斜率作为行为指标，选用脑电实验中的左侧电极的 MMN 最值波幅作为生理指标；语音意识和阅读分别以音位删除和汉字识别测试中的得分作为指标。相关分析的结果见表5-6，可以看到识别曲线的斜率与语音意识和汉字识别之间以及后两者之间都存在显著的相关，但范畴间和范畴内刺激引发的 MMN 波幅无论是与识别曲线的斜率之间还是与语音意识、汉字识别之间的相关都不显著。

表5-6　各项测试成绩的相关

	1	2	3	4
识别曲线斜率	–			
范畴间刺激 MMN 波幅	0.16	–		
范畴内刺激 MMN 波幅	0.07	−0.11	–	
语音意识	0.29*	0.15	−0.06	–
汉字识别	0.41**	0.05	−0.14	0.76**

注：$*p < 0.05$，$**p < 0.01$。

语音范畴化知觉对语音意识以及两者对阅读影响的回归分析

为了考察语音范畴化知觉对语音意识以及范畴化知觉和语音意识对阅读影响的作用，分别以语音意识和以汉字识别为因变量，运用分层回归分析的方法将自变量分步骤进入方程。对于语音意识，在控制了年龄和 IQ 后，识别曲线斜率独立的预测作用显著（表5-7）。

表5-7　以语音意识为因变量的层次回归分析

进入方程的顺序和变量	ΔR^2
第一步：　年龄、IQ	0.14*
第二步：　识别曲线的斜率	0.082*

注：$*p < 0.05$。

对于阅读，在控制了年龄和 IQ 后，当第二步放入识别曲线的斜率

时，其对汉字识别有独立的预测作用，而在控制了识别曲线的斜率后，语音意识对汉字识别的独立预测作用仍然显著；当第二步放入语音意识时，其对汉字识别有独立的预测作用，但在控制了语音意识后，识别曲线的斜率对汉字识别的独立预测作用就变得不显著了（表5-8）。

表5-8　以汉字识别为因变量的层次回归分析

进入方程的顺序和变量	ΔR^2	进入方程的顺序和变量	ΔR^2
第一步：　年龄、IQ	0.286***	第一步：　年龄、IQ	0.286***
第二步：　识别曲线的斜率	0.116*	第二步：　语音意识	0.411***
第三步：　语音意识	0.326***	第三步：　识别曲线的斜率	0.032

注：* $p < 0.05$，*** $p < 0.001$。

讨　论

本研究通过行为实验和脑电技术，考察了10岁正常和阅读障碍儿童声调的范畴化知觉能力。行为实验发现，无论是典型声调刺激（声调连续体的端点）的识别率还是识别曲线的斜率，障碍儿童都要显著低于正常儿童；脑电实验发现，对于正常儿童，范畴间偏差刺激在左侧电极位置引发的听觉失匹配负波的波幅显著大于范畴内刺激，而对于阅读障碍儿童，两类偏差刺激引发的听觉失匹配负波的波幅却没有明显差异。综合行为和脑电实验的结果，说明阅读障碍儿童确实存在声调范畴化知觉能力缺陷，导致其声调感知的准确性和敏感性都低于正常儿童。

对于语音知觉和语音意识的关系，脑电失匹配反应和识别曲线的斜率表现并不相同，只有后者与语音意识存在显著的相关，这表明尽管脑电失匹配反应和识别曲线的斜率都可以作为语音范畴化知觉能力的重要指标，但两者在内在机制上却并不相同：前者主要涉及意识层面音位信息的操纵能力，后者反映的则是对声音之间差异自动化的辨别加工能力。对于语音知觉与阅读的关系，无论是脑电失匹配反应还是识别曲线的斜率，与汉字识别的相关都不显著；回归分析进一步表明，识别曲线的斜率对阅读能力的预测作用受到语音意识的调节。这些研究结果与对5～7岁正常儿童的研究结果是一致的，即语音范畴化知觉对阅读的影响是通过语音意识的中介作用实现的，但语音范畴化知觉与阅读之间并没有直接的联系。

综合讨论

范畴化是语音感知的一个显著特征，范畴化知觉能力在儿童早期语言发展中具有非常重要的作用，但到目前为止，范畴化知觉和早期阅读的关系仍不明确。此外，绝大多数研究所关注的是西方拼音文字体系，汉语方面的研究很少。本研究通过两个相对独立的实验对最具汉语特色的语音特征——声调范畴化知觉——进行考察，从而深入探讨汉语儿童语音知觉、语音意识与早期阅读的关系。

对于语音知觉和语音意识的关系，我们对5～7岁正常儿童以及对10岁正常和阅读障碍儿童的研究都发现，识别曲线的斜率对语音意识的发展有直接影响。有研究考察了阅读障碍组、年龄控制组和阅读水平控制组三组儿童对辅音 VOT 的知觉能力与语音意识（McBride-Chang，1995）。结果发现，阅读障碍儿童的知觉能力差于年龄控制组儿童，但是和阅读水平控制组儿童没有差异；同时，语音意识差的阅读障碍儿童对 VOT 的范畴化知觉能力比两个控制组儿童都要差，但是语音意识正常的阅读障碍儿童则不存在知觉缺陷问题。基亚佩等人（Chiappe et al.，2001）比较了阅读障碍和正常儿童在语音范畴化知觉、语音意识和多种阅读技能任务上的表现，发现语音范畴化知觉能力的群体差异同时反映了语音意识的群体差异，说明语音知觉缺陷和阅读障碍的语音意识缺陷具有重要的因果关联。有研究者以声调和 VOT 识别曲线的斜率为语音范畴化知觉能力的指标，考察了阅读障碍和正常儿童的语音知觉和语音加工技能（语音意识和快速命名）之间的关系，发现语音范畴化知觉可以预测语音加工技能（Cheung et al., 2009）。上述研究结果与本研究的发现一致，表明语音范畴化知觉和语音意识之间密切相关，语音知觉技能构成了语音意识发展所必需的成分。

对于语音知觉、语音意识与阅读之间的关系，我们对 5~7 岁正常儿童以及对 10 岁正常和阅读障碍儿童的研究都发现，语音知觉对早期阅读的影响是通过语音意识的中介来实现的。语音知觉通过语音意识的中介作用影响阅读在拼音文字系统中得到了广泛证实，例如，沃森和米勒（Watson & Miller, 1993）考察了 94 名大学生的语音能力、语音意识和阅读能力，结构方程模型显示语音知觉通过语音意识中介影响阅读成绩。对阅读障碍儿童的研究也发现，语音型阅读障碍儿童大多表现出较低的语音范畴化知觉能力（Manis et al., 1997；Joanisse et al., 2000；Ramus et al., 2003；Liu et al., 2009）。有研究人员通过分层回归的方法，探讨了语音知觉、语音加工技能和阅读之间的关系，结果发现：在控制了语音范畴化知觉后，语音意识和数字快速命名都可以独立预测三种阅读任务（单词阅读、一分钟朗读和听写）；当言语感知最后一步进入回归方程时，不论是辅音 VOT，还是声调的范畴化知觉，都不能独立预测三种阅读任务；但用语音范畴化知觉直接预测阅读时，辅音 VOT 和声调知觉都有显著的预测作用（Cheung et al., 2009）。我们的研究结果与上述研究的发现是一致的，表明语音感知可以预测阅读，但是其对阅读的影响受到语音加工技能尤其是语音意识作用的调节。

除了行为任务以外，我们还采用脑电技术探讨了声调范畴化知觉能力与语音意识以及阅读的关系。研究发现，与同龄的正常儿童相比，阅读障碍儿童确实存在脑电活动异常，这一结果在本质上与拼音文字系统中阅读障碍儿童感知辅音特征时存在听觉失匹配负波的异常（Leppänen et al.，2002；Sharma et al.，2006）是一致的。但另一方面，听觉失匹配反应不但与阅读不相关，与语音意识也不相关，这可能是因为听觉失匹配负波主要反映的是前注意阶段在较低加工层面对声音刺激自动化的辨别能力，语音意识反映的则是注意条件下对各种语音信息识别和操纵的能力。此外，汉语的音节结构简单，阅读过程中将口语与书面文字结合时涉及的语音加工主要与音节意识有关（Shu et al.，2008），因此，声母、韵母和声调等音位水平的知觉编码能力只直接作用于语音水平的操作，然后再影响到阅读。

很多关于汉语阅读的研究都发现了语素的重要作用（Shu et al.，2006；李虹，等，2011），而在汉语中，语素与音节基本是一一对应的。因此，在未来的研究中，需要同时将语音各要素以及语素、正字法等多个因素考虑在内，考察不同变量对早期阅读的贡献，从而为探讨汉语儿童阅读能力的影响因素及其内在机制提供更丰富的信息。

摘要 Abstract

This study investigated the relationship between categorical perception of lexical tones and early reading development in Chinese children through two experiments. In experiment I, 172 children from kindergartens and elementary schools aged 5~7 years were tested on a battery including categorical perception of lexical tones, phonological awareness, working memory and character recognition. The results showed that (a) categorical perception and phonological awareness improved gradually with age, (b) categorical perception was highly correlated with phonological awareness, especially rime and syllable awareness, but not significantly correlated with character recognition. In experiment II, both behavioral and electrophysiological measures of categorical perception of lexical tones were taken to compare dyslexic children with age-matched controls. The results showed that (a) dyslexic children differed from age-matched controls in both the identification function and within- vs. across- category mismatch responses, (b) neither the behavioral nor the electrophysiological measures were significantly correlated with character recognition. Taken together, these results indicate that categorical perception of lexical tones does not directly affect Chinese character recognition and its role in early reading development is mediated by phonological awareness.

Keywords
category perception of lexical tone, phonological awareness, mismatch negativity, dyslexia, early reading

参考文献 Reference

李虹，饶夏溦，董琼，朱瑾，伍新春 .（2011）. 语音意识、语素意识和快速命名在儿童言语发展中的作用 . 心理发展与教育，2:158~161.

李虹，舒华 .（2009）. 学前和小学低段不同识字量儿童的认知能力比较 . 心理发展与教育，3: 1 ~ 8.

刘文理，伊廷伟，杨玉芳 .（2010）. 汉语语音型阅读障碍儿童的范畴知觉技能 . 心理发展与教育，6: 569 ~ 576.

吴思娜，舒华，王彧 .（2004）. 4 ~ 6 年级小学生发展性阅读障碍的异质性研究 . 心理发展与教育，3: 46 ~ 50.

席洁，姜薇，张林军，舒华 .（2009）. 汉语语音范畴性知觉及其发展 . 心理学报，7: 572 ~ 579.

张厚粲，王晓平 .（1985）. 瑞文标准推理测验手册 . 北京 : 北京师范大学出版社 .

Abramson, A. S. (1979). The noncategorical perception of tone categories in Thai. In: B. Lindblom & S. Öhman（Eds.），Frontiers of Speech Communication Research. New York: Academic Press.

Adams, M. J. (1990).Beginning to read: Thinking and learning about print. Cambridge, MA: MIT.

Boets, B., Vandermosten, M., Poelmans, H., Luts, H., Wouters, J., & Ghesquière, P. (2011). Preschool impairments in auditory processing and speech perception uniquely predict future reading problems. Research in Developmental Disabilities,

32: 560-570.

Bogliotti, C., Serniclaes,W., Messaoud-galusi, S., & Sprenger-charolles, L. (2008). Discrimination of speech sounds by children with dyslexia: Comparisons with chronological age and reading level controls. Journal of Experimental Child Psychology, 10: 137-155.

Burnham, D. K. (1986). Developmental loss of speech perception: Exposure to and experience with a first language. Applied Psycholinguistics, 7: 207-240.

Cheung, H., Chung, K.K., Wong, S.W., McBride-Chang, C.,Penney, T.B., & Ho, C.S. (2009). Perception of tone and aspiration contrasts in Chinese children with dyslexia. Journal of Child Psychology and Psychiatry, 50: 726-733.

Chiappe, P., Chiappe, D., & Siegel, L. (2001).Speech perception, lexicality, and reading skill. Journal of Experimental Child Psychology, 80: 58-74.

Diehl, R. L., Lotto, A. J., & Holt, L. L. (2004). Speech perception. Annual Review of Psychology, 55: 149-179.

Elliott, L. L., Longinotti, C., Meyer, D., Raz, I., & Zucker, K. (1981). Developmental differences in identifying and discriminating CV syllables. Journal of the Acoustical Society of America, 70: 669-677.

Flege, J. E., & Eefting, W. (1986).Linguistic and developmental effects on the production and perception of stop consonants. Phonetica, 43: 155-171.

Francis, A. L., Ciocca, V., & Brenda, K. C. (2003).On the (non)categorical perception of lexical tones. Perception and Psychophysics, 65: 1029-1044.

Fry, D. B., Abramson, A. S., Eimas, P. D., & Liberman, A. M. (1962).The identification and discrimination of synthetic vowels. Lanuage and Speech, 5: 171-189.

Gibbs, S. (1996).Categorical speech perception and phonological awareness in the early stages of learning to read. Language & Communication, 16: 37-60.

Godfrey, J. J., Syrdal-Lasky, A. K., Millay, K. K., & Knox, C. M. (1981).Performance of dyslexic children on speech perception tests. Journal of Experimental Child Psychology, 32: 401-424.

Goswami, U. (2002).Phonology, reading development, and dyslexia: A cross-linguistic perspective. Annals of Dyslexia, 52: 141-163.

Hallé, P., Chang, Y. H. & Best, C. T. (2004). Identification and discrimination of Mandarin Chinese tones by Mandar in Chinese vs. French listeners. Journal of Phonetics, 32: 395-421.

Hazan, V., & Barrett, S. (2000).The development of phonemic categorization in children aged 6-12. Journal of Phonetics, 28: 377-396.

Heeren, W. (2005).Perceptual development of the duration cue in dutch / α-a:/. INTER SPEECH 2005-Eurospeech.Lisbon, Portugal.

Joanisse, M. F., Manis,F. R., Keating, D., & Seidenberg, M. S. (2000).Language deficits in dyslexic children: Speech perception, phonology, and morphology. Journal of Experimental Child Psychology, 77: 30-60.

Kraus, N., McGee, T. J., Carrell, T. D., Zecker, S. G., Nicol, T. G., & Koch, D. B. (1996). Auditory neurophysiologic responses and discrimination deficits in children with learning problems. Science, 273: 971-973.

Kuhl, P. K. (2000).A new view of language acquisition. Proceedings of the National Academy of Sciences, 97: 11850-11857.

Kuhl, P. K. (2004).Early language acquisition: Cracking the speech code. Nature Reviews Neuroscience, 5: 831-843.

Leppänen, P. H., Richardson, U., Pihko, E., Eklund, K. M., Guttorm, T. K., Aro, M., & Lyytinen, H. (2002).Brain responses to changes in speech sound durations differ between infants with and without familial risk for dyslexia. Developmental Neuropsychology, 22: 407-422.

Liberman, A. M., Harris, K. S., Hoffman, H. S., & Griffith, B. C. (1957).The discrimination of speech sounds within and across phoneme boundaries. Journal of Experimental Psychology, 54: 358-368.

Liberman, A. M., Harris, K. S., Kinney, J. A., & Lane, H. (1961).The discrimination of relative onset-time of components of certain speech and nonspeech patterns. Journal of Experimental Psychology, 61: 379-388.

Liberman, A. M., Cooper, F. S., Shankweiler, D. P. , & Studdert-Kennedy, M. (1967). Perception of the speech code. Psychological Review, 74: 431-461.

Liu, W., Shu, H., & Yang, Y. (2009).Speech perception deficits by Chinese children with phonological dyslexia. Journal of Experimental Child Psychology, 103: 338-354.

Manis, F. R., McBride-Chang, C., Seidenberg, M. S., Keating, P., Doi, L. M., Munson, B., & Petersen, A. (1997).Are speech perception deficits associated with developmental dyslexia? Journal of Experimental Child Psychology, 66: 211-235.

McBride-Chang, C. (1995).Phonological processing, speech perception, and reading disability: An integrative review. Educational psychologist, 30: 109-121.

McBride-Chang, C. (1996).Models of speech perception and phonological processing in reading. Child Development, 67: 1836-1856.

Näätänen, R., Paavilainen, P., Rinne, T., & Alho, K. (2007).The mismatch negativity (MMN) in basic research of central auditory processing: A review. Clinical Neurophysiology, 118: 2544-2590.

Nittrouer, S., & Lowenstein,J. H. (2013).Perceptual organization of speech signals by children with and without dyslexia. Research in Developmental Disabilities, 34: 2304-2325.

Paul, I., Bott, C., Heim, S., Eulitz, C., & Elbert, T. (2006).Reduced hemispheric asymmetry of the auditory N260m in dyslexia. Neuropsychologia, 44: 785-794

Pennington, B. F., Orden, V., Smith, S.D., Green, P. A., & Haith, M. M. (1990). Phonological processing skills and deficits in adult dyslexics. Child Development, 61: 1753-1778.

Ramus, F., Rosen, S., Dakin, S. C., Day, B. L., Castellote, J. M., White,S., & Frith, U. (2003).Theories of developmental dyslexia: Insights from a multiple case study of dyslexic adults. Brain, 126: 841-865.

Schulte-Körne, G., Deimel, W., Bartling, J., & Remschmidt, H. (1998).Auditory processing and dyslexia: Evidence for a specific speech processing deficit. Neuroreport, 9: 337-340.

Sharma, M., Purdy, S. C., Newall, P., Wheldall, K., Beaman, R., & Dillon, H. (2006). Electrophysiological and behavioral evidence of auditory processing deficits in children with reading disorder. Clinical Neurophysiology, 117: 1130-1144.

Shu, H., Peng, H., & McBride-Chang, C. (2008). Phonological awareness in young Chinese children. Developmental Science, 11: 171-181.

Shu,H., McBride-Chang, C., Wu, S., & Liu, H. (2006).Understanding Chinese developmental dyslexia: Morphological awareness as a core cognitive construct. Journal of Educational Psychology, 98: 122-133.

Snowling, M. J., Goulandris, N., Bowlby, M., & Howell, P. (1986).Segmentation and speech perception in relation to reading skill: A developmental analysis. Journal of Experimental Child Psychology, 41: 489-507.

Vandewalle, E., Boets, B., Ghesquière, P., & Zink, I. (2012).Auditory processing and speech perception in children with specific language impairment: Relations with oral language and literacy skills. Research in Developmental Disabilities, 33: 635-644.

Wagner, R. K., Torgesen, J. K., & Rashotte, C. A. (1994).Development of reading-related phonological processing abilities: New evidence of bi-directional causality from a latent variable longitudinal study. Developmental Psychology, 30: 73-87.

Wang, S.Y. (1976).Language change. Annals of the New York Academy of Sciences, 28: 61-72.

Watson, B. U., & Miller, T. K. (1993).Auditory perception, phonological processing, and reading ability/disability. Journal of Speech and Hearing Research, 36: 850-863.

Xi, J., Zhang, L., Shu, H., Zhang, Y., & Li, P. (2010).Categorical perception of lexical tones in Chinese revealed by mismatch negativity. Neuroscience, 170: 223-231.

Xu, Y. S., Gandour, J. & Francis, A. L. (2006).Effects of language experience and stimulus complexity on the categorical perception of pitch direction. Journal of the Acoustical Society of America, 120: 1063-1074.

Zhang, J., & McBride-Chang,C. (2010).Auditory sensitivity, speech perception, and reading development and impairment. Educational Psychology Review, 22: 323-338.

Zhang, L., Xi, J., Xu, G., Shu, H., Wang, X., & Li, P. (2012).Cortical dynamics of acoustic and phonological processing in speech perception. PLoS One, 6: e20963.

Zhang, Y., Zhang, L., Shu, H., Xi, J., Wu, H., Zhang, Y., & Li, P. (2012). Universality of categorical perception deficit in developmental dyslexia: An investigation of Mandarin Chinese tones. Journal of Child Psychology and Psychiatry, 53: 874-882.

第 6 章

追踪儿童阅读（一）

——学前儿童早期阅读与眼动研究

Pre-schoolers' Early Reading and:
Eye Movements and Interactions with Adults

［美国］郭佳（Jia Guo）[1]

［美国］冯刚（Gary Feng）[2]

1 美国 Barnes & Noble 公司

2 美国教育考试服务中心研发部认知与学习科学组

很多研究认为，父母和学前儿童的分享阅读可以增加儿童对书面文字的接触，儿童的识字量和阅读能力也从而得到提高。可是近些年的眼动研究发现，学前儿童在阅读时只注意故事书中的图画，而父母却不能有效地引导儿童注意和学习书中的文字。在本章中，我们主要探讨成人与学前儿童在分享阅读中的眼动和互动，并考察是否可以通过先进的眼动技术，来帮助阅读双方提高在阅读中的互动以及儿童对故事书中文字的注意。我们发现，学前儿童在自然进行的分享阅读中对文字的注意非常有限，这导致他们对文字的学习也非常有限。当我们利用眼动技术，分别给分享阅读中的一方提供另一方的实时眼动反馈时，儿童显著增强了对文字的注意以及对成人阅读过程的理解，父母也及时有效地调整了策略来引导儿童学习书面文字和阅读。

焦点阅读

· 父母和学前儿童一起读故事书真的可以提高儿童的识字量和阅读能力吗？父母应该怎样有效地引导儿童注意和学习书中的文字呢？在本章中我们主要探讨父母与学前儿童在分享阅读过程中的眼动和互动，并考察是否可以通过先进的眼动技术来帮助阅读双方提高在阅读中的互动以及儿童对故事书中文字的学习。

关 键 词

学前儿童，分享阅读，眼动

引　言

　　家长和学龄前儿童一起读书（分享阅读）能提高儿童的识字量和阅读能力，这似乎是不言而喻的。支持这一结论的研究也数不胜数（e.g.,Korat，Shamir，& Heibal，2013；Zucker et al.，2013）。多数人认为其中的机制是分享阅读增加对书面文字的接触（print exposure），也就是说在分享阅读的过程中，儿童能看到故事书中字词的写法和它对应的图画，并同时从成人口中听到这个字词的发音（Cunningham & Stanovich，1998；Ehri，1997；Evans & Saint-Aubin，2013）。很多研究表明，提高儿童阅读能力的关键之一，就是成人在分享阅读中有效地引导儿童注意和学习故事书中的文字（Ezell & Justice，2000；Gong & Levy，2009；Justice，Pullen，& Pence，2008；Justice，Skibbe，& Ezell，2006）。可是，近些年来眼动研究却发现虽然父母在分享阅读中主要是看书上面的文字，而孩子的注意力却只集中在图画上面（Evans & Saint-Aubin，2005；Evans & Saint-Aubin，2013；Guo & Feng，2013；Justice et al.，2005；Justice，Pullen，& Pence，2008）。那么是所有的学前儿童都几乎不注意故事书中的文字吗？分享阅读中成人所用的不同的阅读方式会影响儿童对文字的注意吗？有什么方法可以提高学前儿童对故事书中文字的注意呢？

为了回答以上问题，我们需要更深一步地研究成人与学前儿童在分享阅读活动中的眼动和互动。我们关注的核心问题是"joined attention"，这里我们暂译为共同注意力。一般说的注意力是指一个人对一件事物的关注，这在个体的学习过程中是不可或缺的。而共同注意力是指在学习或交流中，两个或两个以上的人同时关注某一事物，并且相互意识到对方对该事物的关注，从而形成一个心理上的"你—我—他"的铁三角（Fletcher & Reese，2005；Mundy & Newell，2007；Pellegrini & Galda，2003；Tomasello & Farrar，1986）。我们知道，学习归根结底是一项社会活动，脱离不开人与人的交流（Vygotsky，1978，1986）。只有在教与学双方共同注意力的时候，学习才是最有成效的。

上述的眼动实验结果说明，成人与学前儿童在分享阅读时缺乏有效的共同注意。对书中文字的共同注意是成人与儿童能够有效地进行分享阅读活动的一项先决条件，尤其会影响学前儿童对书面文字的学习（Brennan et al.，2008；Carletta, et al.，2010；Farrant & Zubrick，2013；Nüssli et al.，2009；Richardson, Dale, & Kirkham，2007）。为了提高儿童的识字阅读技能，成人与儿童必须在分享阅读中随时调整和保持共同注意的铁三角结构，也就是说，他们要同时注意到学习的对象，即故事书中的文字，也要同时注意与阅读的另一方进行互动（Fletcher & Reese，2005；Mundy & Newell，2007；Pellegrini & Galda，2003；Tomasello & Farrar，1986）。有些父母会用指读和对话等方法来吸引儿童注意故事书中的文字（Justice, Pullen, & Pence，2008；Justice, Skibbe, & Ezell, 2006）。可是，这些方法都是以成人为中心的。由于父母并不准确地知道孩子的注意力在某一刻集中在什么地方，因此，他们对儿童注意力的调整受到了一定限制。成人往往不能抓住儿童学习新东西的最佳时刻，给他们提供及时有效的指导和帮助。

　　而另一方面，根据社会认知理论，儿童是通过观察和内化来学习新技能的（Bandura，1994）。可是阅读的认知过程不容易被观察、模仿或者用语言来解释。对成人来说，他们在分享阅读过程中往往不会有意识地用语言来教儿童怎样阅读。阅读过程中唯一外显的行为是眼动，可是儿童通常没有机会直接看到成人在阅读时的实时眼动情况。我们认为比较理想的解决方法是在父母和儿童分享阅读时，给他们提供对方眼动的实时反馈。这样父母就能随时知道孩子在注意什么，而孩子也能明白父母到底是怎样阅读书面文字的。父母和儿童都能从这种反馈中及时调整自己阅读的方式，将共同注意有效地集中到故事书中的书面文字上。这样儿童也能花更多的时间来学习文字和模仿成人的阅读行为。

　　基于以上假设和前人的研究结果，我们在本文中主要想讨论如下三点：①识字能力不同的学前儿童之间的差别，即识字能力差的儿童与识字能力强的儿童是否在与成人进行分享阅读时存在阅读眼动上的差别；②比较不同的成人阅读方式（照本朗读和对话式阅读）对儿童阅读眼动的影响；③比较考察是否可以通过先进的眼动技术来帮助阅读双方提高在这项活动中的互动以及儿童对故事书中文字的注意。我们主要介绍和讨论两项研究，研究一主要考察和回答我们所提出的前两个问题，研究二主要考察和回答前面所提出的第三个问题。

研究一：儿童识字能力和成人阅读策略对分享阅读中儿童眼动的影响

研究目的

　　在本研究中，我们主要考察以下两个因素对学前儿童在分享阅读活动中眼动的影响：儿童已经具备的基本识字能力，以及成人在分享阅读活动中所用的阅读方式。本研究中我们比较两种成人的阅读方式： 对话式阅读（解释每一页的内容并向儿童提问，然后进一步回答儿童的问题，阅读不局限于书中的文字）和照本阅读（只读书中的文字，没有任何发挥）。 我们的假设是，儿童在以下情况中能更多地注意故事书中的文字：学前儿童已经具有较强的识字能力，或成人能用有效的阅读方式来引导儿童注意故事书中的文字。根据前人对父母与儿童在分享阅读中的互动的研究结果（Aram，Fine，& Ziv，2013；Mol et al.，2008），我们预测对话式阅读比照本阅读能更有效地提高儿童对故事书中文字的注意。

研究方法

26名4岁的和23名6岁的生活在美国北卡罗来纳州杜罕市的英文儿童和18名生活在中国北京的6岁中文儿童参加了我们的研究。在每一个儿童开始实验前，我们测量了儿童的口语词汇量，还测量了儿童早期识字能力［中文儿童识字能力测验是小学生汉字识别测验，英文儿童识字能力测验是伍德科克—约翰逊（Woodcock-Johnson）字母单词识别测验］，以及他们对研究中所用的两本故事书中29个关键词的识别能力。

中英文阅读实验分别由一位中文母语的实验人员和一位英文母语的实验人员主持，他们都事先接受了两种不同阅读方法的训练。在实验中，成年实验人员给每位儿童被试读两本不同的图画故事书，英文儿童读的是英文原版的图画故事书，中文儿童读的是中文对译版。成人会用不同的阅读方法读这两本书，其中一本书会用一个字一个字照本朗读（verbatim）的方法，而另一本书则会用对话式阅读（interactive）的方法。所有儿童读两本故事书的先后顺序以及所对应的阅读方法都进行了平衡控制。

　　对每位儿童被试来说，两本图画故事书被先后呈现在他／她正对面的电脑显示屏上，成人实验者在儿童的侧边跟他／她一起阅读。我们用Tobii X50眼动系统（放置在电脑显示屏下方）以及配套的 ClearView 软件来记录和分析儿童的眼动（图6-1）。整个实验过程也被视频记录下来。与前人的研究类似，我们根据儿童对图画故事书上的文字和图画分别注意的时间占总阅读时间的比例来报告研究结果。

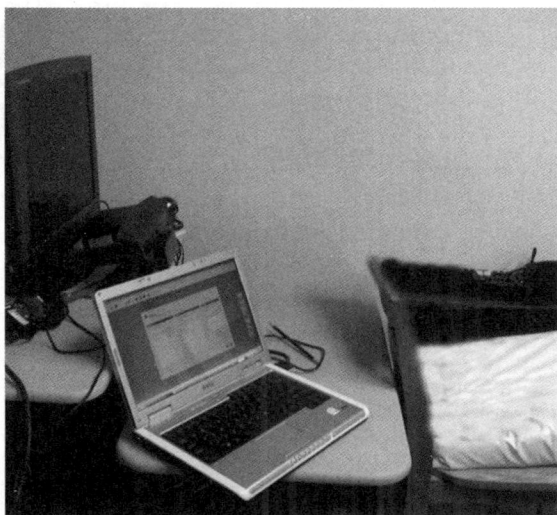

图6-1　研究一中的实验设备和设置

研究结果

　　总的来说，所有儿童都花了更多的时间看故事书中的图画。我们对比了故事书中文字与图画所占实际面积的比例以及儿童对这两个区域注意时间的比例，发现中文6岁儿童注意文字的时间比例与文字占总书本面积的实际比例几乎一致（图6-2）。相对而言，英文4岁儿童却几乎完全不看文字。他们大于90%的时间都在看故事书中的图画，而英文6

岁儿童却比同龄的中文儿童花了更大比例的时间在注意故事书中的文字（图6-3）。

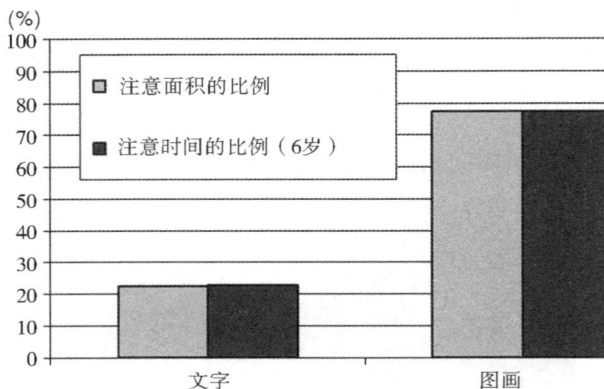

图6-2 中文儿童注意文字和图画的时间比例及面积比例

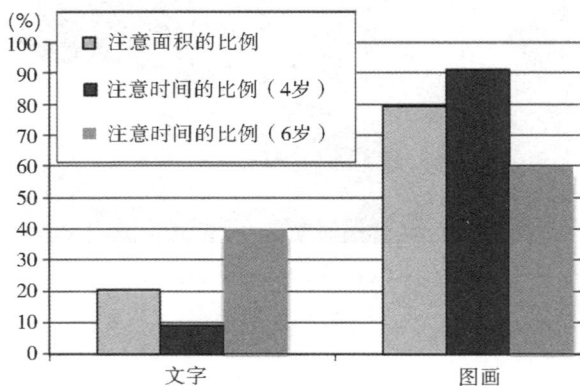

图6-3 英文儿童注意文字和图画的时间比例及面积比例

我们发现，不管是哪种语言的儿童，他们的早期识字能力（儿童在识字能力测验中的平均正确率）都能有效地预测儿童注意文字的时间占总阅读时间的比例（图6-4和图6-5）。

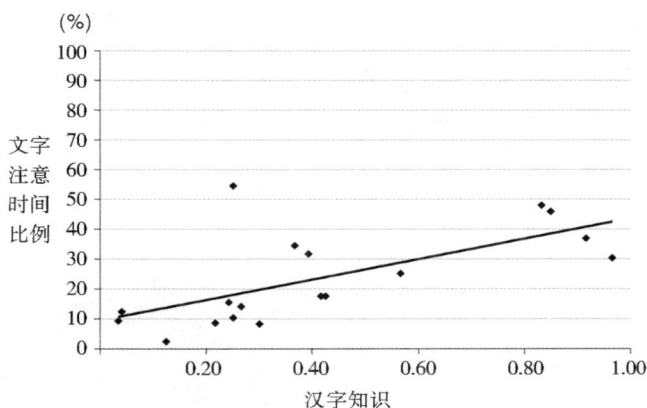

图6-4　中文6岁儿童的识字能力与文字注意时间比例的关系

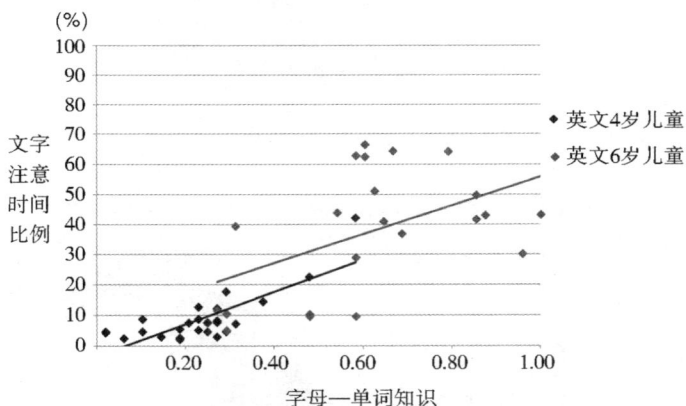

图6-5　英文4岁和6岁儿童的识字能力与文字注意时间比例的关系

　　具体来说，如果儿童的早期识字能力较差（几乎不认识什么字词），则他们对于故事书中文字的注意非常有限。我们根据中文和英文6岁儿童在识字测验中的平均正确率，把他们分成4组：识字能力差的中文6岁儿童，识字能力强的中文6岁儿童，识字能力差的英文6岁儿童，识字能力强的英文6岁儿童。图6-6和图6-7显示了识字能力差的中文和英文6岁儿童的眼动轨迹。他们对故事书中的文字的注视点以及注意的总时间都很少。但是，如果儿童已经能识别一些字词，他们就会花比较多的时间注意书中的文字（图6-8和图6-9）。这说明他们试图从那些文字中寻找信息来帮助他们理解整段话，而他们自己往往也能从对文字的更多注意中受益。

图6-6　识字能力差的中文6岁儿童的眼动轨迹

图6-7　识字能力差的英文6岁儿童的眼动轨迹

由于英文4岁儿童的识字能力都很差，他们也都几乎不看故事书中的文字，我们就不分开展示他们的眼动轨迹了。另外，我们并没有发现儿童的口头词汇水平或者他们对故事书中常见词的识别对儿童注意文字的时间比例有显著影响。

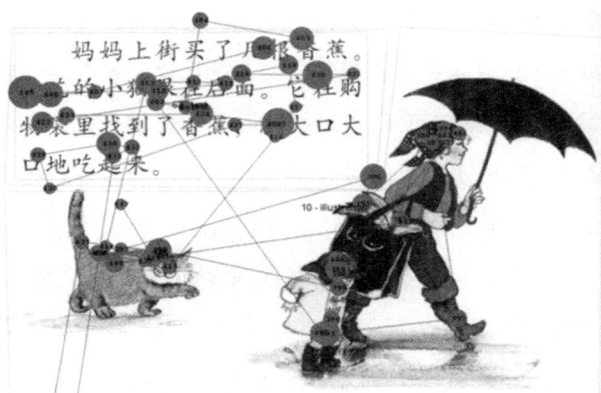

图6-8　识字能力强的中文6岁儿童的眼动轨迹

图6-9　识字能力强的英文6岁儿童的眼动轨迹

"富者更富，穷者更穷"的马太效应在阅读中也广泛存在（Cunningham & Stanovich，1998；Stanovich，1986）。阅读一开始就较好的儿童，他们的阅读发展通常越来越好。在我们的研究中，那些已经认识一些字词的儿童会花更多的时间在故事书中的书面文字上。即便他们没有像成人一样地真正地阅读，他们也会更多地接触到书面文字。儿童对书面文字的更多的接触就给成人提供了更多的教学机会。这种正反馈可以让那些已经有优势的儿童更好更快地发展。我们认为这有可能是马太效应形成的早期原因之一。

关于成人阅读方法的影响，我们发现，虽然对话式阅读所花的总时间比照本朗读的总时间要长，但是中文6岁儿童在照本朗读和对话式阅读方式下，对文字注意的时间占总阅读时间的比例分别是22%和25%，差异并不显著。这说明成人的讲故事的方式并不能显著影响中文儿童对故事书中文字的注意。中文6岁儿童看起来已经形成了他们自己相对稳定的阅读模式。但是，英文6岁儿童在照本朗读和对话式阅读方式下，对文字注视时间的平均比例分别是42%和31%，T检验显示差异显著（$p<0.05$）。英文4岁儿童在照本朗读和对话式阅读方式下，对文字注视时间的平均比例分别是6%和10%，T检验显示差异显著（$p<0.05$）。

两种不同阅读方式形成的差异主要体现在每页故事开始的一段时间中儿童对文字的注意。当成人用的是对话式的阅读方式时，中文6岁儿童和英文4岁儿童在每页故事开始的一段时间都更多地注意了书面文字。具体来说，中文6岁儿童在照本朗读和对话式阅读方式下，在每页书前6秒对文字注意时间的平均比例分别是18%和23%，T检验显示差异显著（$p<0.05$）（图6-10）；而英文4岁儿童在照本朗读和对话式阅读方式下，在每页书前10秒对文字注意时间的平均比例分别是4%和6%，T检验显示差异显著（$p<0.05$）（图6-11）。这说明当成人用对话式阅读方式有策略地引导儿童注意故事书中的文字，并要求儿童回答成人提出的问题时，中文6岁儿童和英文4岁儿童都花了更多的时间注意文字，并努力地试图从书面文字中寻求答案。

对比起来，当成人用的是照本朗读的阅读方式时，英文6岁儿童却在每页故事开始的一段时间更多地注意了书面文字。英文6岁儿童在照本朗读和对话式阅读方式下在每页书前6.6秒对文字注意时间的平均比例分别是42%和33%，T检验显示差异显著（$p<0.05$）（图6-12）。可能的原因是已经具备一些识字能力的英文6岁儿童更善于通过照本朗读

的机会（跟着成人一个词一个词地阅读而同时听到成人对某一个词的发音和看到同一个词的拼写）来注意和学习新的单词，而成人对话式的阅读方式反而容易使他们分心而更多注意到书面上的图片。

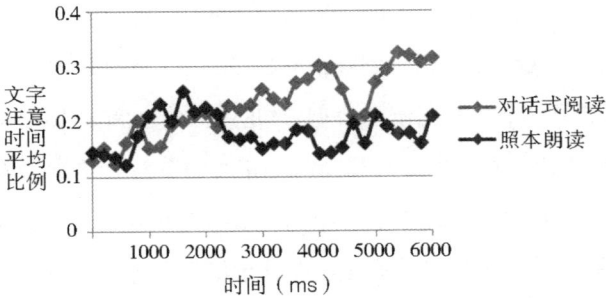

图6-10　中文6岁儿童在两种阅读方式下文字注意时间的平均比例

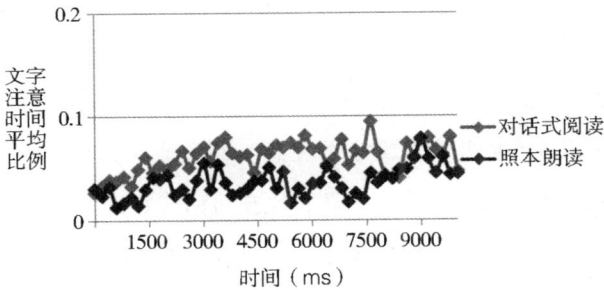

图6-11　英文4岁儿童在两种阅读方式下文字注意时间的平均比例

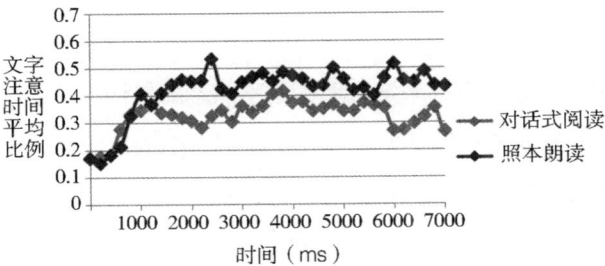

图6-12　英文6岁儿童在两种阅读方式下文字注意时间的平均比例

讨　论

　　本研究发现了识字能力差的儿童在照本朗读的过程中几乎不看书中的文字。这一点与前人研究结果一致。我们根据共同注意和语言调节的眼动理论（Adamson & Chance，1998；Chambers et al.，2002；Fletcher & Reese，2005；Pellegrini & Galda，2003；Snow & Ninio，1986）提出了一个分享阅读的模型：儿童在分享阅读中眼睛总是注意书中对他们来说有意义的并与当前活动相关的东西。学前儿童不看文字是因为识字量非常有限，文字对他们听故事来说没有太大意义。然而，当成人运用了积极的对话式阅读方式引导儿童看文字和回答问题时，故事书中的文字对于中文6岁儿童和英文4岁儿童都变得更加有意义，因此他们都花了更多的时间看故事书中的文字。

　　虽然总体来说英文6岁儿童比他们同年龄的中文6岁儿童和英文4岁儿童会更多地注意故事书中的文字，但是成人对话式的阅读方式却没有特别提高英文6岁儿童对文字的注意。相反地，英文6岁儿童在成人照本朗读的阅读方式下对文字的注意比在对话式阅读下对文字的注意更多。中文6岁儿童与同年龄的英文儿童注意故事书中文字的注意时间比例之间的差别，可能主要跟两种文字系统的结构特点有关系。英语的词与词之间有明显的空白，而且多数情况下字母特别是首字母与单词的发音有紧密联系。因此，对于已经有一些识字能力的英文6岁儿童来说，他们可以根据熟悉的单词来学习那些还不熟悉的单词。在照本朗读的情况下，英文6岁儿童可以试着跟成人一个词一个词地阅读，进而同时听到某一个生词的发音并看到该词的拼写。对于英语来说，照本朗读创造了更好的字词学习的机会。相对于英文的字母拼写系统，汉字的字词之间没有空格，而且汉字书写的规律复杂，没有多年的系统学习，儿童很难猜出汉字的意思和发音，在分享阅读中想知道成人读到哪里都很困难。也就是说，中文儿童很难从照本朗读的方式中自学汉字（Ping，1995）。成人在对话式阅读方式下则可以通过解释汉字的组成来帮助儿童学习和记忆新的汉字和词汇（Ji，2006；Wang，2005）。

　　综上所述，在研究一中我们集中讨论了本章节开头所提出的前两个问题：儿童的识字能力以及成人的阅读方式对儿童阅读眼动的影响。我们发现，儿童的早期识字能力的确有助于他们在分享阅读中更多地关注故事书中的文字。他们对文字更多的注意也给成人提供了更多的教育机会，从而进一步帮助儿童加速发展他们的识字和阅读能力。而成人的阅读方式对不同年龄和语言文化的儿童却有不同的影响。对话式阅读更能帮助中文6岁儿童和英文4岁儿童关注故事书中的文字，而英文6岁儿童则更受益于照本朗读的方式。这种差异与儿童自身的识字能力以及不同语言结构的特点都有关系。对于几乎没有什么识字能力的英文4岁儿童来说，成人有效地引导能帮助他们更多地注意故事书中的文字，而语言结构更适于偶然学习模式的英文则使已经具有一些识字能力的英文6岁儿童更受益于照本朗读的阅读方式。

研究二：实时眼动反馈对分享阅读双方眼动和互动的影响

研究目的

　　研究一分别探讨了儿童的自身特点（识字能力）以及成人的阅读方式对儿童阅读眼动的影响。由于研究一中实验范式和方法的局限性（我们只运用了一套眼动设备来监测和记录儿童被试的眼动，只有研究者可以看到儿童的实时眼动），我们还没有把阅读中的共同注意铁三角当作一个整体，来研究其中的机制和动态，因而我们也很难清晰地了解阅读双方在分享阅读中到底是怎样互动的，成人与儿童在每一个时刻的眼睛注视点在什么地方，有什么更直观有效的方法可以来帮助阅读双方提高他们对书中文字的共同注意。特别是对4岁左右的学前儿童，他们的识字能力非常有限，即使成人运用了对话式阅读方法，他们对故事书中文字的注意也只占总的阅读时间的10%。所以在研究二中，我们想用一种新的研究范式和技术进一步考察成人与识字能力有限的学前儿童在分享阅读中的眼动和互动。

具体来说，我们采取了当前先进的眼动技术来给分享阅读的双方提供这种实时的注意力反馈。我们用眼动仪把成人在每时每刻的眼睛注视点记录下来，并且用一个移动的图标在电脑屏幕上实时显示给学前儿童看。同样，儿童在读故事书时每时每刻的眼睛注视点也被记录和显示给他们的父母看。这种眼睛注视点的反馈给分享阅读的双方提供了实时信息，以供及时调整共同注意。这种信息是在传统的分享阅读活动中是没有的。

一方面，眼睛注视点的位置显示了当前注意力集中的地方（Rayner，1998；Rayner et al.，2006）。我们认为，看到儿童实时的注意力状态会帮助成人在分享阅读时有效地调整儿童的注意焦点。这种实时的眼睛注视点信息对于学前儿童来说更有教育意义，因为他们可以直接看到成人是怎样阅读故事书里的文字的。另一方面，了解阅读伙伴的眼动状态可以提高分享阅读过程中调整共同注意力的效率。成人可以从屏幕上直接看到自己是否成功地调整了儿童的注意。这种实时反馈可以帮助成人提供给儿童更加及时和精确的帮助。

采用先进的眼动技术来测量和促进共同注意力给研究者们提供了一个新范式，来研究儿童在分享阅读中的眼动和互动。因此，本研究有两个主要的目的。第一，我们想通过同时监测父母和儿童的眼睛注意点来客观地测量分享阅读中的共同注意。以前虽然有很多研究测量儿童在阅读时的眼动，但是父母和儿童在此过程中的互动和共同注意却很少被研究。我们利用两台眼动仪成功地测量了分享阅读双方实时的眼动和互动。这些数据和方法对于研究共同注意力和合作行为的研究者非常有帮助。 第二，我们想研究这种利用眼动技术的干预实验是否可以加强父母和儿童之间的共同注意。为此，我们设计了两个干预性实验和控制实验。第一个干预实验是在儿童面前的阅读屏幕上用一个移动小图标来显示父母的眼动轨迹。第二个干预实验是在父母面前显示儿童的实时注意焦点。我们认为这种注意力焦点的实时反馈信息非常关键，可以帮助阅读双方更好地调整共同注意，从而促进儿童对书面文字的学习。

我们的假设是，儿童在以下情况下能更多地注意故事书中的文字以及更好地与成人进行跟文字有关的互动：①成人能看到儿童在分享阅读中的实时眼动轨迹并及时有效地调整自己的阅读方式，来引导儿童注意故事书中的文字；②儿童能看到成人在分享阅读中的实时眼动轨迹，从而对成人的阅读模式进行模仿。

研究方法

实验设计

我们采用了被试间实验设计，整个研究由三个实验组成。

实验一是整个研究的基线。实验一测量了在没有任何干预下的分享阅读中有多少共同注意集中在书面文字上。具体来说，我们要求每一对实验被试对三本故事书进行四个阅读任务。在第一个和最后一个阅读任务中，他们会读同一本故事书，不同的是，我们要求成人在第四个阅读任务中教儿童三个不认识的常见词（从儿童在阅读前的常见词再认测验中找出三个他／她不认识的词）。在第二个和第三个阅读任务中，他们会读其他两本不同的故事书。三本故事书呈现的顺序会在所有被试对中进行平衡。我们会分别计算在第一个阅读任务（成人不教单词）中儿童和成人对文字有共同注意的时间百分比，以及在第四个阅读任务（成人教单词）中儿童和成人对文字有共同注意的时间百分比。通过比较这两个百分比，我们想考察阅读双方对同一本故事书中的书面文字的共同注意在前后两个任务中是否有所改变。我们还会测量和对比儿童被试在阅读开始前和阅读结束之后对书中常见词的再认成绩，从而进一步推断儿童在分享阅读过程中是否学会了一些新的单词。我们的假设是学前儿童很少主动看文字，因此父母和儿童的共同注意很少会集中在书面文字上。这样儿童在阅读过程中对于书面文字的学习也非常有限，具体体现就是儿童对书中常见字的再认能力有限。 实验一可以作为实验二和实验三这两个干预实验的控制条件。

在实验二中，我们给儿童被试提供成人眼睛注意点的实时反馈。实验二所用的实验材料和实验一保持一致，即我们要求每一对实验被试对同样的三本故事书进行四个阅读任务。实验二的阅读任务一和实验一的阅读任务一是一样的。在实验二的阅读任务二、任务三和任务四中，我们在儿童被试面前的显示屏上用一个移动小图标来代表成人阅读的实时眼动。我们要求儿童被试跟着屏幕上成人的眼睛注视点一起看故事。而在所有阅读任务中成人看到的只是正常的故事书页面，也就是说他们并看不到儿童的眼动，也看不到自己的眼动。在第一和最后一个阅读任务中，他们会读同一本故事书，但是我们会要求成人在第四个阅读任务中教儿童三个不认识的常见词（从儿童在阅读前的常见词再认测验中找出三个他／她不认识的词）。在第二个和第三个阅读任务中，他们会读其他两本不同的故事书。阅读任务二和三的主要目的是让儿童被试熟悉在显示屏上移动的成人眼动轨迹。我们在实验前和实验后会分别测试儿童对书中常见词的再认。我们将分析实验二中阅读双方在第一个阅读任务（成人不教单词）和第四个阅读任务（成人教单词）中对文字有共同注意的时间百分比以及儿童的常见词学习效果，并且将这些分析与实验一的数据进行比较。

在实验三中，我们给成人被试提供儿童眼睛注意点的实时反馈。实验三所用的实验材料和前两个实验保持一致，即我们要求每一对实验被试对同样的三本故事书进行四个阅读任务。实验三的阅读任务一和前两个实验的阅读任务一是一样的。在实验三的阅读任务二、任务三和任务四中，我们在每位成人被试的显示屏上用一个移动小图标来显示儿童的眼睛注视点。而在所有阅读任务中儿童看到的只是正常的故事书页面，也就是说他们并看不到成人的眼动。成人被试被鼓励利用他们得到的眼动反馈来调整儿童的注意。与前两个实验一致，我们也要求成人被试在阅读任务四中教儿童三个他／她在实验前不能再认的单词。我们在实验前和实验后会测量儿童对书中常见词的再认。我们将分析实验三中阅读双方在第一个阅读任务（成人不教单词）和第四个阅读任务（成人教单词）中对文字有共同注意的时间百分比以及儿童的常见词学习效果，并且将这些分析与实验一的数据进行比较。我们的假设是在实验二和实验三这两个干预实验中，当我们给阅读双方中的一方提供另一方眼睛注视点的实时反馈时，这种反馈可以帮助分享阅读的双方及时调整并提高对文字的共同注意，从而有助于儿童对书面文字的学习。

我们对于在某一个时间点阅读双方是否具有共同注意是这样定义的：当阅读双方在某个时间点同时注意到屏幕上同一个或者非常接近的视觉物体时，我们认为父母与儿童在那个时间点有共同注意；反之则没有（图6-13）。

（A）　父母与儿童有共同注意　　　　（B）　父母与儿童没有共同注意

图6-13　父母与儿童在某个时间点是否有共同注意的例子

注：★代表儿童的实时眼睛注视点，♥代表父母的实时眼睛注视点。

具体来说，我们计算父母和小孩每20 ms眼睛注视点之间的距离。如果距离的平均值小于201像素，我们判定阅读双方有共同注意，否则没有。我们是基于3点理由来定下201像素这个标准的。第一，我们在正式实验开始前让阅读双方同时看屏幕中心的一个小点（他们的共同注意集中于屏幕上的那个点），他们在屏幕上的眼睛注视点之间的距离有80%都在201像素之内。第二，对应于201像素的视觉角度是大约10°（EyeLink眼动系统每一度对应20像素），而人类具有最清晰视力的中央窝是大约2°，因此用10°来定义共同注意是一个相当宽泛的标准。第三，201像素接近于英文中2个由5个字母组成的单词的长度（5个字母组成的英文单词的平均长度是100像素）。综上所述，虽然共同注意很难定量，我们认为在本实验的条件下使用201像素来定义阅读中共同注意的标准是合理的。阅读双方的注视点之间的距离小于201像素的时间段占整个阅读时间的百分比，就代表了分享阅读的双方拥有共同注意力的多少。

我们用了InqScribe软件来整理和标记父母与儿童的阅读互动的视频。通过参考以前研究的分析方法（Chi, Siler, Jeong, Yamauchi, & Hausmann，2001；Ortiz, Stowe, & Arnold，2001；Sulzby，1985；Whitehurst et al.，1988），我们还开发了一个评分系统来分析和归类父

母与儿童之间的互动。我们用了20%的样本数据来进行行为评分人员之间的信度分析。

被试和实验材料

我们邀请了92个父母与儿童的组合参加这个研究。其中，37个组合参与了实验一，他们也是实验二和实验三的干预实验组的控制组。实验二的干预实验组包括了27个组合，实验三的干预组包括了28个组合。所有的儿童被试都是以英语为母语的4岁儿童，他们的听力、视力和认知能力正常。父母被试都是在家最常跟儿童阅读的那一方。

我们选了3本适合4岁儿童的故事书作为实验材料。在阅读故事书之前和之后，我们都测量了儿童被试对书中常见词的再认能力，即要求儿童念出排列在纸上的从3本故事书选出的常见词。

实验设备

我们在此研究中采用了2套眼动系统（Tobii X50 和 EyeLink 1000）。这2套眼动系统都运用红外线远程追踪被试的眼动轨迹，因此被试并不需要与仪器直接接触。具体对于每一对被试，我们用 Tobii X50 眼动系统追踪成人的眼动，而儿童的眼动则由 EyeLink 1000 眼动系统来记录。另外，我们用了2台摄像机来记录阅读双方的互动行为。

对每一对被试，成人和儿童分别坐在同一张儿童桌子的垂直的两边。一个 LCD 显示屏（1280 × 1024 分辨率）和 EyeLink 1000 被放置在距离儿童60 cm 的地方，另一个 LCD 显示屏（1280 × 1024 分辨率）和 Tobii X50 被放置在距离成人60 cm 的地方（图6-14）。电子版的儿童故事书被同时呈现在2个显示屏上面。我们用了自己开发的一套软件来同时控制2套眼动系统的实验刺激呈现和眼动轨迹的记录。眼动数据被随后输出并进行统计分析。

图6-14　研究二中的实验设备和设置

研究过程和结果

实验一：分享阅读双方在无干预情境下的共同注意

（1）实验任务

实验一是2个干预实验（实验二和实验三）的基线条件。我们邀请了37对成人—儿童被试来到我们的实验室，并要求每一对实验被试在自然的没有任何干预的情境下对3本故事书进行4个阅读任务。在第一个和最后一个阅读任务中，他们会读同一本故事书。不同的是，我们要求成人在第四个阅读任务中教儿童3个不认识的常见词（从儿童在阅读前的常见词再认测验中找出3个他／她不认识的词）。在第二个和第三个阅读任务中，他们会读其他2本不同的故事书。3本故事书呈现的顺序会在所有被试对中进行平衡。由于在实验二中我们会要求儿童跟着屏幕上成人的眼睛注视点（由屏幕上一个移动的小图标来显示）一起看故事，为了保证儿童在3个实验中得到的指导语一致，我们要求实验一中的儿童被试在 4 个阅读任务中也这样做（即使他们在无干预的条件下看不到成人的眼睛注视点）。

我们用眼动系统和摄像机记录了成人和儿童在无干预分享阅读中的眼动与行为互动。我们分别计算了第一个阅读任务（成人不教单词）中儿童和成人对文字有共同注意的时间百分比，以及第四个阅读任务（成人教单词）中儿童和成人对文字有共同注意的时间百分比。通过比较这两个百分比，我们想考察阅读双方对同一本故事书中的书面文字的共同注意在前后两个任务中是否有所改变。我们还测量和对比了儿童被试在阅读开始前和阅读结束之后对书中常见词的再认成绩，从而进一步推断儿童在分享阅读过程中是否学会了一些新的单词。

（2）实验结果

实验一的结果支持了我们的假设。具体来说，在无干预的分享阅读情境下，父母和儿童对于文字的共同注意非常有限。在第一个阅读任务中，父母并没有特意教儿童单词，他们对文字的共同注意时间只占整个阅读时间的 2.91%。在第四个阅读任务中，父母要特意教儿童 3 个书中的常见词，他们对文字的共同注意时间显著提高到整个阅读时间的 6.41%（$t_{36}=2.48$，$p=0.018$）。虽然儿童对于书中常见词的再认成绩从实验前到实验后得到了显著提高，在实验前儿童被试的常见词再认平均成绩是他们能认出 10 个词中的 1.81 个词，而实验后他们能认出同样 10 个词中的 2.19 个词（$t_{36}=3.19$，$p=0.003$），但是儿童对书面文字的学习在实验一中还是非常有限的平均下来他们学会了 0.38（2.19~1.81）个单词。

这些结果与以前的研究发现也保持一致（Evans & Saint-Aubin，2005；Evans，Saint-Aubin，& Landry，2009；Guo & Feng，2013；Justice et al.，2005；Justice，Pullen，& Pence，2008）。当儿童与成

人在无干预的情境下一起读故事书时，儿童会喜欢看图片而不是文字，而成人却主要是通过读文字来讲故事，所以阅读双方对于书面文字的共同注意很有限。儿童也因此很难提高他们对书中常见词的学习。

为了进一步研究父母与儿童对文字的共同注意对儿童学习单词的影响，我们在接下来的干预实验（实验二）中使用一种眼动技术使儿童看到父母在阅读中的实时眼动。我们假设这种干预会提高阅读双方对书中文字的共同注意。

实验二：让分享阅读中的儿童看到成人的阅读眼动

我们的早期实验显示，大多数的学前儿童并不知道成人在读故事的时候是看着文字而且是从左向右读文字的。在实验二中，我们想考察是否让儿童看到成人阅读的实时过程可以帮助儿童理解成人到底是怎样阅读的，这种理解能否使儿童更多地把注意焦点放到文字上，从而更好地学习英文单词。

（1）实验任务

我们邀请了27对成人—儿童被试（他们没有参加过实验一）参加我们的实验二。实验二所用的实验材料和实验一保持一致，即我们要求每一对实验被试对同样的3本故事书进行4个阅读任务。实验二的阅读任务一和实验一的阅读任务一是一样的。在实验二的阅读任务二、任务三和任务四中，我们在儿童被试面前的显示屏上用一个移动小图标来代表成人阅读的实时眼动。我们要求儿童被试跟着屏幕上成人的眼睛注视点一起看故事。而在所有阅读任务中成人看到的只是正常的故事书页面，也就是说他们并看不到儿童的眼动，也看不到自己的眼动。在正式阅读开始前，我们还用了一个小游戏来确保儿童明白他们可以通过显示屏上的移动小图标来判断父母正在看什么地方。年龄最小的儿童被试也能理解移动小图标和父母眼睛注视点的关系。

在第一个和最后一个阅读任务中，他们会读同一本故事书，但是我们会要求成人在第四个阅读任务中教儿童 3 个不认识的常见词（从儿童在阅读前的常见词再认测验中找出 3 个他／她不认识的词）。在第二个和第三个阅读任务中，他们会读其他 2 本不同的故事书。阅读任务二和任务三的主要目的是让儿童被试熟悉在显示屏上移动的成人眼动轨迹。3 本故事书呈现的顺序会在所有被试对中进行平衡。

我们在实验前和实验后分别测试了儿童对书中常见词的再认。我们分析了实验二中阅读双方对文字有共同注意的时间的百分比以及儿童的常见词学习效果，并且将这些分析与实验一的数据进行了比较。

（2）实验结果

眼动数据显示，实验二提供给儿童被试的关于成人阅读眼动的反馈显著提高了阅读双方对文字的共同注意。在没有任何干预的阅读任务一中，阅读双方对文字有共同注意的时间百分比只有 5.35%。在阅读任务四中，阅读双方读的同一本书，不同的是，儿童能通过一个移动小图标看到成人的实时眼动，而且成人被要求教儿童 3 个书中的常见词。这种干预显著提高了阅读双方对文字有共同注意的时间百分比，达到 22.7%（$t_{26} = 8.01$，$p = 0.000$）。

为了进一步比较实验一和实验二中被试从阅读任务一到任务四的眼动的改变，我们进行了一个重复测量方差检验。在这个检验中，我们把阅读双方对文字有共同注意的时间百分比的平均值作为因变量，把阅读任务作为被试内的自变量（阅读任务一对比阅读任务四），用儿童是否看到成人的眼动反馈作为被试间的变量（实验一对比实验二）。检验结果显示，被试内变量的主效应显著（$F_{(1, 62)} = 70.8$，$p = 0.000$），说明无论在实验一还是实验二中，与阅读任务一相比，阅读双方在阅读任务四中都显著提高了对文字的共同注意。被试间变量（儿童是否看到成人的眼动反馈）的主效应也是显著的（$F_{(1,62)}=23.51$，$p=0.000$）。被试内和被试间变量的交互作用也是显著的（$F_{(1,62)}=31.24$，$p=0.000$）。这说明实验二中阅读双方从阅读任务一到阅读任务四所增加的对文字共同注意的时间百分比显著地高于实验一（图6-15）。也就是说，在实验一和实验二的阅读任务四中，由于成人有意引导儿童注意书中的单词，两个实验中的阅读双方都比阅读任务一有更多的共同注意在书面文字上。但是在实验二的阅读任务四中，当儿童看到成人的实时阅读眼动时，他们所增加对文字的注意时间百分比更显著高于在实验一的阅读任务四中，没有得到任何成人眼动反馈的儿童被试。

　　阅读双方对文字更多的共同注意也使儿童学会了更多单词。实验二中儿童被试从实验前到实验后平均学会了1个单词，这显著高于实验一中儿童被试平均学会的0.38个单词（$t_{62}=2.37$，$p=0.02$）。这个结果说明，儿童看到成人阅读眼动的实时反馈时更容易学会单词。

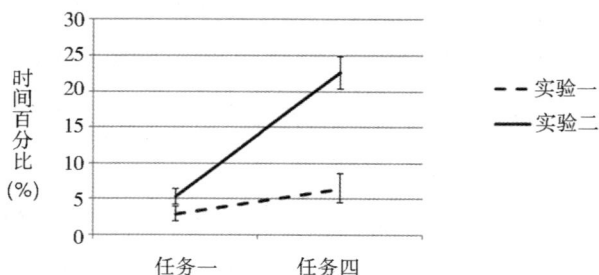

图6-15　阅读双方对文字的共同注意的时间百分比

　　为了考察这种眼动干预是否会影响父母与儿童之间的阅读互动，我们对实验一中36对被试（有一对被试由于视频质量太差而没有参与分析）和实验二中27对被试的视频进行评分。评分人员之间的信度值是0.79（$p<0.01$），根据以前的研究来判断，这说明评分人员对被试行

为的分析有很高的一致性（Landis & Koch，1997；Ortiz，Stowe，& Arnold，2001）。我们把每一个被评分的关键行为的平均出现频率（每分钟出现的次数）作为因变量，都进行了一个重复测验方差检验。在这种检验中，阅读任务是被试内的自变量（阅读任务一对比阅读任务四），儿童是否看到成人的眼动反馈是被试间的变量（实验一对比实验二）。实验结果显示当儿童看到成人的实时眼动时，儿童的确更多地对成人的阅读策略做出了回应。例如，儿童跟随成人一起读出书中文字的行为，虽然在两个实验中儿童在阅读任务四都比阅读任务一更多地出现了此种行为（$F_{within(1, 61)} = 23.09$，$p = 0.000$），可是得到成人实时阅读眼动反馈的儿童从阅读任务一到任务四提高的此种行为的频率更高（$F_{between(1, 61)} = 4.34$，$p = 0.041$；$F_{interaction(1, 61)} = 4.31$，$p = 0.042$），参见图6-16。

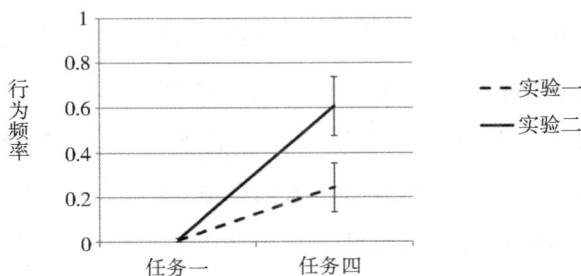

图6-16　儿童跟随成人读出书中文字的行为频率

　　总的来说，实验一和实验二的比较说明，成人的实时眼动对儿童的反馈可以帮助儿童更直观明确地认识到成人的阅读过程。儿童在听到成人读故事的同时也能注意到那些对应的书面文字，他们就会有最好的机会来学习那些词的音、形、义之间的联系。进一步地，实时的眼动反馈也能帮助成人更有效地把儿童的注意引导到那些需要学习的目标词上，而儿童也能更积极地回应成人对文字的教学。儿童更多地对成人教学的回应，更多地对文字的注意，还有他们对阅读过程更深的了解，都促进了儿童对文字的学习。

　　实验二的一个局限是只有儿童得到了成人阅读的眼动反馈，而成人还是对儿童的注意状态一无所知。因此在实验三中，我们反过来给成人提供了儿童在分享阅读时的眼动信息。

　　实验三：让分享阅读中的成人看到儿童的实时眼动

　　父母在传统的分享阅读模式中占着主导地位，可是他们却很少知道儿童在阅读时注意的是什么地方，也不知道他们自己的阅读策略是否有效。我们认为，让父母看到儿童在分享阅读时的注意集中在什么地方，可以帮助父母更有效地调整阅读双方的共同注意。

　　（1）实验任务

　　我们邀请了28对成人—儿童被试（他们没有参加过实验一或者实验二）参加我们的实验三。实验三所用的实验材料和前2个实验保持一致，即我们要求每一对实验被试对同样的3本故事书进行四个阅读任务。实验三的阅读任务一和前2个实验的阅读任务一是一样的。在实验三的阅读任务二、任务三和任务四中，我们在每一位成人被试的显示屏上用一个移动小图标来显示儿童的眼睛注视点。而在所有阅读任务中儿童看到的只是正常的故事书页面，也就是说他们并看不到成人的眼动。成人被试被鼓励利用他们得到的眼动反馈来调整儿童的注意。为了保证儿童在3个实验中得到的指导语一致，我们也要求实验三中的儿童被试跟着屏幕上成人的眼睛注视点一起看故事（即使他们在实验三中并看不到成人的眼睛注视点）。与前2个实验一致，我们也要求成人被试在阅读任务四中教儿童3个他／她在实验前不能再认的单词。

　　我们记录并分析了阅读双方在阅读过程中的眼动和互动。我们在实验前和实验后也都测量了儿童对书中常见词的再认。我们还将实验三中阅读双方对文字有共同注意的时间的百分比和儿童学习单词的效果与实验一进行了比较。我们预测，当成人看到儿童的实时眼动时能更及时地调整他们自己的阅读策略，而成人改变的阅读行为可以帮助他们更有效地调节与儿童之间的共同注意，从而使儿童在阅读时花更多时间在文字上，儿童也会因此学到更多的单词。

（2）实验结果

实验三的结果证明了我们的预期。阅读双方对文字有共同注意的时间百分比在阅读任务四中是12.87%，显著地高于实验一中的同一指标3.48%（t_{27} = -5.05，p = 0.000）。为了进一步比较阅读双方眼动变化在实验一和实验三之间的差别，我们把阅读双方对文字有共同注意的时间百分比的平均值作为因变量，进行了一个重复测量方差检验。在这个检验中，阅读任务是被试内的变量（阅读任务一对比阅读任务四），成人是否看到儿童的眼动反馈是被试间的变量（实验一对比实验三）。检验结果显示，被试内变量的主效应显著（$F_{(1, 63)}$ = 31.72，p = 0.000），说明阅读双方从阅读任务一到任务四显著地提高了他们对文字有共同注意的时间百分比。被试间变量（成人是否看到儿童的眼动反馈）的主效应也是显著的（$F_{(1, 63)}$ = 5.35，p = 0.024）。被试内变量和被试间变量的交互作用也是显著的（$F_{(1, 63)}$ = 6.62，p = 0.012）。这些结果说明，实验三中阅读双方从阅读任务一到阅读任务四所增加的对文字共同注意的时间百分比显著高于实验一（图6-17）。

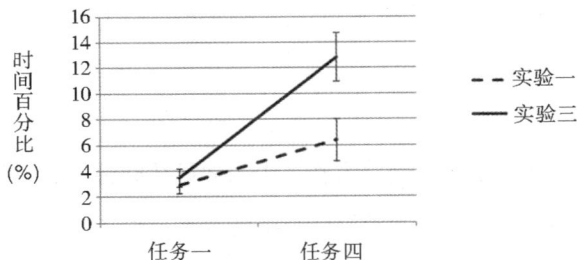

图6-17 阅读双方对文字的共同注意的时间百分比

阅读双方对文字更多的共同注意也使儿童学会了更多单词。实验三中儿童被试从实验前到实验后平均学会了 1.25 个单词，这显著高于实验一中儿童被试平均学会的 0.38 个单词（$t_{63} = 3.83$，$p = 0.000$）。这个结果证明成人用他们得到的儿童眼动的实时反馈更有效地引导儿童注意文字，从而帮助儿童学会了更多单词。

我们阅读双方行为的评分和分析也支持了我们的假设。我们比较了实验一中 36 对被试（有一对被试由于视频质量太差而没有参与分析）和实验三中 28 对被试从阅读任务一到阅读任务四的行为改变。评分人员之间的信度值是 0.78（$p < 0.01$），根据以前的研究来判断，这说明评分人员对被试行为的分析有很高的一致性（Landis & Koch，1997；Ortiz，Stowe，& Arnold，2001）。我们把每个被评分的关键行为的平均出现频率（每分钟出现的次数）作为因变量，进行了一个重复测量方差检验。在这种检验中，阅读任务是被试内的自变量（阅读任务一对比阅读任务四），成人是否看到儿童的眼动反馈是被试间的变量（实验一对比实验三）。实验结果显示，当成人看到儿童的实时眼动时，成人增加了他们调节共同注意以及教儿童单词的频率。例如，成人要求儿童看着书中具体单词的行为，如"你能不能帮我在屏幕上找到'小猫'这个词"。虽然在两个实验中，儿童在阅读任务四中都比在阅读任务一中更多地出现了此种行为（$F_{within\,(1,\,62)} = 62.95$，$p = 0.000$），可是得到儿童实时阅读眼动反馈的成人从阅读任务一到任务四提高的此种行为的频率更高（$F_{between\,(1,\,62)} = 15.32$，$p = 0.000$；$F_{interaction\,(1,\,62)} = 15.32$，$p = 0.000$），见图 6-18。

相对于实验一中的父母，实验三中的父母从阅读任务一到阅读任务四也更多地为儿童提供了儿童具体行为的反馈。例如，成人在要求儿童看着屏幕上的某个具体单词之后，对儿童说"对的，你现在就在看着正确的地方"或者"不对，你现在没有看着我希望你看的地方"。具体检验结果如下：（$F_{between(1, 62)}$ = 26.57，p = 0.000；$F_{interaction(1, 62)}$ = 26.57，p = 0.000；$F_{within(1, 62)}$ = 27.63，p = 0.000），见图6-19。

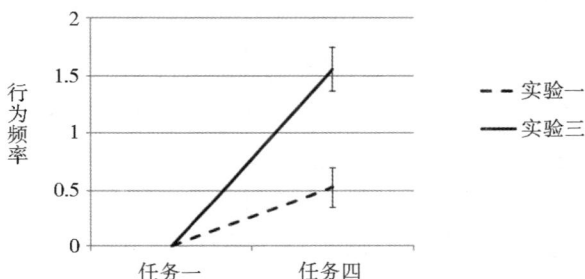

图6-18　成人要求儿童看书中具体单词的行为频率

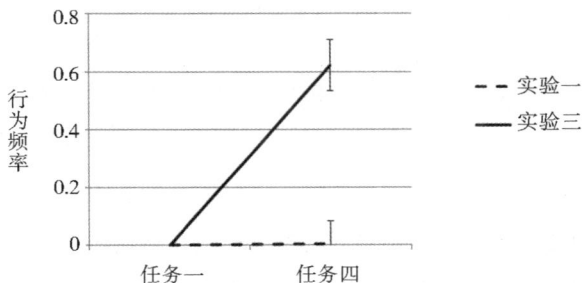

图6-19　成人为儿童提供反馈的行为频率

　　成人行为的改变也引导儿童有了更多语言上的回应。虽然两个实验中的儿童从阅读任务一到阅读任务四都增加了提问或者回答与文字相关的问题的频率（$F_{within(1, 62)}$ = 54.59，p = 0.000），但是实验三中儿童提高此行为的频率更大一些（$F_{between(1, 62)}$ = 22.71，p = 0.000；$F_{interaction(1, 62)}$ = 22.64，p = 0.000），见图6-20。

　　以上关于实验一和实验三的比较说明，当成人得到实时的儿童眼动反馈时，他们有更好的机会来观察儿童的注意状态，也能更及时有效地调整策略来增加儿童对阅读的兴趣和参与。而得到有效的指导和纠正的儿童也更容易注意和理解那些父母试图教给他们的东西，并且发展和保持自己对学习的兴趣。儿童的这些改变也反过来给父母提供了更多教育和指导的机会。

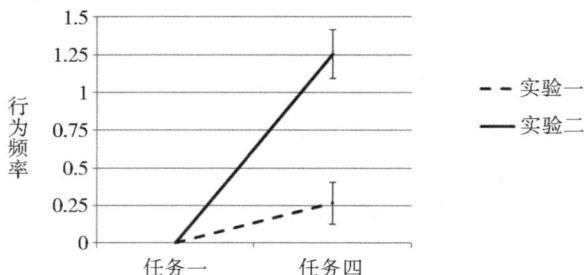

图6-20 儿童提问或回答与文字相关问题的行为频率

讨 论

本研究测量了父母与学前儿童在分享阅读中实时的共同注意。据我们所知，这是分享阅读研究领域第一个客观和直接地测量共同注意的研究。与以前的研究不同的是，我们不仅仅关注分享阅读中的儿童，我们也把分享阅读看成一个有着阅读双方的积极互动和每个阅读个体的实时认知策略的过程。而且我们采用了先进的眼动技术和新的实验模式，来精确定量地监测分享阅读双方在每时每刻是否存在共同注意。

在阅读双方自然进行的分享阅读实验中我们得到了与以前研究一致的结论（Evans & Saint-Aubin，2005，2013；Fletcer & Reese，2005；Guo & Feng，2013；Justice et al.，2005；Justice，Pullen，& Pence，2008）：学前儿童与父母在阅读中的共同注意非常有限。父母不清楚儿童在注意什么地方，儿童更不知道父母是怎样阅读的。这导致了父母与儿童之间的关于共同注意的互动以及儿童对文字的学习非常有限。

更重要的是，我们利用眼动技术的干预实验，成功地改变了分享阅读双方的共同注意互动。通过分别给分享阅读中的一方提供实时的另一方眼动的反馈，我们证明了双方对文字的共同注意有了显著提高，父母也调整了他们的阅读策略来更加及时有效地引导儿童的注意力。通过儿童对书中常见词的再认能力的提高以及他们对成人阅读过程的理解的加深，我们可以证明儿童被试在实验中并不是仅仅注视屏幕上的移动小图标或者文字，他们更是阅读和加工了那些文字。这些结果说明，我们可以通过向分享阅读中的一方提供另一方的实时眼动信息，来有效促进他们对共同注意的调节以及儿童对书中常见词的学习。

更有趣的是，我们发现一些儿童甚至开始模仿成人的阅读眼动轨迹。我们并不认为儿童可以通过模仿成人的阅读眼动而立刻变成独立的阅读者，但是完全不知道成人是怎样阅读的却会严重影响儿童对阅读认知过程的理解。儿童对书面文字和阅读过程的概念上的理解可以进一步促进他们与成人之间的共同注意互动。例如，在研究二的实验二中，儿童被试对成人的教学努力做出了更多的回应，包括跟随父母一起朗读故事书中的文字，以及在父母要求后能努力读出或者指出书中的文字。这种有效的共同注意互动可以使分享阅读的学习环境变得更加有意义，儿童也有了更多机会来识别和匹配单词的发音和字形，并把单词和他们正在注意的故事书中的具体物体或者事件联系起来。这种看似偶然的学习和联系正是儿童发展识字和阅读技能的最佳机会。

虽然我们的实验干预主要针对的是父母与儿童的分享阅读活动，但是这种研究方法可以广泛应用于针对合作学习活动的研究课题。只要是共同注意会影响到的合作活动，如数学补习辅导，实时的眼动反馈都将有助于提高学习效果。在传统的课堂或者一对一的补习辅导的设置中，老师或者辅导员很难得到实时的反馈来了解学生每时每刻的真正问题或困难在什么地方。那些非实时的测量方法，如标准化考试，也不能帮助学生在正好遇到学习问题的时刻得到及时解答。相反地，我们新开发的这种实时眼动反馈的教学干预模式，在这些情境下对学习有困难的儿童非常有用。通过实时眼动反馈，老师或者辅导员可以立刻识别儿童的困难所在，从而及时调整他们的教学策略来帮助儿童集中注意，理解和学习有困难的地方。另外，本研究的范式对研究那些需要合作伙伴在不同显示屏上注意相同主题内容的在线合作活动（在线游戏、合作搜索等）也会有所帮助。我们对此类行为和认知过程的深入了解可以进一步帮助设计更好的多媒体学习和娱乐应用程序。

摘要 Abstract

Reading storybooks to pre-schoolers promotes children's print exposure and reading development. However, recent eye tracking studies showed that there is a potential disassociation in joint attention when the adult reads texts while the child looks at pictures, which may limit children's opportunity to acquire print-related skills. In this chapter, we focus on parent-child interactions during shared book reading by simultaneously tracking eye movements of a parent and his/her child with two eye-trackers. We also investigate whether providing reading partners with real-time eye gaze feedback can enhance parent-child interactions and children's attention on print words. Baseline data showed children paid little attention on print words and their word learning in the naturalistic parent-child shared reading was limited. The real-time eye gaze feedback significantly increased children's attention on print words and their understanding of adults' reading process. With the real-time gaze feedback, parents also efficiently and effectively adjusted their reading strategies to help children learn print-related skills.

Keywords
pre-schooler, shared book reading, eye movement

参考文献 Reference

Adamson, L. B., & Chance, S. E. (1998). Coordinating attetion to people, objects, and language. In: A. M. Wetherby, S. F. Warren, & J. Reichle (Eds.), Transitions in prelinguistic communication. Baltimore: Paul H. Brookes Publishing Co., 15-38.

Aram, D., Fine, Y., & Ziv, M. (2013). Enhancing parent–child shared book reading interactions: Promoting references to the book's plot and socio-cognitive themes. Early Childhood Research Quarterly, 28(1): 111-122.

Bandura, A. (1994). Self-efficacy. In: R. J. Corsini (Ed.), Encyclopedia of psychology. New York: Wiley, 368-369.

Brennan, S. E., Chen, X., Dickinson, C. A., Neider, M. B., & Zelinsky, G. J. (2008). Coordinating cognition: The costs and benefits of shared gaze during collaborative search. Cognition, 106: 1465-1477.

Carletta, J., Hill, R. L., Nicol, C., Taylor, T., de Ruiter, J. P., & Bard, E. G. (2010). Eyetracking for two-person tasks with manipulation of a virtual world. Behavior Research Methods, 42: 254-265.

Chambers, C. G., Tanenhaus, M. K., Eberhard, K. M., Filip, H., & Carlson, G. N. (2002). Circumscribing referential domains during real-time language comprehension. Journal of Memory and Language, 47: 30-49.

Chi, M. T. H., Siler, S. A., Jeong, H., Yamauchi, T., & Hausmann, R. G. (2001). Learning from human tutoring. Cognitive Science, 25: 471-533.

Cunningham, A. E. & Stanovich, K. E. (1998). What reading does for the mind? American educator / American federation of teachers. Spring / Summer: 1-8.

Ehri, L. C. (1997). Sight word learning in normal readers and dyslexics. In: B. A. Blachman (Ed.), Foundations of reading acquisition and dyslexia: Implications for early intervention. Mahwah, NJ: Lawrence Erlbaum, 163-189.

Evans, M. A., & Saint-Aubin, J. (2005). What children are looking at during shared storybook reading - Evidence from eye movement monitoring. Psychological Science, 16: 913-920.

Evans, M. A., Saint-Aubin, J., & Landry, N. (2009). Letter names and alphabet book reading by senior kindergarteners: An eye movement study. Child Development, 80: 1824-1841.

Evans, M. A., & Saint-Aubin, J. (2013). Vocabulary acquisition without adult explanations in repeated shared book reading: An eye movement study. Journal of Educational Psychology, 105(3): 596-608.

Ezell, H. K., & Justice, L. M. (2000). Increasing the print focus of adult-child shared book reading through observational learning. American Journal of Speech-Language Pathology, 9: 36-47.

Farrant, B. M. & Zubrick S. R. (2013). Parent-child book reading across early childhood and child vocabulary in the early school years: Findings from the Longitudinal Study of Australian Children. First Language, 33(3): 280-293.

Fletcher, K. L., & Reese, E. (2005). Picture book reading with young children: A conceptual framework. Developmental Review, 25: 64-103.

Guo, J. & Feng, G. (2013). How eye gaze feedback changes parent-child joint attention in shared storybook reading? An eye-tracking intervention study. In: Yukiko Nakano, Cristina Conati, & Thomas Bader (Eds.), Eye gaze in intelligent user interfaces London: Springer.

Gong, Z. Y., & Levy, B. A. (2009). Four year old children's acquisition of print knowledge during electronic storybook reading. Reading and Writing, 22: 889-905.

Ji, Y. (2006). Parent-child shared book reading in China and abroad. Shandong Education (Chinese), 9: 13-14.

Justice, L. M., Pullen, P. C., & Pence, K. (2008). Influence of verbal and nonverbal references to print on preschoolers' visual attention to print during storybook reading. Developmental Psychology, 44: 855-866.

Justice, L. M., Skibbe, L., Canning, A., & Lankford, C. (2005). Pre-schoolers, print and storybooks: An observational study using eye movement analysis. Journal of Research in Reading, 28: 229-243.

Justice, L. M., Skibbe, L., & Ezell, H. K. (2006). Using print referencing to promote written language awareness. In: T. A. Ukrainetz (Ed.), Contextualized language intervention: Scaffolding preK-12 literacy achievement. Greenville, SC: Thinking Publications University: 389-428.

Korat, O., Shamir, A., & Heibal, S. (2013). Expanding the boundaries of shared book reading: E-books and printed books in parent-child reading as support for children's language. First Language, 33: 504-523.

Landis, J. R., & Koch, G. G. (1977). The measurement of observer agreement for categorical data. Biometrics, 33: 159-174.

Mol, S. E., Bus, A. G., de Jong, M.T., & Smeets, D. J. H. (2008). Added value of dia-logic parent-child book readings: A meta-analysis. Early Education & Develop-ment, 19 (1): 7-26.

Mundy, P., & Newell, L. (2007). Attention, joint attention, and social cognition. Current Directions in Psychological Science, 16: 269-274.

Nüssli, M.-A., Jermann, P., Sangin, M., & Dillenbourg, P. (2009). Collaboration and abstract representations: Towards predictive models based on raw speech and eye-tracking data. Paper presented at the Conference on Computer Support for Collaborative Learning.

Ortiz, C., Stowe, R. M., & Arnold, D. H. (2001). Parental influence on child interest in shared picture book reading. Early Childhood Research Quarterly, 16: 263-281.

Pellegrini, A. D., & Galda, L. (2003). Joint reading as a context: Explicating the ways context is created by participants. In: A. V. Kleeck, S. A. Stahl & E. B. Bauer (Eds.), On reading books to children: Parents and teachers. Mahwah, NJ Erlbaum, 321-335.

Ping, H. (1995). Chinese attitudes towards learning and reading. In: M. Chapman & J. Anderson (Eds.), Thinking globally about language education. Vancouver, British Columbia, Canada: Research and Development in Global Studies, Center for the Study of Curriculum and Instruction, University of British Columbia, 35-48.

Rayner, K. (1998). Eye movements in reading and information processing: 20 years of research. Psychological Bulletin, 124: 372-422.

Rayner, K., Chace, K. H., Slattery, T. J., & Ashby, J. (2006). Eye movements as reflections of comprehension processes in reading. Scientific Studies of Reading, 10: 241-255.

Richardson, D. C., Dale, R., & Kirkham, N. Z. (2007). The art of conversation is coordination: Common ground and the coupling of eye movements during dialogue. Psychological Science, 18: 407-413.

Snow, C. E., & Ninio, A. (1986). The contracts of literacy: What children learn from learning to read books. In: William H. Teale, & Elizabeth Sulzby (Eds.), Emergent literacy: Writing and reading. Norwood, NJ: Ablex Publishing Corparation, 116-138.

Stanovich, K. E. (1986). Matthew effects in reading - Some consequences of individual-differences in the acquisition of literacy. Reading Research Quarterly, 21(4): 360-407.

Sulzby, E. (1985). Children's emergent reading of favorite storybooks: A developemtal study. Reading Research Quarterly, 20: 458-481.

Tomasello, M., & Farrar, M. J. (1986). Joint attention and early language. Child Development, 57: 1454-1463.

Vygotsky, L. S. (1978). Mind in society: The development of higher psychological processes. Cambridge, MA: Harvard University Press.

Vygotsky, L. S. (1986). The genetic roots of thought and speech. In: A. Kozulin (Trans. & Ed.), Thought and language. Cambridge, MA: MIT Press.

Wang, C. L. (2005). Family direction on children's early reading. Journal of Guizhou

Education (Chinese), 5: 21-22.

Whitehurst, G. J., Fischel, J. E., Lonigan, C. J., Valdezmenchaca, M. C., Debaryshe, B. D., & Caulfield, M. B. (1988). Verbal interaction in families of normal and expressive-language-delayed children. Developmental Psychology, 24: 690-699.

Zucker, T. A., Cabell, S. Q., Justice, L. M., Pentimonti, J. M., & Kaderavek, J. N. (2013). The role of frequent, interactive prekindergarten shared reading in the longitudinal development of language and literacy skills. Developmental Psychology, 49(8): 1425-1439.

[第 7 章]

追踪儿童阅读（二）
——学前儿童自主阅读与眼动研究 *

Research of Preschool Children's
Independent Reading and Eye Movements

[中国] 赵　微（Wei Zhao）[1]
[中国] 王妮妮（Nini Wang）[2]

1　陕西师范大学教育学院
2　洛阳师范学院学前教育学院
*　本研究得到益阳教育研究基金的资助。

文字意识是儿童书面语言获得的开始。儿童早期阅读过程中对文字的关注，是理解儿童早期文字意识、阅读方式和阅读理解的关键。本研究以61名5~6岁的儿童为被试，采用Tobii T60眼动仪，对其在自主阅读图画书过程中对文字注视的情况进行实时记录。通过比较阅读理解水平好、中、差三个组别自主阅读图画书文字注视水平，探讨不同阅读理解水平学前儿童在自主阅读图画书过程中文字注视的差异，探索学前儿童图画书自主阅读的眼动特征。

焦点阅读

· 图画书自主阅读中儿童早期阅读的眼动特征，揭示了在遵循从图像到文字的特定认知规律下，对阅读材料中文字的再认程度决定了儿童对文字的注视程度。好的早期阅读者已经开始利用文字支撑，对文字的注视在文字与图画之间进行内容意义整合，实现语义通达，解读图画书意义。因此，早期阅读教育在关注阅读兴趣培养的同时，也应增进文字意识，科学指导阅读方法。

关 键 词

自主阅读，文字注视，眼动研究

引　言

　　儿童早期语言经验的发展预示了入学以后读写能力的高低。在学前阶段，儿童的语言经验主要表现为听觉语言，书面语言经验的获得刚刚开始。作为儿童阅读基础成分的文字意识，与儿童后期学校教育中阅读能力的发展有着高度的相关，因此，学前儿童文字意识的发展得到了发展心理学家、阅读研究者和早期阅读政策制定者的高度重视。国内外的诸多研究发现，学前儿童在图画书阅读过程中呈现从图像到文字的注视特点，并大量注视图画，很少注视文字。近年来，美国和加拿大的研究者率先利用眼动仪对儿童图画书阅读进行了相关方面的研究，他们主要测量儿童在阅读中的视觉关注。眼动研究法是指被试在阅读的时候通过眼动仪记录被试阅读时的眼动轨迹并收集相关数据，如注视时间、注视次数、眼跳等。通过对这些数据进行加工和分析，可以研究阅读者在阅读时的心理加工问题。这种方法是通过对阅读时间的分析来揭示读者的理解过程的。

　　贾斯蒂斯等人（Justice & Lankford，2002）选取了 4 名 52~68 个月的儿童，探讨了在亲子阅读环境中不同文字凸显方式对阅读过程中文字注视的影响。结果发现，此阶段儿童在图画书阅读中很少关注文字，在文字区域上的平均注视次数只占总注视次数的 4%，平均注视时间占总注视时间的2.5%，在文字凸显的图画书中对文字区域的注视次数和注视时间略有提高，但也仅有6%和5.6%。有研究者采用文字最为凸显的字母书对儿童在阅读中的视觉关注进行进一步的研究，结果仍然发现儿童对图画的首次注视时间早于文字，在图画上的注视时间长于在文字上的注视时间。即使后来被试扩大到10名儿童，所进行的重复研究也得到相同的结果（Laura & Justice，2005）。埃文斯等人 (Evans & Saint-Aubin，2005) 还选取了5名儿童（48~61个月），采用5种文本结构不同的图画书，探讨亲子阅读环境中不同文本结构对阅读过程中文字注视的影响。结果发现，无论哪种类型的图画书，被试只用了7%的时间来注视文字。此外，图画书文字难易程度也作为影响因素进行了分析。罗伊等人探讨了儿童在阅读难度水平（三种难度水平）不同的图画书时的眼动注视情况，研究发现，即使在最容易的书上，儿童的注视时间也仅为9%。然而在亲子阅读条件下，成人可以引导儿童对文字进行关注。尽管如此，文字关注的程度并不高。

　　针对中文图画书早期阅读的眼动研究成果很少。高小妹（2009）对162名3~6岁儿童在图画书上的眼动注视轨迹进行分析，结果发现3~4岁儿童在图画书自主阅读中很少注视文字，5岁儿童开始对文字进行少量注视，6岁儿童在文字上的注视时间比例为11.64%，在文字上的注视次数比例为18.48%。金慧慧（2010）对2~3岁儿童在图画书阅读中的文字注视进行研究，结果发现，无论在哪种阅读情境中，3岁以前的儿童在图画书阅读过程中都不注视文字。以上研究都仅仅关注了眼动过程，并没有对儿童对阅读内容的理解做控制。韩映红等人（2011）针对31名5~6岁儿童在自主阅读情境和聆听阅读情境中的文字注视情况进行比较研究，结果发现，儿童在自主阅读情境中对文字的注视显著高于聆听阅读组，但是在画面上的眼动注视没有区别。刘宝根（2011）进一步对儿童图画书阅读中对文字关注的影响因素进行了研究，涉及的因素有阅读时间、文字凸显程度、文字位置、接受性语言能力及正字法意识。研究发现，接受性语言能力及正字法意识在儿童图画书阅读中对文字关注起到显著作用，而阅读时间、文字凸显程度及文字在图画书中呈现的位置并不是影响学前儿童图画书阅读中文字注视的关键因素。

以上研究揭示了学前儿童在阅读图画书的过程中眼动注视的图画优势效应。与在亲子伴读情境中相比，儿童在自主阅读情境中有更多的文字注视时间。但是，仅仅考察图画书阅读的文字注视情况并不能说明文字注视对阅读质量的影响，因此必须同时考察儿童是否在理解的情况下注视文字、怎样注视文字以及通过怎样的途径来达到对图画书的理解，不同阅读理解水平的儿童其在自主阅读图画书过程中对文字的注视存在怎样的差异。对这些问题的探讨将有助于我们了解儿童自主阅读图画书文字注视的原因和途径，合理引导学前儿童的图画书阅读教育。

研究方法

本研究试图探讨不同图画书理解水平的学前儿童在图画书自主阅读中文字注视方面的差异，并在此基础上随机选择 10 名阅读理解好的儿童与 10 名阅读理解差的儿童的眼动数据进行对比分析，探讨良好阅读理解水平儿童的眼动注视特点及图画书自主阅读有效模式。

研究选取某市三所一级一类幼儿园。被试均为口语能力发展正常、视听正常、无认知障碍的 5～6 岁儿童。总测试人数 75 人，剔除无效数据后，有效被试共 61 人。其中，5 岁儿童 32 人，女 14 人，男 18 人，平均年龄 66.2 个月 (SD=3.30)；6 岁儿童 29 人，女 15 人，男 14 人，平均年龄77.1个月 (SD=2.63)。被试基本信息见表7-1。根据61名被试的阅读成绩，将其分为3组，分别为阅读成绩好的，阅读成绩中等的和阅读成绩差的，被试人数分别为15人、25人、21人。

表 7-1　被试基本信息

被试	男生（人）	女生（人）	合计（人）	年龄（月）
5 岁	18	14	32	66.2±3.30
6 岁	14	15	29	77.1±2.63
合计	32	29	61	71.4±6.25

使用便携式眼动记录仪 Tobii T60。该眼动仪由瑞典 Tobii Technology AB 公司生产，眼动记录仪集成一台 17″（1″ ≈ 2.54 cm）的 TFT 显示器。在实验过程中，被试在真实自然的环境中完成对图画书的阅读。2本图画书被扫描输入电脑，通过显示器呈现，其分辨率为 1280 × 1024，采样频率为60 Hz，采样精度为0.5°，允许被试头部在 44 cm × 22 cm × 30 cm 的范围内移动。眼动数据的收集工作在独立的房间内完成，一次测试一个被试。在测试之前，询问儿童是否读过2本测试的图画书，如果读过，该儿童不进入测试范围，研究者将按年龄在未参加测试的班级中抽取儿童进行替换。在眼动数据收集过程中，主试给出指导语："小朋友你好，我们今天要在电脑上看2本书，你要仔细地看，看完之后你能告诉老师这本书说了些什么吗？"研究过程中主试陪在幼儿身旁给其安全感，并提醒儿童注意看，用"你看得很认真""看看下一页有什么""看看后来又发生什么了呢"等提醒幼儿观看图画书，但不给予朗读或解答。正式测试之前，采用五点定标法确保儿童的眼动视线在眼动仪的收集范围之内。收集到的数据使用 SPSS 16.0 进行处理。

眼动观测指标

本研究主要分析的眼动指标有注视时间、注视次数。注视时间是指儿童在注视目标上的所有注视点停留时间之和。注视次数是指儿童在注视目标上的注视点的数量。由于注视时间和注视次数都是原始数据，反映的是儿童注视的绝对水平，难以反映出儿童注视的相对水平，因此在分析的时候，本研究将侧重分析有规律阅读文字的比例、热点区在文字上的比例、注视文字时间占总时间的比例3个指标。在10名阅读理解好的儿童与10名阅读理解差的儿童的眼动数据分析部分，补充了首次注视时间和注视点数据。

本研究中有规律阅读文字比例是指儿童在图画书文字上的注视轨迹遵循从左到右、从上到下的阅读顺序的现象，出现这种现象记为"1"，然后将整本书中出现这种现象的比例计算出来，称为有规律阅读文字的比例。热点区是指儿童在阅读图画过程中注视时间和注视次数最多的区域。本研究中如果儿童在该页面上的热点区落在文字上，则记为"1"，然后将整本书出现这种现象的比例计算出来，称为热点区在文字上的比例。

图画书阅读测试

研究选取的图画书有2种，分别为《我喜欢上学》和《猜猜我有多爱你》。2本书的故事内容符合该阶段儿童的身心发展水平，也都是儿童喜欢的、经典的、图文并茂的故事书。

图画书阅读理解问卷：儿童在眼动仪上自主阅读完1本图画书后，由主试对相关问题进行提问，真实记录被试的答案并给出相应的理解得分。其中，《我喜欢上学》问卷涉及5个问题，总计12分；《猜猜我有多爱你》问卷涉及4个问题，总计18分。为了平衡差异，2本图画书中有

1本为图文匹配程度高的图画书（《我喜欢上学》），1本为图文匹配程度低的图画书（《猜猜我有多爱你》）。如图7-1所示，在图画书《我喜欢上学》的第6页上，文字内容显示"电脑""数学""阅读"等，与文字内容相对应的为计算机、数学题、图书等画面内容。在所选阅读材料的画面内容能够基本反映文字内容的情况下，本研究就将该阅读材料定义为图文高匹配材料。如图7-2所示，在图画书《猜猜我有多爱你》的第5页上，文字内容传递的基本信息是"大兔子用举高手臂的方式凸显对小兔子的爱有多深"，而画面内容只是对大兔子举手动作的显示，儿童在未结合文字内容的基础上是不能够理解动作表达的真实含义的。在所选阅读材料的画面内容不能很好反映文字内容的情况下，本研究就将该阅读材料定义为图文低匹配材料。

图7-1　图文高匹配图画书《我喜欢上学》

儿童接受性语言能力测验：采用皮博迪图片词汇能力测试第三版（PPVT-Ⅲ）测试儿童的接受性语言能力。该测试每张呈现4幅图，要求儿童指出能够代表主试所说词语的意义的相应画面。该测验有良好的信度，英文中的分半信度为0.93～0.95，3～5岁儿童的重测信度为0.92～0.95，该测验与韦克斯勒儿童智力量表和其语言分测验的得分有着高度相关。本研究采用儿童的原始得分进行统计分析。

图 7-2　图文低匹配图画书《猜猜我有多爱你》

儿童识字量水平测验：采用汉语儿童沟通发展量表（PCDI）。本工具是根据汉语儿童沟通发展量表短表中的237个汉字制作而成的一份测试儿童认字水平的材料。要求被试将材料上的字逐一读给主试听，读对1个字计1分，最高分237分。采用原始得分进行统计。

图画书生字量水平测验：本工具是将所选的2本测试书中的文字摘取下来制作成生字量材料，要求被试将生字量表上的字逐一读给主试听，读对1个字计1分，读错不计分。采用原始得分进行统计分析。

研究结果

阅读理解水平对儿童文字注视的影响

表7-2是不同阅读水平（好、中、差）的儿童在各项眼动指标上的差异比较结果。

表 7-2　不同阅读理解水平儿童在各项眼动指标上的差异比较

眼动指标	好（n=15）	中（n=25）	差（n=21）
有规律阅读文字比例	0.881±0.070	0.406±0.250	0.233±0.179
热点区文字比例	0.776±0.170	0.357±0.268	0.170±0.177
注视文字时间占总时间比例	0.474±0.139	0.256±0.171	0.165±0.181

不同阅读理解水平儿童在各项眼动指标上的差异

以阅读理解水平（好、中、差）为自变量，3项眼动指标为因变量，分别进行单因素方差分析。结果显示，阅读理解好、中、差3个水平的被试在有规律阅读文字比例上存在显著差异（$F=49.744$，$p<0.001$），在热点区文字比例上存在显著差异（$F=34.433$，$p<0.001$），在注视文字时间占总时间比例上存在显著差异（$F=22.434$，$p<0.001$）。说明阅读理解好、中、差3个水平的被试在3项眼动指标上均存在显著性差异（图7-3～图7-5）。

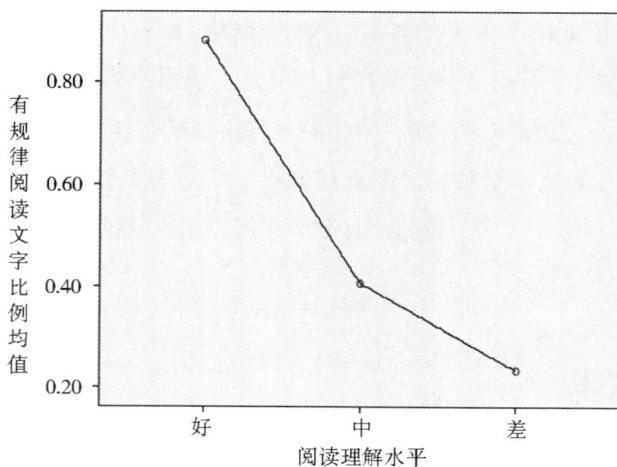

图 7-3　有规律阅读文字的比例

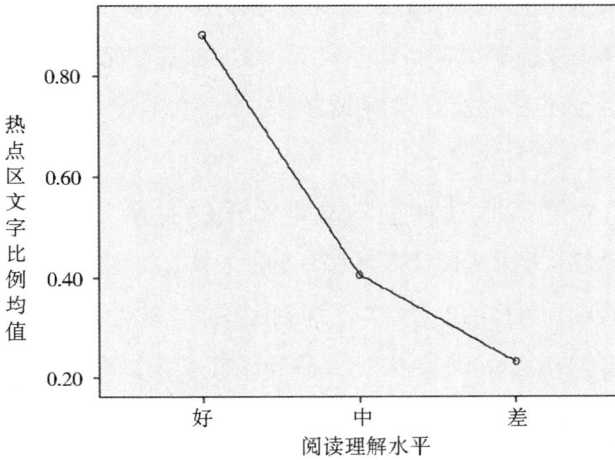

图 7-4　热点区文字的比例

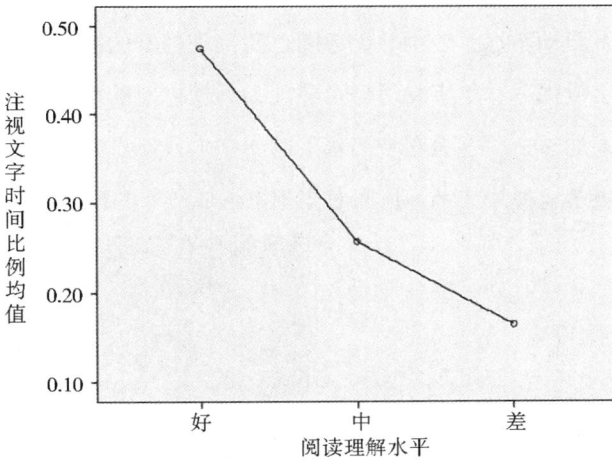

图 7-5　注视文字时间占总时间的比例

　　本研究显示，阅读理解好、中、差 3 个水平的儿童在所观测的眼动指标上均存在显著差异，这表明阅读成绩好的儿童无论是在有规律阅读文字的比例、热点区文字的比例上，还是在注视文字时间占总时间的比例上，都明显好于阅读成绩差的儿童。因此，在自主阅读图画书过程中对文字的注视情况与其对图画书的理解程度紧密相关。好的阅读理解建立在对图画和文字的共同认知基础上，文字注视情况越好，理解越好。在自主阅读条件下，儿童早期阅读理解水平与文字意识密切相关。

图画书自主阅读眼动特征与文字意识的关系

阅读理解水平好和阅读理解水平差的儿童在自主阅读图画书过程中对文字注视存在怎样的差异？为了探究这些差异跟文字意识的关系，本研究进一步随机选取阅读理解水平好和阅读理解水平差的被试各10人进行比较分析。

图7-6和图7-7分别为阅读理解水平好和阅读理解水平差的眼动特征举例。表7-3为阅读理解水平好的儿童和阅读理解水平差的儿童各项测试成绩及眼动数据。表中数据表明：阅读理解好的被试在接受性词汇能力、识字量得分、生字量得分及各项眼动指标上的得分均明显高于阅读理解较差的被试。这表明较高水平的文字再认使得儿童在阅读图画书的过程中更多地关注文字，从而对图画书形成较好的理解。

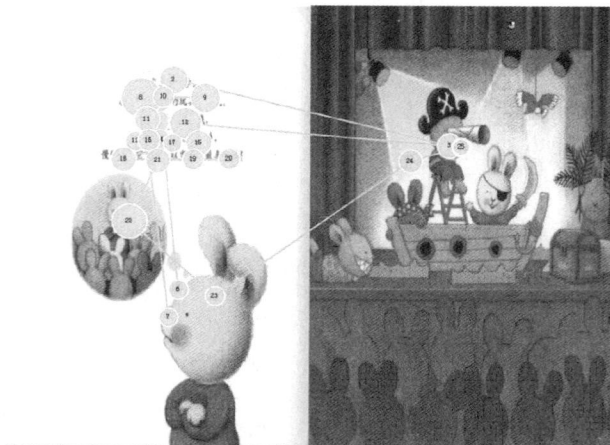

图 7-6　阅读理解水平好的眼动特征

图 7-7　阅读理解水平差的眼动特征

表 7-3　两组被试语言测验成绩和眼动数据结果（好 / 差）

序号	接受性词汇 能力（%）	识字量 得分	生字量 得分	阅读理解 得分	规律读文 字比（%）	文字热点 区比（%）	注视文字 时间比（%）
1	99/68	206/14	125/11	12.0/4.0	88/3	82/0	30/33
2	98/77	209/33	126/24	12.0/4.0	88/15	87/9	64/30
3	99/81	202/61	134/37	10.5/4.0	100/27	75/22	47/20
4	92/73	227/180	133/110	12.5/5.0	96/69	93/68	55/27
5	99/66	233/84	136/53	10.5/3.0	85/37	88/26	53/18
6	97/53	211/56	125/29	12.0/5.0	78/0	54/5	36/9
7	99/79	228/48	137/25	12.5/5.0	93/11	90/0	60/5
8	99/82	230/32	136/20	12.5/4.0	90/8	84/3	47/13
9	88/82	196/15	125/8	11.5/4.5	93/9	100/3	61/13
10	99/63	228/41	133/27	15.0/1.5	97/31	90/28	46/14
各项 平均分	97/72	217/56	131/35	12.1/4	91/21	84/17	50/18
t 值	6.913	11.495	10.913	12.915	11.818	9.827	6.576
df	9	9	9	9	9	9	9
p	0.000	0.000	0.000	0.000	0.000	0.000	0.000

　　进一步考察眼动的首次注视时间和文字上的注视点。首次注视文字时间显示的是被试在自主阅读图画书的过程中注视文字的第一时间（图7-8）。通过首次注视文字时间的对比，可以分析被试在阅读图画书过程中对文字的关注和兴趣。本部分将所选取的被试首次注视文字时间作为研究对象，将10名阅读理解水平好的被试与10名阅读理解水平较差的被试的2项眼动数据进行对比，结果见表7-4。方差分析结果显示，两组被试在首次注视时间上差异显著（ $F=18.278$ ， $p<0.05$ ）。从表7-4发现，儿童在自主阅读图画书的过程中，阅读理解水平好的被试平均0.51s就注视到了文字，而阅读理解水平差的被试平均3.10 s才注视到了文字。另外，阅读理解水平差组被试在所呈现的阅读材料画面中有55% 左右没有关注到文字内容。

图 7-8　首次注视文字图例

　　方差分析结果显示出两组被试在首次注视时间上的显著差异（ $F=18.278$ ， $p<0.05$ ）。从表7-4发现，儿童在自主阅读图画书的过程中，阅读理解水平好的被试平均0.51s就注视到了文字，而阅读理解水平差的被试平均3.10 s才注视到了文字。另外，阅读理解水平差组被试在所呈现的阅读材料画面中有55% 左右没有关注到文字内容。

表 7-4　两组被试首次注视文字时间 (s)

	阅读理解水平好组	阅读理解水平差组
	0.32	1.69
	0.64	2.63
	0.76	5.80
	0.71	7.47
	0.34	3.52
	0.32	3.68
	0.37	2.5
	0.36	1.2
	0.47	1.76
	0.76	0.77
平均值	0.51	3.10

　　文字上的注视点显示的是被试停留在文字区域内的注视点总和（图7-9）。本研究采取在文字上注视点占总画面注视点的比例，分析两组被试在该项眼动指标上的差异。方差分析的结果也显示出两组之间的显著差异（$F=50.231$，$p<0.05$）。从表7-5还可以发现，阅读理解水平好的被试其注视点在文字上的比例占到了46.4%，而阅读理解水平差的被试其注视点在文字上的比例仅为10%。

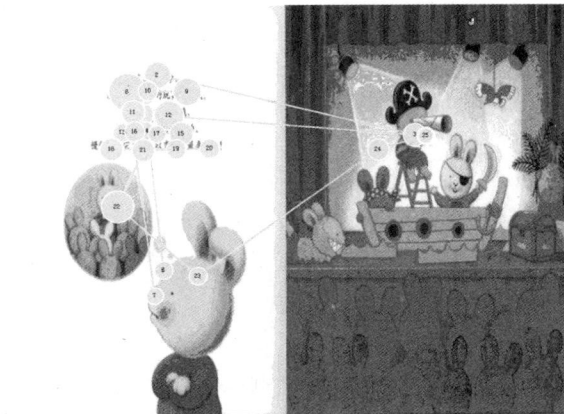

图7-9　注视点图例

表 7-5　两组被试注视点在文字上比例

阅读理解水平好组（%）	阅读理解水平差组（%）
60%	42%
51%	1%
37%	9%
62%	17%
45%	1%
49%	2%
18%	4%
45%	4%
38%	4%
59%	10%
平均值　46.4%	10%

以上分析从有规律阅读文字比例、热点区文字比例、注视文字时间比例、首次注视文字时间平均值及注视点在文字上的比例等观测值对两组被试进行分别比较，结果发现，阅读理解水平好的儿童在各项眼动指标上均显著高于阅读理解水平差的儿童。综合研究数据，可以看出高水平的接受性词汇能力、高水平的文字再认能力与儿童在自主阅读图画书过程中对文字高水平注视相一致。可以看出，在图画书自主阅读中儿童早期阅读的眼动特征遵循从图像到文字的特定认知规律的情况下，儿童对阅读材料中文字的再认程度决定了对文字的注视程度，好的早期阅读者开始利用文字支撑，解读图画书意义，实现语义通达。

讨论与结论

儿童早期如何从阅读图画过渡到阅读文字，一直是儿童学习阅读研究的"黑洞"。研究者一直关注儿童什么时候开始关注文字、怎样关注文字及其对阅读理解产生的影响。大多数研究结论只揭示了儿童早期在不同阅读情境下对文字的关注状况，得出儿童早期阅读对图画的关注优于对文字的关注的结论。本研究支持这一结论，但是，以前的研究即使关注了儿童对图画书文字的注视情况，也并未考虑阅读理解以及正确阅读中有规律的文字注视。本研究通过对不同阅读理解水平的被试有规律阅读文字比例、热点区在文字上比例、注视文字时间占总阅读时间比例、首次文字注视时间、文字注视比例等眼动指标的对比分析，找出不同阅读理解水平被试在眼动指标上的差异，以期了解儿童早期图画书自主阅读的眼动特征。研究显示，不同阅读理解水平的儿童在有规律阅读文字比例、热点区上文字比例、注视文字时间占总阅读时间比例上均存在显著差异，好的阅读理解者表现出良好的眼动指标观测结果，反过来讲，要想达到好的阅读效果，需要对图画书中的文字有意识地、有规律地关注。表7-4揭示了阅读理解水平好的被试平均0.51 s就注视到了文字，而阅读理解水平差的被试平均3.10 s才注视到了文字；表7-5显示了好的阅读理解儿童文字注视比例已经达到了46.4%，而差的阅读者仅为10%。因此，早期阅读教育在关注阅读兴趣培养的同时，还应增进文字意识和科学指导阅读方法，对其接受性语言能力、识字量、生字量、眼动指标进行进一步的比较。阅读理解好的被试在接受性语言能力、识字量及生字量方面都显著优于阅读理解差的儿童。由此可见，较高水平的文字再认是儿童自主阅读图画书过程中文字注视的主要原因，而文字注视水平又是图画书理解的主要影响因素。被试阅读图画书时，对文字的注视在文字与图画之间进行内容意义整合，实现语义通达。进一步对好的和差的阅读者首次注视文字时间、文字上的注视点两项眼动指标进行考察，发现阅读理解水平好的儿童在画面呈现的较早时间内关注到文字，对文字内容表现出较高的兴趣。此外，对文字关注的次数和程度也对其理解图画书产生影响。

由此得出本研究结论：第一，在自主阅读情境下，儿童早期阅读的眼动特征表现为对文字注视早、注视时间长、注视质量好，并能在文字与图画之间有规律地转换；儿童在遵循从图画到文字的注视过程中，较高水平的文字再认引发其较高程度的文字注视，而对文字的注视促使儿童在将文字与画面有机结合的基础上达成对图画书的有效理解，从而形成有效的图画书自主阅读模式。第二，影响儿童阅读理解的因素很多，从书面语言获得的角度来看，儿童早期对文字的意识，具体来讲，儿童的听觉语言能力、词汇量、生字量都影响着儿童早期对图画书的阅读理解。因此本研究提示，学前教育要客观对待儿童早期文字意识的发展，按照儿童早期语言获得的客观规律进行语言教育。

附录：阅读理解问卷

阅读文章《猜猜我有多爱你》

1. 这个故事里面都有谁？（总计2分）

答案：小兔子（1分）；大兔子（1分）；大兔子和小兔子（2分）。

2. 这个故事的名字是什么？（2分）

答案：猜猜我有多爱你。

3. 小兔子爱大兔子吗？（此问题不作为评分内容）故事中小兔子都做了哪些动作或者怎么表示它爱大兔子的？（说出每种方式得相应的分，此题累计得分，最高11分）

答案：伸开手臂（2分）；手举高（2分）；倒立（2分）；跳/蹦（2分）；比多远（3分）。

4. 小兔子做这些动作想要表达什么？或者它做这些动作是想干什么，想说明什么？（3分）

答案：表示爱大兔子有多深。（跟"爱"相近的得3分）

总分：18分，划分为3个等级（0~6分，7~12分，13~18分）。

阅读文章《我喜欢上学》

1. 书的名字是什么？（2分）

答案：我喜欢上学。

2. 这个故事讲了谁的故事？讲了它在哪里的故事？（总计2分）

答案：小兔子（1分）；在学校的故事（1分）。

3. 故事里都有谁？（总计3分）

答案：老师（1分）；同学（1分）；爸爸妈妈（1分）。

4. 小兔子在学校都能干什么？（最高3分）

答案：说出 0~3个得1分；说出4~6个得2分；说出6个以上得3分。

5. 小兔子放学回家做什么了？（2分）

答案：跟爸爸妈妈讲学校里的故事了。

总分：12分，划分为3个等级（0~4分，5~8分，9~12分）。

摘要 Abstract

61 children (age 5~6) were tested by using Tobii T60 eye-movement apparatus to record their eye trackers in the process of the picture books reading independently. Based on three groups of reading comprehension achievements the results of eye trackers were compared both on characters and pictures of picture book reading to explore the eye movement characteristics. The results showed that the children with high level of reading comprehension at word level, their achievements is higher in the tests of eye tracker on words level of picture book reading, which exist the significant difference with the poor readers. Children on the basis of the high character recognition to increase the gaze of the words, and through the graphic combination to achieve understanding of picture books.

Keywords
independent reading, text fixation, eye movement

参考文献 Reference

高晓妹 .(2009). 汉语儿童图画书阅读眼动研究 . 上海：华东师范大学 .

韩映红 , 刘妮娜 , 王佳，等 .(2011).5~6 岁幼儿在不同阅读方式下阅读图画书的眼动研究 . 幼儿教育（教育科学），(1,2)：46~51.

金慧慧 .(2010).2~3 岁婴幼儿图画书阅读眼动水平研究 . 上海：华东师范大学 .

刘宝根 .(2011). 4~6 岁儿童图画书阅读中文字意识发展的研究 . 上海：华东师范大学 .

Cullningham, A.E., & Stanovich, K. E.(1990). Assessing print exposure and orthographic processing skill in children : A quick measure of reading experience. Journal of Educational Psychology, 82(4): 733-740.

Cunningham, A. E., & Stanovich, K. E. (1991). Tracking the unique effects of print exposure in children: Associations with vocabulary, general knowledge and spelling. Journal of Educational Psychology, 83(2): 264-274.

Evans, M. A., & Saint-Aubin, J. (2005). What children are looking at during shared storybook reading: Evidence from eye movement monitoring. Psychological Science, 16: 913-920.

Evans, M. A., Saint-Aubin J., & Landry, N. (2009). Letter names and alphabet book reading by senior kindergarteners: An eye movement study. Child Development, 80(6): 1824-1841.

Gonzalez, J., Goetz, E., Hall, R., Payne ,T., Tylor, A., & Kim, M. et al. (2011). An evaluation of Early Reading First (ERF) preschool environment on language and literacy skills. Reading and Writing, 24(3): 253.

Justice, L. M., & Ezen, H. K. (2002). Use of storybook reading to increase print awareness in at-risk children. American Journal of Special Language, 14: 11-29.

Justice, L. M., Skibbe, L., Canning, A. et al. (2005). Pre-schoolers, print and storybooks: An observational study using eye movement analysis. Journal of Research in Reading, 28(3): 229-243.

Lonigan, C. J., & Shanahan, T. (2010). Developing early literacy skills. Educational Researcher, 39(4): 340-346.

Shanahan, T., & Lonigan, C. J. (2010). The national early literacy panel. Educational Researcher, 39(4): 279-285.

Storch, S. A., & Whitehurst, G. J. (2013). Oral language and code related precursors to reading: Evidence from a longitudinal structural model. Developmental Psychology, 38(6): 934-947.

第8章

追踪阅读障碍

——快速命名任务与眼动研究

Rapid Automatized Naming and Reading
Development and Impairment

［德国］潘敬儿（Jinger Pan） [1]
［中国］舒　华（Hua Shu） [2]

1　德国波茨坦大学心理系
2　北京师范大学认知神经科学与学习国家重点实验室

快速命名任务在多种正字法中都被认为是预测阅读能力的重要指标。然而研究者对它是通过什么方式预测阅读能力的还存在一定的争论。传统教育和发展心理学研究主要通过回归分析等统计手段来考察这个问题，近年来研究者则从实验设计的角度，采用眼动追踪技术来更细致和精确地探讨这个问题。本文将综合介绍前人对快速命名任务的研究，并着重介绍利用眼动技术对汉语阅读障碍儿童的命名任务进行的研究，以此为未来的研究提供启发。

阅读焦点

· 正常儿童或者有阅读障碍的儿童是如何阅读的？我们通过追踪儿童的眼动来了解他们的阅读过程。对儿童快速命名时的眼动特征的分析发现，汉语阅读障碍儿童在视觉信息及其语音表征的转换较正常儿童差，从而影响了他们阅读时的中央视野加工效率，进而影响了他们副中央凹的加工效率。

关 键 词

快速命名，阅读，眼动追踪

引　言

　　阅读是一个复杂的高级认知加工过程，在阅读习得、阅读发展和发展性阅读障碍（以下简称阅读障碍）中，研究者发现快速自动命名（rapid automatized naming，RAN）能很好地预测阅读能力和阅读障碍（参见 Norton & Wolf，2012）。快速命名任务要求被试快速对系列熟悉刺激进行命名（Denckla & Rudel，1976）。通常使用的刺激包括数字（图8-1）、字母、颜色和物体四种。这个任务看起来很简单，却反映了阅读的基本过程（除词汇、句法、理解等高级加工外）。以命名字母为例，这个过程包括注意、视觉信息加工、字形匹配、语音表征匹配、提取语音表征、语义信息提取以及发音过程（Wolf & Bowers，1999）。研究者通过一系列研究，希望了解究竟是哪个过程导致阅读落后儿童快速命名缺陷，从而了解导致他们阅读困难的原因。

```
5  1  3  4  8  1  4  8  3  5
3  8  1  5  4  3  1  4  8  5
4  5  8  1  3  8  3  5  4  1
1  3  4  8  5  5  8  1  4  3
8  4  5  3  1  4  5  3  1  8
```

图8-1　数字快速命名

快速命名对阅读能力的预测

快速命名任务是在阅读发展和阅读障碍的研究中常用到的一个任务，拼音文字的研究发现它能很好地预测儿童的阅读能力（参见 Kirby，Georgiou，Martinussen，& Parrila，2010）。总结以往在拼音文字中的研究，快速命名和阅读的关系主要可以归纳为以下几点：①快速命名对阅读准确性的预测主要体现在阅读发展的早期和有阅读困难的人群中（Wagner et al.，1997；Felton，Naylor，& Wood，1990；Meyer，Wood，Hart，& Felton，1998；Scarborough，1998）；②快速命名对阅读流畅性的预测比对阅读准确性的预测好（Bowers，1995；Katzir et al.，2006；Schatschneider，Fletcher，Francis，Carlson，& Foorman，2004；Young & Bowers，1995；Ziegler et al.，2010）；③言语符号的命名（如字母和数字命名）任务对阅读的预测能力好于非言语命名（如物体和颜色命名）的任务（Bowey，McGuigan，& Ruschena，2005；Cardoso-Martins & Pennington，2004；Compton，2003；Savage & Frederickson，2005）；④连续命名（同时呈现所有刺激）任务比单独命名（每次只呈现一个刺激）任务对阅读的预测能力更好（Perfetti，Finger，& Hogabaum，1978；Wagner，Torgesen，& Rashotte，1994；Wolff，Michel，& Ovrut，1990）；⑤快速命名对阅读的预测能力在浅层正字法（芬兰语、德语等）上比在深层正字法（英语等）上要好（e.g.，Mann & Wimmer，2002）。

然而中文作为最深层的正字法，研究者却发现快速命名在阅读发展和阅读障碍的预测中有着极其重要的作用。从早期预测的角度，追踪研究发现学前的快速命名能力能预测学后一到四年的阅读准确性、流畅性以及第二语言（英语）的阅读水平（Chow，McBride-Chang，& Bur-

gess，2005；Hu & Catts，1998；McBride-Chang & Zhong，2003；
McBride-Chang，Shu，Zhou，Wat，& Wagner，2003；Pan et al.，
2011）。学前在快速命名任务上表现差的儿童，在学后更可能出现阅
读困难（Lei et al.，2011）。有研究者发现，儿童在5岁时候的快速
命名成绩对7岁时是否被诊断为阅读障碍儿童有显著的预测能力（Mc-
Bride-Chang et al.，2011）。汉语阅读障碍儿童也存在快速命名缺陷（Ho，
Chan，Lee，Tsang，& Luan，2004；Ho & Lai，1999；Pan & Shu，
2014；Shu，McBride-Chang，Wu，& Liu，2006）。而且对汉语阅读障
碍儿童的各种缺陷研究表明，快速命名缺陷可能是汉语阅读障碍读者的
主要缺陷之一（Ho et al.，2004；Ho，Chan，Tsang，& Lee；2002）。

快速命名的主要加工过程

快速命名中的哪（几）个环节或者哪些因素使它对阅读有显著的预
测能力是研究者关心的主要问题。研究者提出了以下几个主要理论：
①语音加工假说（Torgesen，Wagner，Rashotte，Burgess，& Hecht，
1997；Wagner & Torgesen，1987）。该假说认为语音意识缺陷是阅读
障碍的主要缺陷，研究者认为快速命名的加工对阅读的贡献主要表现
在其语音加工的成分上。②双重缺陷假说（Wolf & Bowers，1999）。
双重缺陷假说认为，语音意识缺陷和快速命名缺陷是独立的，两者均
可导致阅读困难。双重缺陷假说并不否定语音加工在快速命名中的作
用，但是他们认为快速命名是一个复杂的加工过程，其中包括很多子过
程。阅读是一个从不熟悉到自动化的加工过程，而快速命名是否自动化
也反映了阅读的过程。③形音对应假说（Manis，Seidenberg & Doi，

1999）。研究者认为快速命名主要涉及视觉刺激及其语音符号的随意对应（arbitrary mapping）。这种假设预期快速命名在深层正字法（汉语等）中的作用更大，因为深层正字法的字形和语音对应缺乏规律。这些理论假设基本都是在通过统计的手段（相关、回归分析、主成分分析等）考察快速命名与其他阅读的预测指标（语音加工、正字法加工等）的研究结果的基础上发展起来的。而统计的方法并非通过严格操纵命名过程中的某个因素来考察这个因素对快速命名的影响的。已有的研究结果对上述理论假设也提出了一定的质疑（Moll, Fussenegger, Willburger, & Landerl, 2009；Powell, Stainthorp, Stuart, Garwood, & Quinlan, 2007；Swanson, Trainin, Nocoechea, & Hammill, 2003）。

另一类尝试是从实验控制的角度出发，通过操纵快速命名的某个加工过程来考察它的变化。例如，以往研究发现连续命名（continuous-matrix）任务比单独命名（discrete-matrix）任务能更好地预测阅读能力。有研究就比较了阅读障碍儿童及年龄匹配的正常儿童在连续命名和单独命名下的命名时间，他们发现两组的差异在连续命名时更大（Zoccolotti et al., 2013）。两组人在连续命名时的命名时间都要快于单独命名，然而正常组在连续命名情况下的得益更大（Zoccolotti et al., 2013），表明阅读障碍在连续命名中存在一定问题。琼斯、布兰尼根和凯利（Jones, Branigan, & Kelly, 2009）进一步把快速命名分解成三个成分并设计了三种刺激呈现方式来考察不同呈现方式对命名的影响。除了连续命名和单独命名，还有刺激按连续命名时的位置呈现但按照单独命名的方式单个呈现的条件（discrete-static）。在这种条件下，被试需要做眼动，但每次只加工一个刺激，因此这是介于连续命名（眼动＋多刺激）和单独命名（无眼动＋单刺激）之间的一个任务。他们发现，成年阅读障碍和正常读者在单独命名和 discrete-static 上都存在显著差异，但是读者组别和这两种呈现方式的交互作用不显著，表明眼动本身并不导致阅读障碍在快速命名任务中的缺陷。然而组别和命名方式（单独命名和连续命名比较）的交互作用则显著，具体表现为正常组在连续命名上比在 discrete-static 上快，而障碍组则相反。这表明正常读者得益于多刺激同时呈现，而多刺激同时呈现却限制了阅读障碍读者的加工。这个结果和佐科洛蒂等人的研究成果（Zoccolotti et al., 2013）一致，表明阅读障碍在多刺激同时加工的任务中差于正常读者。然而这个结果和佐科洛蒂等人（Zoccolotti et al., 2013）所发现的阅读障碍读者也能得益于多刺激同时呈现的方式有所不同。这可能是由于琼斯等人（Jones et al., 2009）在单独命名任务中使用声音来引发刺激呈现有关，也就是只有完成一个刺激的命名，下一个刺激才会呈现。另外，在单独命名中，反应时只包含刺激呈现到反应的时间而不包括发音的时间，而在连续命名中，发音时间也计算在内。那么，在真正的连续命名过程中，阅读障碍读者是否能得益于多刺激的呈现方式，他们能利用什么信息，怎样利用呢？研究者们开始采用眼动技术来对这些问题进行探讨。

眼动追踪技术的应用

眼动追踪技术在阅读中的应用

　　眼动追踪通过眼动仪来观测和记录被试在完成实验任务时的眼睛运动过程。眼动追踪技术在阅读中的应用十分普遍。在阅读过程中，读者的眼睛并不是在进行平滑的移动，而是在做一停一跳的运动。眼睛从一个位置快速移动到另一个位置的行为称为眼跳（saccade），而眼睛相对静止在一个位置的事件则称为注视（fixation），一次注视的持续时间称为注视时间（fixation duration）。一般认为，在阅读过程中，视觉信息的加工是在注视而不是眼跳时进行的。研究者发现，不同阅读水平的读者在阅读中的眼动特征有一定的区别（Ashby, Rayner, & Clifton, 2005; Chace, Rayner, & Well, 2005; Jared, Levy, & Rayner, 1999）。拼音文字和中文的研究都发现阅读障碍者在阅读时的，注视时间等眼动指标要长于正常读者（Hawelka, Gagl, & Wimmer; Pan, Yan, Laubrock, Shu, & Kliegl, 2014）。

研究者发现，在阅读时不仅当前注视点（中央凹视野）所在的词汇得到加工，处在注视点以外（副中央凹视野）的词汇信息也会得到一定的加工。研究者通过边界范式（gaze-contingent boundary paradigm）（Rayner, 1975）来考察注视点以外的词汇信息加工的特点。在句子阅读过程中，研究者通过眼动仪记录眼睛所注视的位置，他们在当期注视词（词 N）及其下一个词（词 N+1）之间设定一个无形的边界，当眼睛越过边界前（句 1），在词 N+1 的位置呈现一个预视词（preview），当眼睛越过边界后（句 2），预视词在词 N+1 的位置消失，由目标词代替。如果预视词和目标词相同，在目标词上的注视时间要短于预视词和目标词无任何关系的情况。这两者之间的差叫作预视效应（preview benefit, PB）。通过设计预视词和目标词之间的关系，研究者发现副中央凹的字形、语音和语义信息是可以得到加工的，而这些信息的加工顺序可能和特定语言的特点有关（Balota, Pollatsek, & Rayner, 1985; Hohenstein & Kliegl, 2014; Inhoff, 1990; Pollatsek, Lesch, Morris, & Rayner, 1992; Schotter, 2013; Yan, Richter, Shu, & Kliegl, 2009）。

拼音文字中快速命名的眼动研究

阅读中眼动研究的结果启示我们，阅读障碍者在连续命名和单独命名任务中与正常者的差异可能反映了他们对中央凹和副中央凹的信息加工问题。研究者首先使用眼动技术研究了英语成年阅读障碍者在快速命名任务中的眼动特点。

琼斯等人（Jones，Ashby，& Branigan，2013；Jones，Branigan，Hatzidaki，& Obregón，2010；Jones & Moll，2013；Jones，Obregón，Kelly，& Branigan，2008）从视觉和语言加工的角度，用眼动技术对快速命名任务进行了研究。在视觉加工方面，他们发现正常读者在快速命名任务中的拥挤效应（crowding effect）主要存在于中央凹视野，而阅读障碍者的拥挤效应则扩大到了副中央凹视野。从言语加工的角度，他们在连续命名任务中操纵了相邻字母或图片在其所对应的语音输出在语音和字形（图片命名任务中的语义）上的相似性来考察这些语言学标量对快速命名的影响。结果发现，正常读者和障碍读者都对副中央凹的信息有所加工。在字母命名任务中，相比正常读者，相邻字母之间的字形和语音相似对阅读障碍产生了更大的影响，主要表现是更长的注视时间和视声差（eye-voice span，EVS，从首次注视某个刺激到命名该刺激的时间差或当前注视刺激和命名刺激之间的空间距离，此处指的是第一种定义）。在图片命名中，在字形和语义相似的条件下，正常被试的注视时间和视声差要短于无关条件，而阅读障碍被试的注视时间和视声差都长于正常组，然而相似性和组别没有交互作用。这表明两组被试在言语刺激的命名任务中都容易受到语义和字形信息的影响。

这些研究在一定程度上反映在了命名任务中，正常被试和阅读障碍被试都加工了当前注视的刺激以及处在注视点以外的刺激。然而这些实验只能说明，当相邻刺激存在一定的混淆性（视觉信息或语音信息）时，先前激活的信息或将要命名的信息如何影响阅读障碍的命名。而在以往多数研究使用的命名任务中，并没有设计相邻字母的语音或字形相似性，但阅读障碍者却也表现出困难，因此以上实验并不能回答造成命名困难的原因这个问题。而且这些实验研究对象都是成年的阅读障碍读者，儿童的情况如何仍不清楚。

　　洛根（Logan，2009）通过边界范式，操纵了在连续命名时刺激呈现的数目（全部呈现，注视刺激及下一个刺激，注视刺激），来考察一年级儿童的命名。结果发现，当呈现两个刺激时，儿童的命名表现要显著好于只呈现注视刺激时的命名表现，而与全部呈现没有显著差异。这说明在字母命名过程中，儿童能加工当前注视字母及其右侧副中央凹一个字母的信息。

　　那么阅读障碍儿童副中央凹的加工特点如何呢？鉴于快速命名在汉语阅读中的重要作用，汉语阅读障碍儿童在快速命名时有什么样的眼动特点呢？

汉语中快速命名的眼动研究

　　研究人员采用类似洛根（Logan，2009）的设计，通过边界范式（图8-2），在数字连续命名中给汉语阅读障碍儿童和年龄匹配的正常儿

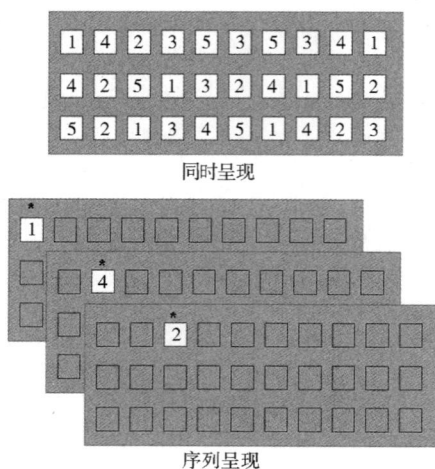

图8-2　两种命名任务

注：＊表示当前眼睛注视位置。

童呈现全部刺激（同时呈现）或当前注视的刺激（序列呈现）（Yan，Pan，Laubrock，Kliegl，& Shu，2013）。在序列呈现的任务中，我们在刺激之间设定了无形的边界，通过眼动仪记录眼睛当前注视的位置，当眼睛越过边界，上一刺激消失，下一刺激出现，以此类推，直到眼睛越过最后两个刺激之间的边界。

　　我们分析了阅读障碍儿童及其年龄匹配组在完成两种任务时的总命名时间、在单个刺激上的平均注视时间、注视点位置以及平均眼跳长度。在总命名时间上，组别和呈现方式的主效应显著，总体上阅读障碍儿童的命名要慢于正常儿童，而两组儿童在同时呈现时命名速度都快于在顺序呈现时。在单个刺激上的平均注视时间上，组别和呈现方式的交互作用显著，正常儿童和障碍儿童在同时呈现时的命名速度差异大于在顺序呈现时。注视时间的结果和总注视时间的模式相似。在注视点位置（图 8-3）以及眼跳长度上，两组儿童在同时呈现任务中注视点位置在刺激的后半部分，眼跳长度较长；匹配组儿童的眼跳长度较阅读障碍儿童长，注视点位置更靠后。更重要的是，两组儿童在同时呈现的命名任务中，注视点位置和眼跳长度差异显著，而在序列呈现的命名任务中，在这两个指标上的差异不显著。这些结果表明，当副中央凹不存在可加工的信息时（序列呈现），两组儿童的加工时间都增长，命名速度下降，然而阅读障碍儿童的基本眼跳控制是完好的；在副中央凹存在可加工信息时（同时呈现），两组儿童都能利用副中央凹的信息，从而使得加工时间变短，命名速度加快，然而这时阅读障碍儿童的眼跳长度短，注视点位置靠前。这说明，阅读障碍儿童能够有效利用副中央凹视野的信息，但是他们对其的利用程度不如正常儿童。

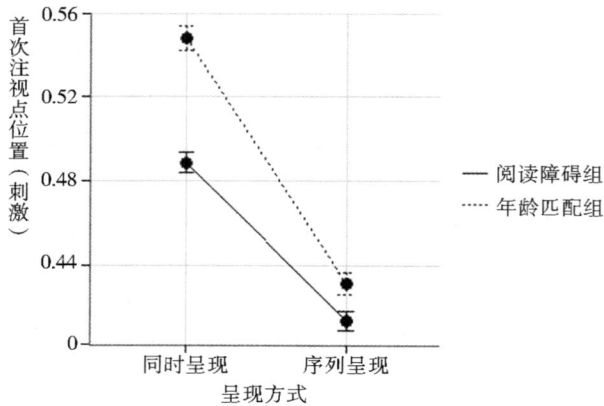

图8-3　不同组被试的首次注视点位置

对阅读的研究表明，中央凹的加工难度会影响知觉广度（一个注视点的有效加工范围）和副中央凹的信息加工（Henderson & Ferreira，1990）。如果当前注视的词的难度高，则副中央凹的加工效率降低。这提示我们，阅读障碍儿童对副中央凹信息的加工不如正常儿童的主要原因可能是中央凹的加工缺陷。那么，是什么影响了中央凹的加工呢？言语刺激的命名对阅读的预测能力好于非言语刺激的研究结果给了我们一些启示。如果只是命名任务中的语音加工部分导致了其与阅读的关系，那么不同的刺激不应该对阅读的预测有不同的影响。然而以往的言语刺激命名任务和非言语刺激命名任务不但在视觉信息输入上有差异，在语音信息输出上也有差异，不好直接进行比较。

潘等人设计了数字和骰子两种刺激，见图8-4（Pan，Yan，Laubrock，Shu & Kliegl，2013）。数字属于言语刺激，骰子则属于非言语刺激。两者在语音输出上完全一致，均为 /yī/，/èr/，/sān/，/sì/，和 /wǔ/，但是它们的命名过程是有差异的：数字命名是直接从视觉信息激活语音表征，而骰子命名则是视觉信息先激活概念表征再激活语音表征（Roelofs，2006）。

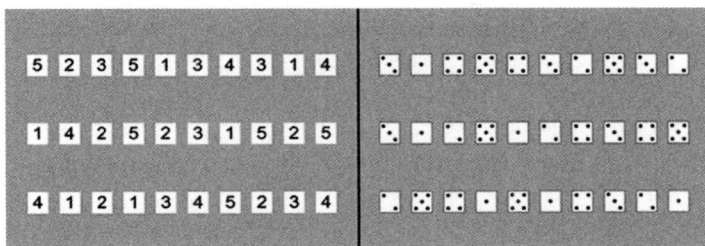

图 8-4　在数字和骰子命名任务中使用的刺激

　　潘等人（Pan et al.，2013）发现，在注视时间、眼跳长度和注视点位置以及视声差（当前注视刺激与命名刺激的空间距离）上，阅读障碍儿童和年龄匹配的正常儿童在数字命名任务中的差异都显著大于在骰子命名任务中的差异（图 8-5）。鉴于两种命名任务的语音输出是相同的，这个研究结果表明语音表征本身并不是连接快速命名和阅读的最关键因素，而阅读障碍儿童在直接的形音联结上存在更大的缺陷。

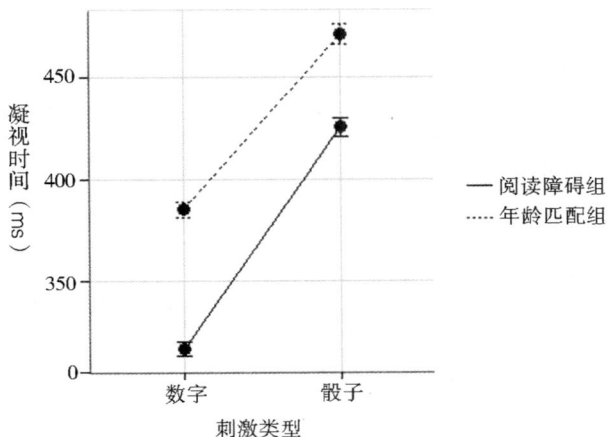

图 8-5　不同组被试的平均凝视时间

　　进一步的回归分析表明，数字命名中的注视时间和视声差能显著预测汉语儿童的阅读准确性以及阅读流畅性，而骰子命名中的注视时间和视声差则不能显著预测阅读水平（潘敬儿，2012）。

数字的形和音是随意对应的，骰子的形和意的对应却不是随意的。虽然阅读障碍儿童在骰子命名中的缺陷有可能是由语音加工引起的，但是在数字命名中的缺陷却表明他们在形音对应上的问题更主要。最近的理论也认为，形音对应可能是造成阅读障碍的重要原因（Wimmer & Schurz, 2010）。从另外一个角度来说，自动化加工能力（automaticity）也能解释这个研究结果。以往研究结果表明，言语刺激在6岁以后的加工比非言语刺激更自动化（Meyer, Wood, Hart, & Felton, 1998; Wolf et al., 1986）。而良好地阅读需要的是自动化的形音转换，阅读障碍在形音转换中的自动化程度不足，从而导致他们的阅读困难。

小　结

眼动追踪技术的应用和实验控制的方法使得我们能够更精确地操纵快速命名任务中的某个变量，从而考察这个变量对命名和阅读能力之间关系的影响。从上文综述的研究可以看到，在命名任务中，中央视野的加工会影响到副中央凹的加工，而影响中央视野加工的主要是视觉信息及其语音输出的对应的自动化加工程度。

快速命名是汉语儿童阅读能力的一个早期预测指标（Lei et al., 2011; Pan et al., 2011），快速命名缺陷是汉语阅读障碍儿童的主要缺陷（Ho et al., 2002; Ho et al., 2004）。这个任务的施测非常简单，因此，训练教师在校园环境中进行快速命名测量并不困难。它是一个可以帮助教师和教育心理学家在早期学校教学活动中鉴别可能存在阅读困难儿童的快速而有效的测量手段。以往教育心理学和发展心理学使用回归分析等方法对快速命名与阅读关系的探讨是比较间接的，而从实验控制的角度使用眼动追踪技术的研究结果则可以直接考察这个问题，帮助教师确切了解这些导致儿童快速命名缺陷的原因，推测他们在阅读上存在的问题，从而对他们进行更有效的帮助。然而这些研究还在起步阶段，研究成果有限，仍需要持久、深入、细致的系统研究来回答相关问题。

摘要 Abstract

Rapid automatized naming (RAN) is an important predictor of reading development and impairment in many different orthographies varying in orthographic depth. However, it is unclear how exactly it is related to reading. Traditional research is developmental and educational psychology investigated this issue from statistical perspective (e.g., regression analyses). Recently, researchers took an experimental perspective and employed the eye-tracking technique to investigate this issue by precisely manipulating some processes in the RAN tasks. This paper introducesprevious studies on the RAN tasks, and elaborates findings of eye movement studies on Chinese dyslexic children during RAN tasks in detail.

Keywords
rapid automatized naming, reading, eye tracking

参考文献 Reference

潘敬儿.（2012）.快速命名中的形音联结和前视野加工.北京：北京师范大学.

Ashby, J., Rayner, K., & Clifton, C. (2005). Eye movements of highly skilled and average readers: Differential effects of frequency and predictability. The Quarterly Journal of Experimental Psychology Section A: Human Experimental Psychology, 58: 1065-1086.

Balota, D. A., Pollatsek, A., & Rayner, K. (1985). The interaction of contextual constrains and parafoveal visual information in reading. Cognitive Psychology, 17:

364-390.

Bowers, P. G. (1995).Tracing symbol naming speed's unique contributions to reading disabilities over time.Reading and Writing: An Interdisciplinary Journal, 7: 189-216.

Bowey, J. A., McGuigan, M., &Ruschena, A. (2005). On the association between serial naming speed for letters and digits and word-reading skill: Towards a developmental account. Journal of Research in Reading, 28: 400-422.

Chace, K. H., Rayner, K., & Well, A. D. (2005). Eye movements and phonological parafoveal preview: Effects of reading skill. Canadian Journal of Experimental Psychology, 59: 209-217.

Cardoso-Martins, C., & Pennington, B. F. (2004). The relationship between phoneme awareness and rapid serial naming skills and literacy acquisition: The role of developmental period and reading ability. Scientific Studies of Reading, 8: 27-52.

Chow, B. , McBride-Chang, C., & Burgess, S. (2005). Phonological processing skills and early reading abilities in Hong Kong Chinese kindergarteners learning to read English as a second language. Journal of Educational Psychology, 97: 81-87.

Collis, N., Kohnen, S., & Kinoshita, S. (2013). The role of visual spatial attention in adult developmental dyslexia.The Quarterly Journal of Experimental Psychology, 66: 245-260.

Compton, D. L. (2003). Modeling the relationship between growth in rapid naming speed and growth in decoding skill in first-grade children. Journal of Educational Psychology, 95: 225-239.

Denckla, M. B., & Rudel, R. G. (1976). Rapid "automatized" naming (RAN): Dyslexia differentiated from other learning disabilities. Neuropsychologia, 14: 471-479.

Felton, R., & Brown, I. S. (1990). Phonological processes as predictors of specific reading skills in children at risk for reading failure.Reading and Writing: An Interdisciplinary Journal, 2: 39-59.

Hawelka, S., Gagl, B., & Wimmer, H. (2010). A dual-route perspective on eye movements of dyslexic readers.Cognition, 115: 367-379.

Hawelka, S., & Wimmer, H. (2005). Impaired visual processing of multi-element arrays is associated with increased number of eye movements in dyslexic reading. Vision Research, 45: 855-863.

Henderson, J. M., & Ferreira, F. (1990). Effects of foveal processing difficulty on the perceptual span in reading: Implications for attention and eye movement control. Journal of Experimental Psychology: Learning, Memory, and Cognition, 16: 417-429.

Ho, C. S.-H., Chan, D. W.-O., Lee, S.-H., Tsang, S.-M., & Luan, V. H. (2004).

Cognitive profiling and preliminary subtyping in Chinese developmental dyslexia.Cognition, 91: 43-75.

Ho, C. S.-H., Chan, D. W.-O., Tsang, S.-M., & Lee, S.-H. (2002). The cognitive profile and multiple-deficit hypothesis in Chinese developmental dyslexia. Developmental Psychology, 38: 543-553.

Hohenstein, S., & Kliegl, R. (2014). Semantic preview benefit during reading. Journal of Experimental Psychology: Learning, Memory, and Cognition, 40: 166-190.

Hu, C.-F., & Catts, H. W. (1998). The role of phonological processing in early reading ability: What we can learn from Chinese. Scientific Studies of Reading, 2: 55-79.

Inhoff, A. W. (1990). Integrating information across eye fixationsin reading: The role of letter and word units. Acta Psychologica, 73: 281- 297.

Jared, D., Levy, B. A., & Rayner, K. (1999). The role of phonology in the activation of word meanings during reading: Evidence from proofreading and eye movements. Journal of Experimental Psychology: General, 128: 219-264.

Jones, M. W., Ashby, J., & Branigan, H. P. (2013). Dyslexia and fluency: Parafoveal and foveal influences on rapid automatized naming. Journal of Experimental Psychology: Human Perception and Performance, 39: 554-567.

Jones, M. W., Branigan, H. P., Hatzidaki, A., & Obregón, M. (2010). Is the "naming" deficit in dyslexia a misnomer? Cognition, 116: 56-70.

Jones, M. W., Branigan, H. P., & Kelly, M. L. (2009). Dyslexic and nondyslexic reading fluency: Rapid automatized naming and the importance of continuous lists. Psychonomic Bulletin & Review, 16: 567-572.

Jones, M. W., Obregón, M., Kelly, M. L., & Branigan, H. P. (2008). Elucidating the component processes involved in dyslexic and non-dyslexic reading fluency: An eye-tracking study. Cognition, 109: 389-407.

Katzir, T., Kim, Y., Wolf, M., O'Brien, B., Kennedy, B., Lovett, M., & Morris, R. (2006). Reading fluency: The whole is more than the parts. Annals of Dyslexia, 56: 51-82.

Kirby, J. R., Georgiou, G. K., Martinussen, R., & Parrila, R. (2010). Naming speed and reading: From prediction to instruction. Reading Research Quarterly, 45: 341-362.

Lei, L., Pan, J., Liu, H., McBride-Chang, C., Li, H., Zhang, Y., ... Shu, H. (2011). Developmental trajectories of reading development and impairment from age 3 to 8 years in Chinese children. Journal of Child Psychology and Psychiatry, 52: 212-220.

Logan, J. (2009). The role of parafoveal information in rapid letter naming. Florida: Florida State University.

Mann, V., & Wimmer, H. (2002). Phoneme awareness and pathways into literacy: A comparison of German and American children. Reading and Writing: An Interdisciplinary Journal, 15: 653-682.

Manis, F. R., Seidenberg, M. S., & Doi, L. M. (1999). See Dick RAN: Rapid naming and the logitudinal prediction of reading subskills in first and second graders. Scientific Studies of Reading, 3: 129-157.

McBride-Chang, C., Lam, F., Lam, C., Chan, B., Fong, C. Y.-C., Wong, T. T.-Y., & Wong, S. W.-L. (2011). Early predictors of dyslexia in Chinese children: Familial history of dyslexia, language delay, and cognitive profiles. Journal of Child Psychology and Psychiatry, 52: 204-211.

McBride-Chang, C., Shu, H., Zhou, A., Wat, C. P., & Wagner, R. K. (2003). Morphological awareness uniquely predicts young children's Chinese character recognition. Journal of Educational Psychology, 95: 138-143.

McBride-Chang, C., & Zhong, Y. (2003).A longitudinal study of effects of phonological processing, visual skills, and speed of processing on Chinese character acquisition among Hong Kong Chinese kindergartners.In: C. McBride-Chang, & C.-H. Chen (Eds.), Reading development in Chinese children. Westport: Praeger, 37-49.

Meyer, M. S., Wood, F. B., Hart, L. A., & Felton, R. H. (1998). Longitudinal course of rapid naming in disabled and nondisabled readers. Annals of Dyslexia, 68: 91-114.

Moll, K., Fussenegger, B., Willburger, E., & Landerl, K. (2009). RAN is not a measure of orthographic processing. Evidence from the asymmetric German orthography. Scientific Studies of Reading, 13: 1-25.

Moll, K., & Jones, M. (2013). Naming fluency in dyslexic and nondyslexic readers: Differential effects of visual crowding in foveal, parafoveal, and peripheral vision. The Quarterly Journal of Experimental Psychology, 66: 2085-2091.

Norton, E. S., & Wolf, M. (2012). Rapid automatized naming (RAN) and reading fluency: Implications for understanding and treatment of reading disabilities. Annual Review of Psychology, 63: 427-452.

Pan, J., McBride-Chang, C., Shu, H., Liu, H., Zhang, Y., & Li, H. (2011). What is in the naming? A 5-year longitudinal study of early rapid naming and phonological sensitivity in relation to subsequent reading skills in both native Chinese and English as a second language.Journal of Educational Psychology, 103: 897-908.

Pan, J., & Shu, H. (2014). Rapid automatized naming and its unique contribution to reading: Evidence from Chinese dyslexia. In: X. Chen, L. Wang & Y. Luo (Eds.), Reading development and difficulties in monolingual and bilingual Chinese children. Dordrecht: Springer, 125-138.

Pan, J., Yan, M., Laubrock, J., Shu, H., & Kliegl, R. (2013). Eye-voice span during rapid automatized naming of digits and dice in Chinese normal and dyslexic children. Developmental Science, 16: 967-979.

Pan, J., Yan, M., Laubrock, J., Shu, H., & Kliegl, R. (2014). Saccade-target selection of dyslexic children when reading Chinese.Vision Research, 97: 24-30.

Perfetti, C. A., Finger, E., & Hogabaum, T. (1978). Sources of vocalization latency differences between skilled and less skilled young readers. Journal of Educational Psychology, 70: 730-739.

Pollatsek, A., Lesch, M., Morris, R. K., & Rayner, K. (1992). Phonological codes areused in integrating information across saccades in word identification and reading. Journal of Experimental Psychology: Human Perception and Performance, 18: 148-162.

Powell, D., Stainthorp, R., Stuart, M., Garwood, H., & Quinlan, P. (2007). An experimental comparison between rival theories of rapid automatized naming performance and its relationship to reading. Journal of Experimental Child Psychology, 98: 46-68.

Rayner, K. (1998). Eye movements in reading and information processing: 20 years of research. Psychological Bulletin, 124: 372-422.

Rayner, K. (1975). The perceptual span and peripheral cues during reading.Cognitive Psychology, 7: 65-81.

Savage, R., & Frederickson, N. (2005). Evidence of a highly specific relationship between rapid automatic naming of digits and text-reading speed.Brain and Language, 93: 152-159.

Scarborough, H. S. (1998). Predicting the future achievement of second graders with reading disabilities: Contributions of phonemic awareness, verbal memory, rapid naming, and IQ. Annals of Dyslexia, 48: 115-136.

Schotter, E. R. (2013). Synonyms provide semantic preview benefit in English. Journal of Memory and Language, 69: 619-633.

Shu, H., McBride-Chang, C., Wu, S., & Liu, H. (2006). Understanding Chinese developmental dyslexia: Morphological awareness as a core cognitive construct. Journal of Educational Psychology, 98: 122-133.

Swanson, H. L., Trainin, G., Necoechea, D. M., & Hammill, D. D. (2003). Rapid naming, phonological awareness, and reading: A meta-analysis of the correlation evidence. Review of Educational Research, 73: 407-440.

Torgesen, J. K., Wagner, R. K., Rashotte, C. A., Burgess, S., & Hecht, S. (1997). Contributions of phonological awareness and rapid automatic naming ability to the growth of word-reading skills in second-to fifth-grade children.Scientific Studies of Reading, 1: 161-185.

Wagner, R. K., & Torgesen, J. K. (1987). The nature of phonological processing and its causal role in the acquisition of reading skills.Psychological Bulletin, 101: 192-212.

Wagner, R. K., Torgesen, J. K., Rashotte, C. A., Hecht, S. A., Barker, T. A., et al.

(1997). Changing relations between phonological processing abilities and word-level reading as children develop from beginning to skilled readers: A 5-year longitudinal study. Devevelopmental Psychology, 33: 468-79.

Wagner, R. K., Torgesen, J. K., & Rashotte, C. A. (1994). Longitudinal studies of phonological processing and reading. Journal of Learning Disabilities, 27: 276-286.

Wolf, M., & Bowers, P. G. (1999). The double-deficit hypothesis for the developmental dyslexias. Journal of Educational Psychology, 91: 415-438.

Wolff, P., Michel, G., & Ovrut, M. (1990). Rate variables and automatized naming in developmental dyslexia. Brain and Language, 39: 556-575.

Yan, M., Pan, J., Laubrock, J., Kliegl, R., & Shu, H. (2013). Parafoveal processing efficiency in rapid automatized naming: A comparison between Chinese normal and dyslexic children. Journal of Experimental Child Psychology, 115: 579-589.

Yan, M., Richter, E. M., Shu, H., & Kliegl, R. (2009). Readers of Chinese extract semantic information from parafoveal words. Psychonomic Bulletin & Review, 16: 561-566.

Young, A., & Greig Bowers, P. (1995). Individual difference and text difficulty determinants of reading fluency and expressiveness. Journal of Experimental Child Psychology, 60: 428-454.

Ziegler, J. C., Bertrand, D., Tórth, D., Csépe, V., Reis, A., Faísca, L., … Blomert, L. (2010). Orthographic depth and its impact on universal predictors of reading: A cross-language investigation. Psychological Science, 21: 551-559.

Zoccolotti, P., De Luca, M., Lami, L., Pizzoli, C., Pontillo, M., & Spinelli, D. (2013). Multiple stimulus presentation yields larger deficits in children with developmental dyslexia: A study with reading and RAN-type tasks. Child Neuropsychology, 19: 639-647.

术语表

Accommodation and assimilation hypothesis	适应与同化假说
Advanced placement courses	中文大学先修课程
Alphabetic language	拼音文字
Analogical thinking	类比思维
Analytic processing	分析性认知加工
Angular gyrus	角回
Appropriation	适宜化
Arcuate fasciculus	弓状束
Argumentation	论证能力
Arousal level	唤醒水平
Articulation	发音
Attention training	注意训练
Attentional masking	注意掩蔽
Automatic phonetic module	自动化音位加工模块
Awareness	意识
Background knowledge	背景知识
Bilateral	双侧化的
Bilingual	双语者
Bimorphemic	双语素
Bottom-up	自下而上
Bound morpheme	黏着语素
Candidate gene	候选基因
Cascade-style processing	瀑布式加工
Categorical perception	范畴化知觉

Caudate	尾状核
Cause/effect relation	因果关系
Central question/big question	核心问题
Chinese-English bilingual children	中英双语儿童
Cingulate	扣带
Coarse neural tuning	粗略神经调制
Co-construction	共同建构
Cognitive	认知
Cognitive sophistication	认知复杂性
Coherence	凝聚性
Collaboration	合作
Collaborative group work	小组合作学习
Collaborative reasoning	合作推理
Communication	沟通能力
Comparison/contrast	比较 / 对照
Component model of reading （CMR）	阅读成分模式
Compound	复合
Compound awareness	复合词意识
Compound word	复合词
Comprehensible output	可理解性输出
Comprehension monitoring	理解监控
Concept-oriented reading instruction	概念导向阅读课程
Conditional knowledge	条件性知识
Congenital word blindness	天生词盲
Connecting	连接
Connection	联结
Connectionism	联结论
Connectionist model	联结模型
Consonant cluster	辅音丛

Consonant string	辅音字母串
Consonant-vowel syllable	元音—辅音音节
Content learning	内容学习
Construct validity	建构效度
Continuum	连续体
Contrast	对比度
Cooperative learning	合作学习
Covert	隐性
Criteria for diagnosis	诊断标准
Critical languages	关键语言
Critical reasoning	审辩推理
Critical thinking	审辩思维
Cross-language Transfer	跨语言迁移 / 跨语言效应
Crowding effect	拥挤效应
Cue words	线索词
Curriculum-based measurement (CBM)	课程本位测量
Declarative knowledge	陈述性知识
Declining pathway	退步发展轨迹
Decoding	解码
Deep dyslexia	深度阅读障碍
Deep orthography	深层正字法
Default mode network	默认网络
Delayed naming task	延迟命名任务
Derivation/Derived word	派生词
Derivational	派生
Derivational awareness	派生词意识
Determine important ideas	找重点
Developmental dyslexia	发展性阅读障碍
Developmental pattern	发展模式

Developmental trajectory	发展轨迹
Diagnostic and Statistic Manual of Mental Disorders	精神疾病诊断和统计手册
Diffusion tensor imaging (DTI)	弥散张量成像 / 脑部磁振扩散张量影像
Direct instruction	教师主导的传统授课法
Discrimination task	辨别任务
Disengagement	脱离
Distal factor	底层因素
Dorsal temporo-parietal cortex	背侧颞顶区
Draw inferences	推论
Dual- route theories	双通道理论
Dual-language involvement	双语参与现象
Dual-route cascaded model	双通路模型
Duration of the phoneme	音长
Dynamic design	自适应技术
Dysfluent pathway	不流畅发展轨迹
Dyslexia	阅读障碍 / 读写障碍
Edge	边
Electroencephalographm (EEG)	脑电图
Emergent literacy skills	早期读写技能
Engagement	参与
English immersion	英语浸入式
English immersion programme	英语浸入式教育
Episode	情节
ERP component	ERP 成分
Evaluating	评估
Event-related potentials (ERPs)	事件相关电位
Explicit reading task	外显任务
Exploratory talk	探索性谈话

Expository	说明文体
Expressive language	表达性言语
Expressive vocabulary	产出型词汇
Extrastriate cortices	纹状体外皮层
Eye tracking	眼动追踪
F2 transition	第二共振峰过渡
Face processing	面孔加工
Factor analysis	因素分析
Familial risk	家族风险
Feature-based visual attention	视觉特征注意
Feed forward	前馈
Final awareness	尾音意识
Fine neural tuning	精细神经调制
Flanker task	旁侧抑制任务
Flexibility	灵活性
Floor effect	地板效应
Fluency	流畅
Focusing	聚焦维持
Fovea	中央凹
French immersion	法语浸入式
Frequency of language use	语言的使用频率
Functional magnetic resonance imaging (fMRI)	功能核磁共振成像
Functionalist	功能论
Fundamental frequency	基频
Fusiform gyrus (FG)	梭状回
General auditory processing	分辨音韵能力
General lexical knowledge	一般词汇知识 / 一般字汇知识
Genre	文体
Graph theory	图论

Grapheme	形素
Grapheme-phoneme conversion	形—音转换
Grapheme-phoneme correspondence	形音对应
Grapheme-phoneme corresponding rule (GPC rule)	形—音对应规则
Graphic organizer	组织图
Head-turn behavioral paradigm	转头行为范式
Hierarchical regression	分层回归
High frequency character	高频字
Higher-order thinking	高级思维
Holisticprocessing	整体性认知加工
Home literacy environment (HLE)	家庭语言环境
Homophone	同音异义字
Hyperlexia	理解困难
Identification curve	识别曲线
Imaging genetics	遗传影像学
Immersion	浸入式
Immersion education	浸入式教育
Immersion program	浸入式项目
Implicit reading task	内隐任务
Inferior frontal gyrus	额下回
Inferior frontal sulcus	额下沟
Inferior longitudinal fasciculus	下纵束
Inferior parietal lobule	顶下小叶
Inferior temporal gyrus	颞下回
Inflection/Inflected word	屈折词
Inflectional	屈折
Inflectional awareness	屈折词意识
Initial awareness	首音意识

Initiating event	引发事件
Input hypothesis	输入假设
Instructional conversation	对话式教学
Insula	脑岛
Intentionality	意图性
Interaction hypothesis	互动假设
Interactive account of VOT function in reading	阅读过程腹侧颞枕区功能交互作用说
Internal response	内在反应
Internationalization	内化
Intervention	干预
Intraparietal sulcus	顶内沟
Intrinsic functional connectivity	内在功能连接
Invented pinyin	创造性拼音
Irregular words	不规则词
Joint attention	共同注意
Key sentence	关键句子
Kinesthetic learning	运动知觉学习
Language comprehension	语言理解
Language learning disabilities	语言学习障碍
Language network	语言网络
Language-universal	跨语言
Large-scale brain network	大范围脑网络
Late talkers	语迟者
Learning difficulty	学习困难
Learning disabilities	学习障碍
Left anterior centrum semiovale	左脑的卵圆中心前部
Left inferior frontal gyrus (left IFG)	左侧额下回
Left inferior parietal lobe (left IPL)	左侧顶下小叶

Left middle frontal gyrus (left MFG)	左侧额中回
Left occipito temporal region	左侧枕颞区
Left superior temporal gyrus (left STG)	左侧颞上回
Left ventral occipito-temporal cortex region (left VOT)	左腹侧枕颞区
Left-lateralization	左侧化
Letter knowledge	字母知识
Letter name	字母名称
Letter sound	字母读音
Letter-sound association	字母—发音联系
Lexical access	词汇提取
Lexical decision	词汇判断
Lexical familiarity	词汇熟悉性
Lexical inference	词义推理
Lexical integration	词汇整合
Lexical representation	词汇表征
Lexical route	词典通路
Lexical selection	词汇选择
Lexicality effect	词汇效应
Lexical-orthographic route	词典通路
Liminal perception	阈限感知
Lingual gyrus	舌回
Loan word	外来语
Local combination detector model	局部组合探测器模型
Logistics regression	逻辑回归
Long vowel	长元音
Longitudinal study	纵向研究
Low frequency character	低频字
Magnetoencephalography (MEG)	脑磁图

Majority language	主导语言
Medial prefrontal cortex	内侧前额叶皮层
Medium of instruction	教学媒介
Mental imagery	心像法
Mental lexicon	心理词典
Meta-analysis	元分析
Metacognitive awareness	元认知知觉
Metalinguistic	元语言
Metalinguistic awareness	元语言意识
Middle frontal gyrus	额中回
Middle occipital gyrus	枕中回
Middle temporal gyrus	颞中回
Mid-fusiform gyrus	梭状回中部
Mismatch negativity	失匹配负波
Misnomer	用词不当
Monomorphemic	单语素
Morpheme	语素 / 词素
Morphological	语素
Morphological analysis	语素分析
Morphological awareness	语素意识 / 词素觉识
Morphological skill	语素技能
Morphology	语素 / 词素
Morphosyllabary	语素音节型
Morphosyllabic	语素音节 / 词素音节
Motivation	动机
Motor schema	运动图式
Multi-link causal reasoning	链条式推理
Multi-morphemic word	复合词素词
Narrative	故事体

Neonate	新生儿
Neural biological marker	神经生物学标记
Neural mechanism	神经机制
Neural recycling hypothesis	神经回收假说
Neuro-imaging technology	神经成像技术
Neurophysiological	神经生理学
Neuropsychological	神经心理学
Node	节点
Non-lexical route	非词典通路
Non-routine problem	非常规问题
Non-transparent orthography	不透明语言
Non-verbal reasoning	非言语逻辑
Object processing	物体加工
Object-based visual attention	视觉物体注意
Occipito-temporal area	枕颞脑区
Onset	首音
Onset awareness	首音意识
Onset-rime	声母—韵母
Onset-rime awareness	声母—韵母意识
Orienting	注意导向
Orthographic	正字法
Orthographic awareness	正字法意识
Orthographic decomposition	分解字形结构
Orthographic depth	透明度
Orthographic processing	正字法加工能力
Orthographic rule	构字规则 / 组字规则
Orthographies	正字法
Overt	显性
Paired reading	配对阅读

Parafovea	副中央凹
Parahippocompal gyrus	海马旁回
Performance-based teaching and learning	演练式教学 / 实作本位教学
Phoneme	音素
Phoneme-grapheme mapping	音—形对应规则
Phonemic awareness	音素意识
Phonemic decoding efficiency	音素解码测验
Phonetic awareness	音位意识 / 声旁意识
Phonetic recoding in working memory	短时记忆中的声旁编码
Phonetic representation	声旁表征
Phonetic spelling	声旁拼写
Phonetic training	声旁训练
Phonological	语音
Phonological awareness	语音意识 / 声韵觉识
Phonological coding system	语音编码系统
Phonological deficit	语音损伤
Phonological dyslexia	语音阅读障碍
Phonological mapping hypothesis	语音匹配假设
Phonological processing	语音加工
Phonological receding in lexical access	词汇提取能力
Phonological representation	语音表征
Phonological short term memory	语音短时记忆
Phonology	语音
Pitch contour	音高曲线
Pitch height	音高高度
Positron emission tomography (PET)	正电子发射计算机断层扫描
Posterior cingulate cortex	后扣带皮层
Precentral gyrus	中央前回
Predict measure	预测指标

Predicting	预测
Predictor	预测变量
Pre-referral intervention	转介前介入
Preview benefit	预视效应
Prior knowledge	先验知识／先备知识
Problem solving	解难能力
Problem-solution	问题解决
Procedural knowledge	程序性知识
Processing preference	加工偏侧化
Processing speed	加工速度
Pronunciation	读音
Proximal factor	表层因素
Pseudocharacter	假字
Pseudofont	非字符号串
Pseudohomophones	假同音字
Pseudoword	伪词
Psycholinguistic grain size theory	心理语言的纹理理论
Question answering	问题回答
Question generation	问题产生
Radical awareness	部首意识
Rapid automatized naming (RAN)	快速自动命名
Rapid naming	快速命名
Rapid naming of objects	快速物体命名
Rapid neural sensitivity	快速神经活动敏感性
Reading accuracy	阅读准确性
Reading acquisition	阅读习得
Reading difficulty	阅读困难
Reading disabilities	阅读障碍
Reading fluency	阅读流畅性

Reading literacy	阅读素养
Real character	真字
Recall	回忆
Receptive field	感受野
Receptive language	接受型言语
Receptive vocabulary	接受型词汇
Reciprocal teaching	交互教学法
Recoding	重编码
Reentrant activation	折返性激活
Regression analysis	回归分析
Regular word	规则词
Regulation	调节
Relational thinking	关系性思维
Relevance	关联性
Remedial instruction	补救教学
inflectional morpheme	屈折语素
Repair comprehension	修复理解
Repeated readings	重复阅读
Repetition detection	重复探测任务
Response to intervention (RTI)	教学干预反应
Responsiveness to Intervention	干预—应答
Resting-state fMRI	静息态功能成像 / 静息态功能磁振造影
Retrospective analysis	回溯分析
Rhyme awareness	元音意识
Rhyme/rime	元音
Right-lateralization	右侧化
Road to reading	阅读通路
Rote memory	机械式记忆

Routine problem	常规问题
Scaffolding	支架式教学 / 鹰架
Schema	图式
School year	学龄期
Second language learning	第二语言学习
Self-regulation	自我调节能力
Semantic awareness	语义意识
Semantics	字义
Sense of agency	职权感
Setting a purpose	设定目标
Shallow language task	浅层语言加工任务
Shallow orthography	浅层正字法
Shared book reading	分享活动
Shared grain sizes	共同单元
Shifting	转移
Short term memory	短时记忆
Short vowel	短元音
Sight word efficiency	常见词阅读效率
Signal words	提示词
Simple view of reading	阅读的简单模型
Skill	技巧
Sluggish attentional shifting (SAS)	注意转移迟钝
Sluggish engagement	入位迟钝
Small-world network	小世界网络
Soa	项目呈现时间间隔
Social constructionism	社会建构主义
Socio-scientific curriculum	人文—科学课程
Spatial cueing paradigm	空间线索化任务范式
Spatial resolution of perception	空间知觉分辨率

Speech perception	语音感知
Speech-related sound	言语声音
Spelling/orthography	拼字 / 字形
Spontaneous counterargument	自发性正反论证
Sprasegmental	超音段
Standard-based teaching and learning	标准本位教学
Stem word	词干
Stimuli	刺激
Story grammar	故事文法
Story structure	故事结构
Strategy	策略
Structural equation modelling	结构方程模型
Structural sensitivity theory	结构敏感度理论
Subject pool	抽样来源
Sublexical route	亚词汇通路
Subskill	亚技能
Summarizing, summarization	摘要
Superior longitudinal fasciculus	上纵束
Superior parietal lobe (left SPL)	顶上小叶
Superior temporal gyrus	颞上回
Superior temporal sulcus	颞上沟
Support vector machine	支持向量机
Supramarginal gyrus	缘上回
Surface area	表面积
Surface dyslexia	表层阅读障碍
Sustaining motivation	持续性动机
Syllabic awareness	音节意识
Syllable	音节
Syllable awareness	音节意识

Visual attentional window	视觉注意窗口
Visual closure	视觉完型
Visual discrimination	视觉识别
Visual expertise	视觉专家化
Visual magnocellular pathway	视觉巨细胞通路
Visual perceptual skill	视知觉技能
Visual search	视觉搜索
Visual skills	视觉技能
Visual word form system (VWFS)	视觉词形成系统
Visual word from area (VWFA)	视觉词形区
Visual-orthographic processing	视觉—正字法加工
Visual-spatial attention	视觉—空间注意
Visual-spatial relationship	视觉—空间关系判断
Vocabulary	词汇
Voice onset time	嗓音启动时间
Voxel based morphometry (VBM)	基于体素的形态测量学
Wernicke's area	威尔尼克区
Word detection	词汇探测
Word frequency effects	词频效应
Word productivity	构词能力
Word recognition/Word reading	单语识别 / 单字认读
Working memory	工作记忆
Zone of proximal development	最近发展区

图书在版编目（CIP）数据

儿童阅读的世界.Ⅱ，早期阅读的生理机制研究／李文玲，舒华主编．—北京：北京师范大学出版社，2016.11（2022.9重印）（国际儿童阅读研究丛书）

ISBN 978-7-303-21247-7

Ⅰ.①儿… Ⅱ.①李… ②舒… Ⅲ.①儿童－阅读辅导－研究 Ⅳ.① G252.17

中国版本图书馆 CIP 数据核字（2016）第 215600 号

图 书 意 见 反 馈　gaozhifk@bnupg.com　010-58805079
营 销 中 心 电 话　010-58807651
北师大出版社高等教育分社微信公众号　新外大街拾玖号

ERTONG YUEDU DE SHIJIE ZAOQI YUEDU DE SHENGLI JIZHI YANJIU

出版发行：北京师范大学出版社 www.bnupg.com
　　　　　北京市西城区新街口外大街12-3号
　　　　　邮政编码：100088
印　　刷：北京盛通印刷股份有限公司
经　　销：全国新华书店
开　　本：787 mm×1092 mm　1/16
印　　张：16.75
字　　数：210 千字
版　　次：2016 年 11 月第 1 版
印　　次：2022 年 9 月第 5 次印刷
定　　价：88.00 元

策划编辑：沈英伦　　　责任编辑：齐　琳　张凌敏
美术编辑：王齐云　　　装帧设计：宋　涛
责任校对：陈　民　　　责任印制：马　洁